OLD STAIRS

# **1등 일본어 활용법**

## **01 일본어 발음 익히기**

겉으로 보기에는 비슷하지만, 읽는 방법과 발음에는
차이가 있는 **일본어의 히라가나, 가타카나.**

이 두 가지를 마스터해야 **완벽한 일본어**를 구사할 수 있다.
일본어 공부의 시작, 첫 단추부터 꼼꼼하게 끼워나가자.

## **02 200가지 필수 표현으로 일본어와 친해지기**

일상생활에서
**가장 자주 쓰이는 표현을 선정**했다.

복잡한 문법 구조, 성수 개념 등을 배우기에 앞서
가장 자주 쓰이는 문장들로 일본어와 친해지자.

## **03 만화로 이해하는 일본어**

본격적으로 일본어를 배우기 전에,
**일본어의 배경**을 알아보자.

일본어의 뿌리, 발음의 개념의 배경을 먼저 알면,
암기하는 속도도, 이해하는 속도도 불붙을 것이다.
**술술 읽히는 만화로 일본어도 챙기고, 교양도 챙기자.**

## 04 핵심 문법 익히기

어려운 내용, 당장 필요하지 않은 내용은
과감히 생략하고 **필요한 내용만 담았다.**

**눈에 확 들어오는 그림**과 함께,
**이야기하듯 쉽게 풀어낸 설명**을 읽다 보면
어느새 일본어 문법의 기초가 저절로 이해될 것이다.

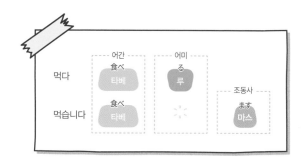

## 05 실력 다지기

재미있게 읽는 것만으로 끝내서는
제대로 공부를 했다고 할 수 없다.

문법 설명 뒤에 **배운 내용을 복습할 수 있는
연습 문제**가 실려 있다. 문제마다 친절한 그림 힌트가
함께 있으니, 내용을 잘 이해했다면
아무런 어려움 없이 해결할 수 있다.

다음 문장을 일본어로 적어 보세요.

1  그는 학생입니까?  彼は 学生ですか?

2  그는 학생이었습니까?

## 06 일상에서 활용하기

일상적인 대화의 회화문이다.
각각의 상황에 맞는 팁(TIP)도 적혀 있어,
**회화문을 읽기만 해도 쉽고 재미있게**
일본어의 기본 표현을 익힐 수 있다.

발음을 어떻게 할지 몰라 고민이라면 걱정은 넣어두자.
올드스테어즈만의 **후리가나**가 함께 실려 있어
**일본어를 읽는 즐거움**을 바로 누릴 수 있다.

9  차를 사고 싶어요.

私、車 が 買い たい です。
わたし くるま か

車 が ほしい?
くるま

免許 は ある?
めんきょ

いいえ、あれ も ほしい です。

## 07 바로바로 확인하는 QR코드 음원

일본어는 발음하기 어렵다? 스마트폰만 있으면
**언제 어디서든 간편하게 음원을 들을 수 있다.**

복잡한 문법 개념은 동영상 강의 QR코드를 확인해보자.
최고의 일본어 강사가 일본어를 시원하게 정리해 준다.

▶공식 홈페이지  🔍 mrsun.com  에서
mp3를 다운로드할 수 있습니다.

따라 말하기

듣다                     기다리다

き                       ま
聞く                     待つ
키 쿠                    마 츠

# もくじ
## table of contents

315p  **일본어의 조사**

만화로 이해하는
# 일본어

ア漢

あ

일본어 공부를 시작한 여러분 안녕.

쉽고 재미있으면서 유용하기까지 한 일본어의 세상 속으로 들어온 걸 환영해.

모든 언어가 마찬가지겠지만, 여러분이 일본어 공부를 시작한 이유는 크게 두 가지라고 생각해.

첫째는, 일본인이나 일본어를 사용하는 여타 외국인들과 소통을 하기 위함이고

둘째는, 일본의 여러 문화(문학, 음악, 대중매체 등)를 이해하기 위함일 거야.

사실 일본어는 영어나 스페인어만큼 많은 나라에서 사용하는 언어는 아니야.

하지만 일본은 예로부터 우리나라와 역사적으로 밀접하게 연관되어 있었고

매우 독자적이면서도 우수한 콘텐츠를 보유하고 있기에

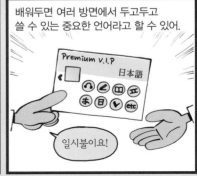

배워두면 여러 방면에서 두고두고 쓸 수 있는 중요한 언어라고 할 수 있어.

참, 그러고 보니 내가 자기소개를 아직 안 했지?

나는 옛 나라 조선의 제4대 군주이자 언어학자이며, 여러분이 지금도 읽고 있는 한글을 만들어 낸 사람.

그래, 내가 바로 세종이야!

분명 '한글은 세종대왕이 만들었는데, 일본어는 과연 누가 만들었을까?' 하며 궁금해하는 사람도 있을 거야.

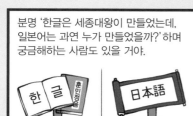

나 또한 같은 생각을 했었기에 그에 관한 자료들을 수집해 정리해봤지.

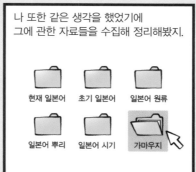

이래 봬도 내가 어려서부터 독서와 공부를 무척이나 좋아해서, 외국의 문물과 언어에 관심이 많았거든.

한글을 만들어낸 것도 다방면의 지식이 있었던 덕분이지, 결코 우연이 아니란 말씀.

아무튼, 지금부터 내가 알고 겪은 바를 통해 일본어의 역사에 관해 설명을 해줄 건데

아쉽게도 일본어가 누구에 의해 언제, 어떻게 탄생되었는지는

최근까지도 연구가 진행 중이라 아직 100% 확실한 정보는 없어.

주장에 따라 12세기까지의 시대 차가 난다고 하니 정말이지 혼란 그 자체야.

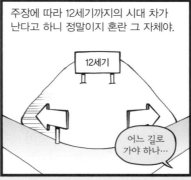

이런 상황에서 나름대로 정리를 해봤지만, 워낙 오리무중이니만큼

정확한 연도에 관심을 두기보다는

전체적인 흐름만 봐주길 바라.

그럼, 시작해볼까?

일본어는 한국어와 같은 알타이어 계통(몽고계)이야.

또한 일본인은 한국인과 같은 몽골리안 계통이지.

다만, 일본어는 원류인 알타이어에

남방계통의 어휘가 많이 섞이면서

오늘날의 일본어가 된 거야.

말이야 그렇다지만, 문자는 어떻게 된 거냐고?

자자, 서두르지 말고 확실한 것부터 짚어가 보자.

일본은 한국을 비롯한 여러 동아시아 국가들과 마찬가지로 중국의 영향을 받아

오래전부터 한자를 사용하는 한자문화권에 속해.

일본에 처음으로 한자가 건너간 시기는 3~4세기경으로 추정되는데

중국에서 일본으로 건너간 도래인들이 사용했을 뿐, 일본인들이 사용한 흔적은 발견되지 않아 말 그대로 건너갔다는 것의 의미밖에 없어.

1968년, 일본 사이타마현에 있는 이나리야마 고분에서 *만요가나가 적힌 철검이 발굴되었고

*만요가나란?

가나의 일종으로,
주로 고대 일본어를 표기하기 위해서
한자의 음을 빌려 쓴 문자이다.

5세기경에 만들어졌다는 학자들의
추정을 통해

5C 정도…

적어도 5세기 전후로는 일본인들이
한자를 받아들여 사용했을 것이라고
추측하고 있어.

나도 이제
할 줄 알지!

漢

일설에 의하면, 중국에서 한반도로 전파된
한자를

漢

5~6세기경 당시 일본에 많은 영향력을
끼쳤던 백제의 왕인이 일본으로 건너가
다시 전파해 주었다고도 해.

가서
보여줘야…

어쨌든, 그때까진 한자를 빌려 썼으니
순수 일본어가 만들어진 시기는 5세기
이후부터라는 사실을 알 수 있어.

아직이야?

끓지도
않았어

あ

…

그런데, 여기서 잠깐!

STOP!

도대체 무슨 소리를 하고 있는 건지
잘 모르겠지?

알타이어, 몽고, 3C, 도래인,
고분, 철검, 5C, 백제, 왕인

뭔 소리당가…

그래서 우리는 시간을 조금 되돌아가
일본의 역사에 대해 어느 정도 이해할
필요가 있어.

일본의 역사

복잡할 것 같다고? 천만의 말씀!
나라 시대(710~794) 이전의 문자 자료는
몇 개의 공문서와 목간이 전부야.

목간          공문서

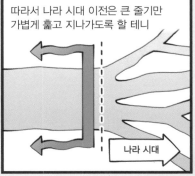

따라서 나라 시대 이전은 큰 줄기만
가볍게 훑고 지나가도록 할 테니

나라 시대

너무 어렵게 생각하지 말고 우리 같이
쉽게 쉽게 넘어가 보자!

팔짝…

→ 만화는 84쪽에서 계속 이어집니다.   11

# INTRO

일본어에
대하여

# 일본어의 기초
# 3가지 글자의 일본어

일본어에는 3종류의 글자가 있습니다.
일본에서 만들어진 히라가나 平仮名 / ひらがな, 가타카나 片仮名 / かたかな와
중국에서 넘어온 한자입니다.

히라가나와 가타카나는 한자에서 모양을 따 만든 글자이기 때문에
가짜 글자라는 뜻으로 카나 仮名라는 이름이 붙었지요.
그리고 한자는 진짜 글자라는 의미로 마나 真名라고 불렸습니다.
이 3종류 글자를 어떻게 사용하는지 알아볼까요?

한자와 히라가나는 일반적으로 모든 글에 사용됩니다.
가타카나로는 외래어·외국어, 외국의 지명, 인명을 표기합니다.

나는 커피를 마신다.

## 신자체 간략화된 한자

일본 역시 우리나라와 마찬가지로 중국에서 넘어온 한자를 사용합니다.
그러나 한 가지 다른 점이 있다면, 일본은 획수를 줄여서 간략화시킨 한자를 사용하는데,
이를 신자체라고 부릅니다.

| 우리나라 | 眞 | 氣 | 國 |
|---|---|---|---|
|  | 참 진 | 기운 기 | 나라 국 |
| 일본 | 真 | 気 | 国 |

## 음독과 훈독

이 한자를 어떻게 읽을까요? 보통은 '월'이라고 읽지요.
그리고 이 글자가 무슨 뜻이냐고 물어보면 '달'이라고 대답할 겁니다.
이때, '월'이라고 한자의 음을 읽는 것을 음독이라고 하고,
'달'이라고 한자의 뜻을 읽는 것을 훈독이라고 합니다.
한 번 더 예를 들어볼까요?

이 글자는 '불'이라는 의미가 있고 '화'라고 읽습니다.
이때 이 한자를 '화'라고 읽으면 음독, '불'이라고 읽으면 훈독이 됩니다.
우리나라에서는 보통 음독을 합니다. 따라서 훈독을 하는 일은 드물죠.

예를 들어, 水(물 수)를 보고 '수' 대신 '물'이라 읽는 사람은 없겠죠?
하지만 일본에서는 水를 '스이(すい, 수)'라고도 읽고, '미즈(みず, 물)'라고도 읽습니다.
이렇게 같은 글자라도 문맥이나 사용법에 따라 발음이 달라집니다.

## 요미가나 후리가나

심지어 어떤 한자는 하나의 글자인데도 발음이 수십 개나 됩니다.
그래서, 일본어에서는 한자 위나 옆에 히라가나로 한자의 발음을 써주기도 하는데요,
이것을 요미가나 혹은 후리가나라고 합니다.

히라가나

요미가나(후리가나)

일본어 읽는 법
# 히라가나 50음도

| あ 아 | い 이 | う 우 | え 에 | お 오 |
| 아하~! | 이빨 | 우산 | 에어로빅 | 오리 |
| か 카 | き 키 | く 쿠 | け 케 | こ 코 |
| 카메라 | 키 | 쿠크다스 | 케이크 | 코브라 |
| さ 사 | し 시 | す 스 | せ 세 | そ 소 |
| 사케 | 시계 | 스프링 | 세계 | 소바 |
| た 타 | ち 치 | つ 츠 | て 테 | と 토 |
| 타 | 치어리더 | 부츠 | 테이블 | 토끼 |
| な 나 | に 니 | ぬ 누 | ね 네 | の 노 |
| 나무 | 주머니 | 누들 | 네꼬 | 노! |

| は 하 | ひ 히 | ふ 후 | へ 헤 | ほ 호 |
|---|---|---|---|---|
| 하품 | 히히 | 후~ | 헤헤 | 호랑이 |

| ま 마 | み 미 | む 무 | め 메 | も 모 |
|---|---|---|---|---|
| 마라톤 | 미끼 | 무술 | 음메~ | 모발 |

| ら 라 | リ 리 | る 루 | れ 레 | ろ 로 |
|---|---|---|---|---|
| 라마 | 리본 | 루비 | 레코드 | 로스트 |

| や 야 | ゆ 유 | よ 요 |
|---|---|---|
| 야구 | 유도 | 요가 |

| わ 와 | を 오 | ん 응 |
|---|---|---|
| 와악 | 오르막 | 응가 |

| | | | | |
|---|---|---|---|---|
| ア 아 아이스크림 | イ 이 이젤 | ウ 우 우롱차 | エ 에 엘리베이터 | オ 오 오른발 |
| カ 카 카펫 | キ 키 키타 | ク 쿠 쿠크다스 | ケ 케 케이 | コ 코 코드 |
| サ 사 사슴 | シ 시 시-익 | ス 스 스케이팅 | セ 세 세면대 | ソ 소 소시지 |
| タ 타 타잔 | チ 치 꼬치 | ツ 츠 부츠 | テ 테 테이블 | ト 토 토막 |
| ナ 나 날다 | ニ 니 니트 | ヌ 누 누더기 | ネ 네 넥타이 | ノ 노 노 |

| | | | | |
|---|---|---|---|---|
| ハ 하<br>하이파이브! | ヒ 히<br>히터 | フ 후<br>후드 | ヘ 헤<br>헤헤 | ホ 호<br>호박 |
| マ 마<br>마커 | ミ 미<br>말미잘 | ム 무<br>무리수 | メ 메<br>메리 크리스마스 | モ 모<br>모발 |
| ラ 라<br>라이터 | リ 리<br>리본 | ル 루<br>캥거루 | レ 레<br>레몬 | ロ 로<br>로봇 |

| | | |
|---|---|---|
| ヤ 야<br>야쿠르트 | ユ 유<br>유리 | ヨ 요<br>요정 |
| ワ 와<br>와인 | ヲ 오<br>오리 | ン 응<br>응 |

| こん なん | ちこく | さいなん | ふそく |
|---|---|---|---|
| 콘 낭 | 치 코 쿠 | 사 이 낭 | 후 소 쿠 |
| 곤란 | 지각 | 재난 | 부족 |

| やさい | けんせつ | すいり | むり |
|---|---|---|---|
| 야 사 이 | 켄 세 츠 | 스 이 리 | 무 리 |
| 채소 | 건설 | 추리 | 무리 |

| ぬま | かこの みれん | れんあい | れきし |
|---|---|---|---|
| 누 마 | 카 코 노 미 렝 | 렝 아 이 | 레 키 시 |
| 늪 | 과거의 미련 | 연애 | 역사 |

| ちかてつ | いよく | ゆかいな しんねん | |
|---|---|---|---|
| 치 카 테 츠 | 이 요 쿠 | 유 카 이 나 신 넹 | |
| 지하철 | 의욕 | 유쾌한 신년 | |

| へんか | めんせき | きたい | みらい とし |
|---|---|---|---|
| 헹 카 | 멘 세 키 | 키 타 이 | 미 라 이 토 시 |
| 변화 | 면적 | 기대 | 미래 도시 |

| はんたい | あくむ | うんてん | ちえ |
|---|---|---|---|
| 한 타 이 | 아 쿠 무 | 운 텡 | 치 에 |
| 반대 | 악몽 | 운전 | 지혜 |

| テスト01 読기 | ふそく | へんか | あくむ | さいなん |
|---|---|---|---|---|
| うんてん | ゆかい な しんねん | | やさい | いよく |
| ちかてつ | ちこく | みらい とし | めんせき | けんせつ |
| むり | ちえ | きたい | れきし | はんたい |
| かこの みれん | こんなん | れんあい | すいり | ぬま |

| テスト02 쓰기 | 유쾌한 신년 | | 운전 | 지하철 |
|---|---|---|---|---|
| 연애 | 과거의 미련 | 악몽 | 변화 | 지혜 |
| 추리 | 역사 | 미래 도시 | 면적 | 기대 |
| 무리 | 지각 | 곤란 | 재난 | 반대 |
| 채소 | 부족 | 늪 | 의욕 | 건설 |

우리말과 비슷한 표현들로
# 히라가나 완벽 암기

**암기**

| | | | |
|---|---|---|---|
| **おんしつ**<br>온 시 츠<br>온실 | **たにん**<br>타 닝<br>타인 | **ほかん きかん**<br>호 캉 키 캉<br>보관 기간 | **れんらく**<br>렌 라 쿠<br>연락 |
| **かいろ**<br>카 이 로<br>회로 | **りろん**<br>리 롱<br>이론 | **たいわ**<br>타 이 와<br>대화 | **むし**<br>무 시<br>무시 |
| **ほいく**<br>호 이 쿠<br>보육 | **こてん しんわ**<br>코 텐 싱 와<br>고전 신화 | **にんき**<br>닝 키<br>인기 | **あくま**<br>아 쿠 마<br>악마 |
| **いみん**<br>이 밍<br>이민 | **きんむ**<br>킴 무<br>근무 | **ふうふ**<br>후 우 후<br>부부 | **あんき かもく**<br>앙 키 카 모 쿠<br>암기 과목 |
| **もくてき**<br>모 쿠 테 키<br>목적 | **ついらく**<br>츠 이 라 쿠<br>추락 | **かち**<br>카 치<br>가치 | **いるい きふ**<br>이 루 이 키 후<br>의류 기부 |
| **ひまん**<br>히 망<br>비만 | **とち**<br>토 치<br>토지 | **かんらん**<br>칸 랑<br>관람 | **きまつしけん**<br>키 마 츠 시 켕<br>기말시험 |

| | | | |
|---|---|---|---|
| かち | きんむ | ひまん | あんき かもく |
| かんらん | りろん | かいろ | れんらく | もくてき |
| きまつ しけん | いみん | あくま | ふうふ | たにん |
| たいわ | いるい きふ | ほかん きかん | ついらく | にんき |
| とち | おんしつ | むし | ほいく | こてん しんわ |

| 보관 기간 | 무시 | 가치 | 추락 | |
|---|---|---|---|---|
| 기말시험 | 암기 과목 | 이민 | 이론 | 회로 |
| 악마 | 고전 신화 | 보육 | 목적 | 타인 |
| 연락 | 부부 | 관람 | 온실 | 토지 |
| 근무 | 비만 | 대화 | 인기 | 의류 기부 |

우리말과 비슷한 표현들로
# 가타카나 완벽 암기

| 암기 |
| --- |

| コアラ | システム | コンセント | ソース |
|---|---|---|---|
| 코 아 라 | 시 스 테 무 | 콘 센 토 | 소 - 스 |
| 코알라 | 시스템 | 콘센트 | 소스 |

| マラソン | チーター | オムレツ | モニター |
|---|---|---|---|
| 마 라 송 | 치 - 타 - | 오 무 레 츠 | 모 니 타 - |
| 마라톤 | 치타 | 오믈렛 | 모니터 |

| ハート | コーヒー | ケーキ | ノート |
|---|---|---|---|
| 하 - 토 | 코 - 히 - | 케 - 키 | 노 - 토 |
| 하트 | 커피 | 케이크 | 노트 |

| ウエーター | スカーフ | サンタクロース | ターミナル |
|---|---|---|---|
| 우 에 - 타 - | 스 카 - 후 | 산 타 쿠 로 - 스 | 타 - 미 나 루 |
| 웨이터 | 스카프 | 산타클로스 | 터미널 |

| カヌー | トンネル | チキンのカロリー | ヘアースタイル |
|---|---|---|---|
| 카 누 - | 톤 네 루 | 치 킨 노 카 로 리 - | 헤 아 - 스 타 이 루 |
| 카누 | 터널 | 치킨의 열량 | 머리 모양 |

| インターホン | ミサイル | メモ | タイヤ |
|---|---|---|---|
| 인 타 - 홍 | 미 사 이 루 | 메 모 | 타 이 야 |
| 인터폰 | 미사일 | 메모 | 타이어 |

| テスト 01 読み | マラソン | タイヤ | ノート | カヌー |
|---|---|---|---|---|
| インターホン | ミサイル | ハート | ウエーター | チキンの カロリー |
| システム | ソース | コーヒー | オムレツ | メモ |
| スカーフ | ターミナル | チーター | ヘアー スタイル | トンネル |
| サンタ クロース | コアラ | ケーキ | モニター | コンセント |

| テスト 02 書き | 미사일 | 치타 | 타이어 | 터널 |
|---|---|---|---|---|
| 오믈렛 | 웨이터 | 노트 | 케이크 | 치킨의 열량 |
| 카누 | 커피 | 하트 | 스카프 | 머리 모양 |
| 콘센트 | 모니터 | 시스템 | 인터폰 | 산타클로스 |
| 메모 | 코알라 | 마라톤 | 터미널 | 소스 |

**암기**

| | | | |
|---|---|---|---|
| ヒント | クレヨン | タワー | ネクタイ |
| 힌 토 | 쿠 레 용 | 타 와 - | 네 쿠 타 이 |
| 힌트 | 크레용 | 타워 | 넥타이 |

| | | |
|---|---|---|
| オーケストラ コンサート | ユニホーム | チームワーク |
| 오 - 케 스 토 라 콘 사 - 토 | 유 니 호 - 무 | 치 - 무 와 - 쿠 |
| 오케스트라 콘서트 | 유니폼 | 팀워크 |

| | | | |
|---|---|---|---|
| スキー | エキストラ | ハーモニカ | アイスクリーム |
| 스 키 - | 에 키 스 토 라 | 하 - 모 니 카 | 아 이 스 쿠 리 - 무 |
| 스키 | 엑스트라 | 하모니카 | 아이스크림 |

| | | | |
|---|---|---|---|
| ハムスター | ホームラン | イヤホン | カメラ テスト |
| 하 무 스 타 - | 호 - 무 랑 | 이 야 홍 | 카 메 라 테 스 토 |
| 햄스터 | 홈런 | 이어폰 | 카메라 테스트 |

| | | |
|---|---|---|
| インテリア | エスカレーター | フランス ワイン |
| 인 테 리 아 | 에 스 카 레 - 타 - | 후 란 스 와 잉 |
| 인테리어 | 에스컬레이터 | 프랑스 와인 |

| | | | |
|---|---|---|---|
| ナンセンス | ユーモア | ネールアート | アナウンサー |
| 난 센 스 | 유 - 모 아 | 네 - 루 아 - 토 | 아 나 운 사 - |
| 넌센스 | 유머 | 네일아트 | 아나운서 |

| テスト 01 読み | インテリア | オーケストラ コンサート | | スキー |
|---|---|---|---|---|
| アイス クリーム | ハーモニカ | ネクタイ | ホームラン | チームワーク |
| エキストラ | ユーモア | アナウンサー | エスカレーター | カメラ テスト |
| フランス ワイン | | イヤホン | タワー | ネールアート |
| ユニホーム | ヒント | クレヨン | ナンセンス | ハムスター |

| テスト 02 쓰기 | 프랑스 와인 | | 아이스크림 | 스키 |
|---|---|---|---|---|
| 엑스트라 | 카메라 테스트 | 팀워크 | 하모니카 | 이어폰 |
| 햄스터 | 타워 | 홈런 | 아나운서 | 넌센스 |
| 네일아트 | 인테리어 | 크레용 | 오케스트라 콘서트 | |
| 유니폼 | 넥타이 | 에스컬레이터 | 힌트 | 유머 |

## 청음 보통의 글자

먼저, 청음을 보겠습니다.
히라가나 50음도에 있는 글자네요.
이렇게 50음도에 있는 보통의 글자를 청음이라고 합니다.

 ## 반탁음 청음과 탁음 사이

글자에 동그라미가 붙으면 반탁음!

두 번째로 반탁음을 보겠습니다.
글자 오른쪽 위에 동그라미가 덧붙여져 있습니다. 이 동그라미를 반탁점 혹은 丸마루 라고 합니다.
丸마루 는 동그라미라는 뜻입니다.

청음에 반탁점을 붙이면 반탁음이 됩니다.
반탁음은 청음과 탁음의 중간에 있는 음으로, 반만 탁한 소리라는 뜻입니다.
오직 は하행만 반탁음으로 만들 수 있습니다. 반탁점이 붙으면 は하는 ぱ파가 되죠.

| ㅎ は하행 | は하 | ひ히 | ふ후 | へ헤 | ほ호 |
| --- | --- | --- | --- | --- | --- |
| ↓ | | | ↓ | | |
| ㅍ ぱ파행 | ぱ파 | ぴ피 | ぷ푸 | ぺ페 | ぽ포 |

 ## 탁음 탁한 소리

마지막으로 탁음을 보겠습니다. 자세히 보니 ひ히 오른쪽 위에 점 2개가 붙어 있네요.
저 점은 탁점 혹은 텐텐이라고 부릅니다. 텐은 '점'이라는 뜻이죠.
이렇게 탁점이 찍힌 음을 '탁음'이라고 부릅니다.
탁음은 '탁한 소리'로, 실제로 탁하다기보다 청음에 비해 성대를 더 많이 사용한다는 뜻입니다.

중요한 것은, 음절의 첫소리가 아래 4개의 행에 해당하는 청음만
탁음으로 만들 수 있다는 것입니다.

ㅋ か카 행    ㅅ さ사 행    ㅌ た타 행    ㅎ は하 행

이제 청음이 탁음으로 변화하는 모습을 살펴보겠습니다.

이때, 주의할 점은 だ다행의 발음입니다.
た타행의 글자 중 'ㅌ' 소리가 나지 않는 ち치와 つ츠는
탁음으로 변화할 때도 'ㄷ'이 아닌 'ㅈ'으로 변합니다.
따라서 だ다행의 ぢ지와 づ즈는 ざ자행의 じ지와 ず즈와 같은 발음이 되어버립니다.

이 중에서 주로 쓰는 것은 ざ자행의 じ지와 ず즈입니다.
だ다행의 ぢ지와 づ즈는 몇몇 경우를 제외하곤 잘 사용하지 않는 글자입니다.

## 청음 옆에 붙는 **요음**

여기에서 ひ히 옆에 작게 붙은 것은 50음도의 や야입니다.
두 글자처럼 보이지만 하나의 글자로 취급합니다.
や야를 청음의 절반 정도의 크기로 작게 만든 다음, 마치 탁점처럼 청음 옆에 붙인 것입니다.
や야 뿐만 아니라 ゆ유, よ요 역시도 이런 방식으로 줄여서 사용할 수 있습니다.
이렇게 만들어진 글자를 요음이라고 부릅니다.

요음은 굽은 소리라는 뜻입니다.
굽은 소리가 어떤 의미인지 알아보기 위해 다음을 비교해 보겠습니다.

や, ゆ, よ가 작으면 요음!
앞글자와 연결해서 읽자!

| | 시 야 쿠 | | 샤 카 이 | |
|---|---|---|---|---|
| 시약 | しやく | や | しゃかい | 사회 |
| 치유 | 치 유<br>ちゆ | ゆ | 츄 우 고 쿠<br>ちゅうごく | 중국 |
| 병아리 | 히 요 코<br>ひよこ | よ | 효 오 겡<br>ひょうげん | 표현 |

또박또박 말한다          한 번에 빨리 말한다

왼쪽은 그냥 두 글자를 나열한 것입니다. 반면 오른쪽은 요음을 사용했습니다.
결국 요음은 작게 쓰고 한 번에 읽는다라고 정리할 수 있습니다.
요음은 오직 い이단에만 붙일 수 있습니다.

## 일본어의 받침

일본어에서 받침 역할을 하는 글자는 っ촉음과 ん발음, 2개뿐입니다.
그러나 っ촉음과 ん발음은 발음이 한 가지로 고정된 것이 아니고,
뒤에 어떤 글자가 오는지에 따라 발음이 여러 가지로 변합니다.

일본어의 촉음은 우리말의 받침과 같아!

## 촉음 っ

っ촉음은 ㄷ·ㄱ·ㅅ·ㅂ, 이렇게 4가지 발음을 가지고 있지만,
촉음을 발음하기란 그렇게 어려운 일이 아닙니다.
바로 뒤에 나오는 자음의 발음이 촉음으로 옮겨가는 것이기 때문입니다.

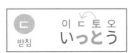
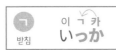

## 발음 ん

っ촉음은 뒷글자의 발음이 그대로 앞으로 전달되기 때문에 매우 쉬웠습니다.
하지만 ん발음은 더 살펴봐야 합니다.
뒷글자의 영향을 받기는 하지만, 뒷글자를 그대로 따라가는 것은 아니기 때문입니다.

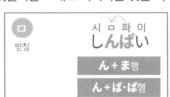

---

**TIP**

### 일본어의 장음 규칙과 묵음 규칙

일본어의 장음에는 아주 간단한 규칙이 있습니다.
모음 あ아, い이, う우, え에, お오 의 앞에 같은 음소를 가진 글자가 올 때, 그 글자를 길게 읽으면 된다는 것입니다.

오카~상
おかあさん 엄마, 어머니

오지~상
おじいさん 할아버지

셈푸~키
せんぷうき 선풍기

장음에는 단 2가지 예외가 있습니다. 이 예외만 기억하면 장음을 모두 읽을 수 있게 됩니다.

① ㅔ + 이 い = ㅔ~
센세~
せんせい 센세이 X  선생님

② ㅗ + 우 う = ㅗ~
벤토~
べんとう 벤토우 X  도시락

또한, 일본어에는 묵음 규칙도 있습니다.
주로 く쿠 뒤에 さ사, し시, す스, せ세, そ소 가 오는 경우, く쿠는 'ㅜ'라는 발음을 잃게 되고 'ㄱ' 받침으로 발음됩니다.

각세~
がくせい 학생

약소쿠
やくそく 약속

탁상
たくさん 많음

우리말에서는 띄어쓰기가 매우 중요합니다.
띄어쓰기를 어떻게 하느냐에 따라서 문장의 의미가 달라지기도 하죠.
하지만, 일본어에는 띄어쓰기가 없습니다.
신문, 소설, 교과서, 만화책 등 모든 글을 쭉 이어 붙여 씁니다.

## "하지만 올드스테어즈의 일본어 교재는 띄어쓰기를 사용합니다."

이를 통해 여러분들이 더 쉽게 일본어를 학습할 수 있기 때문이죠.
일본어 띄어쓰기 원칙도 올드스테어즈에서 정했습니다.
바로 우리말 띄어쓰기 법칙을 일본어에 적용한 것인데요,
일본어와 우리말의 구조가 매우 유사하다는 것을 파악한다면
일본어가 매우 친근해질 것입니다.

띄어쓰기도 없이
대체 어떻게...?

그건 그렇고, 일본인들은 띄어쓰기를 하지 않고도
어떻게 의미를 간결하게 읽어낼 수 있는 것일까요?
그 이유는 3가지 종류로 이루어진 일본어의 문자 체계 때문입니다.

한자, 히라가나, 가타카나는 문장 안에서 보통 다음과 같은 2가지의 구조로 반복되죠.

1  한자 | 히라가나

2  가타카나 | 히라가나

이때 히라가나 바로 뒷자리가 우리말의 일반적인 띄어쓰기 자리가 됩니다.
보통 조사와 어미는 히라가나로 쓰기 때문입니다.
한자와 히라가나, 한자와 가타카나는 생김새가 확연히 다르죠.
히라가나와 가타카나가 좀 비슷하게 생기긴 했지만,
첫눈에 구분하지 못할 정도는 아닙니다.
그래서 한자, 히라가나, 가타카나를 함께 표기하고,
각 문자가 쓰이는 상황에 대한 규칙을 만들어서 글자를 구분하는 것만으로도
띄어쓰기를 사용한 것과 같은 효과를 내는 것입니다.

그렇다면 예시를 살펴볼까요?

나는
私は
와타시와

빵을
パンを
팡오

먹었습니다.
食べました。
타베마시타.

여동생이랑
妹と
이모오토토

별을
星を
호시오

보다.
見る。
미루.

프랑스어랑
フランス語と
후란스고토

독일어로
ドイツ語で
도이츠고데

이야기하다.
話す。
하나스.

● 히라가나

일본어의 수사
# 숫자

일본어 숫자를 배울 때는 보통 기수와 서수 2가지를 배웁니다.
'기수'와 '서수'라는 단어가 낯설게 느껴질 수 있지만,
우리말에서도 종종 사용하는 개념이니 어려울 것은 없습니다.

먼저 기수란 '일, 이, 삼……'과 같은 기본적인 숫자를 말합니다.
그리고 서수는 '첫 번째, 두 번째, 세 번째……'와 같은 순서를 나타내는 말로
'하나, 둘, 셋'과 같은 개념입니다.
일본어의 서수는 1부터 10까지만 사용하는 것이 일반적입니다.

| | 1 | 2 | 3 | 4 | 5 | 6 | 7 | 8 | 9 | 10 |
|---|---|---|---|---|---|---|---|---|---|---|
| 기수 | いち<br>이치 | に<br>니 | さん<br>상 | し<br>시 | ご<br>고 | ろく<br>로쿠 | しち<br>시치 | はち<br>하치 | きゅう<br>큐우 | じゅう<br>쥬우 |
| 서수 | ひとつ<br>히토츠 | ふたつ<br>후타츠 | みっつ<br>밋츠 | よっつ<br>욧츠 | いつつ<br>이츠츠 | むっつ<br>뭇츠 | ななつ<br>나나츠 | やっつ<br>얏츠 | ここのつ<br>코코노츠 | とお<br>토오 |

**주의**

일의 자리에 있는 7은 なな 나나와 しち 시치, 어느 쪽으로든 읽을 수 있습니다.
따라서 17은 じゅうしち 쥬우시치로도, じゅうなな 쥬우나나로도 읽을 수 있습니다.
하지만 십의 자리 이상(70, 700 …)에서는 しち 시치가 아닌 なな 나나만 사용합니다.

| 0 | 1 | 2 | 3 | 4 | 5 | 6 | 7 | 8 | 9 |
|---|---|---|---|---|---|---|---|---|---|
| 零/ゼロ | 一 | 二 | 三 | 四 | 五 | 六 | 七 | 八 | 九 |
| 레에 / 제로 | 이치 | 니 | 상 | 용(시) | 고 | 로쿠 | 나나(시치) | 하치 | 큐우 |

| 10 | 11 | 12 | 13 | 14 | 15 | 16 | 17 | 18 | 19 |
|---|---|---|---|---|---|---|---|---|---|
| 十 | 十一 | 十二 | 十三 | 十四 | 十五 | 十六 | 十七 | 十八 | 十九 |
| 쥬우 | 쥬우 이치 | 쥬우 니 | 쥬우 상 | 쥬우 용 | 쥬우 고 | 쥬우 로쿠 | 쥬우 나나 | 쥬우 하치 | 쥬우 큐우 |

| 20 | 21 | 22 | 23 | 24 | 25 | 26 | 27 | 28 | 29 |
|---|---|---|---|---|---|---|---|---|---|
| 二十 | 二十一 | 二十二 | 二十三 | 二十四 | 二十五 | 二十六 | 二十七 | 二十八 | 二十九 |
| 니쥬우 | 니쥬우 이치 | 니쥬우 니 | 니쥬우 상 | 니쥬우 용 | 니쥬우 고 | 니쥬우 로쿠 | 니쥬우 나나 | 니쥬우 하치 | 니쥬우 큐우 |

| 30 | 31 | 32 | 33 | 34 | 35 | 36 | 37 | 38 | 39 |
|---|---|---|---|---|---|---|---|---|---|
| 三十 | 三十一 | 三十二 | 三十三 | 三十四 | 三十五 | 三十六 | 三十七 | 三十八 | 三十九 |
| 산쥬우 | 산쥬우 이치 | 산쥬우 니 | 산쥬우 상 | 산쥬우 용 | 산쥬우 고 | 산쥬우 로쿠 | 산쥬우 나나 | 산쥬우 하치 | 산쥬우 큐우 |

| 40 | 41 | 42 | 43 | 44 | 45 | 46 | 47 | 48 | 49 |
|---|---|---|---|---|---|---|---|---|---|
| 四十 | 四十一 | 四十二 | 四十三 | 四十四 | 四十五 | 四十六 | 四十七 | 四十八 | 四十九 |
| 욘쥬우 | 욘쥬우 이치 | 욘쥬우 니 | 욘쥬우 상 | 욘쥬우 용 | 욘쥬우 고 | 욘쥬우 로쿠 | 욘쥬우 나나 | 욘쥬우 하치 | 욘쥬우 큐우 |

| 50 | 51 | 52 | 53 | 54 | 55 | 56 | 57 | 58 | 59 |
|---|---|---|---|---|---|---|---|---|---|
| 五十 | 五十一 | 五十二 | 五十三 | 五十四 | 五十五 | 五十六 | 五十七 | 五十八 | 五十九 |
| 고쥬우 | 고쥬우 이치 | 고쥬우 니 | 고쥬우 상 | 고쥬우 용 | 고쥬우 고 | 고쥬우 로쿠 | 고쥬우 나나 | 고쥬우 하치 | 고쥬우 큐우 |

| 60 | 61 | 62 | 63 | 64 | 65 | 66 | 67 | 68 | 69 |
|---|---|---|---|---|---|---|---|---|---|
| 六十 | 六十一 | 六十二 | 六十三 | 六十四 | 六十五 | 六十六 | 六十七 | 六十八 | 六十九 |
| 로쿠쥬우 | 로쿠쥬우 이치 | 로쿠쥬우 니 | 로쿠쥬우 상 | 로쿠쥬우 용 | 로쿠쥬우 고 | 로쿠쥬우 로쿠 | 로쿠쥬우 나나 | 로쿠쥬우 하치 | 로쿠쥬우 큐우 |

| 70 | 71 | 72 | 73 | 74 | 75 | 76 | 77 | 78 | 79 |
|---|---|---|---|---|---|---|---|---|---|
| 七十 | 七十一 | 七十二 | 七十三 | 七十四 | 七十五 | 七十六 | 七十七 | 七十八 | 七十九 |
| 나나쥬우 | 나나쥬우 이치 | 나나쥬우 니 | 나나쥬우 상 | 나나쥬우 용 | 나나쥬우 고 | 나나쥬우 로쿠 | 나나쥬우 나나 | 나나쥬우 하치 | 나나쥬우 큐우 |

| 80 | 81 | 82 | 83 | 84 | 85 | 86 | 87 | 88 | 89 |
|---|---|---|---|---|---|---|---|---|---|
| 八十 | 八十一 | 八十二 | 八十三 | 八十四 | 八十五 | 八十六 | 八十七 | 八十八 | 八十九 |
| 하치쥬우 | 하치쥬우 이치 | 하치쥬우 니 | 하치쥬우 상 | 하치쥬우 용 | 하치쥬우 고 | 하치쥬우 로쿠 | 하치쥬우 나나 | 하치쥬우 하치 | 하치쥬우 큐우 |

| 90 | 91 | 92 | 93 | 94 | 95 | 96 | 97 | 98 | 99 |
|---|---|---|---|---|---|---|---|---|---|
| 九十 | 九十一 | 九十二 | 九十三 | 九十四 | 九十五 | 九十六 | 九十七 | 九十八 | 九十九 |
| 큐우쥬우 | 큐우쥬우 이치 | 큐우쥬우 니 | 큐우쥬우 상 | 큐우쥬우 용 | 큐우쥬우 고 | 큐우쥬우 로쿠 | 큐우쥬우 나나 | 큐우쥬우 하치 | 큐우쥬우 큐우 |

| 100 | 200 | 300 | 400 | 500 | 600 | 700 | 800 | 900 |
|---|---|---|---|---|---|---|---|---|
| 百 | 二百 | 三百 | 四百 | 五百 | 六百 | 七百 | 八百 | 九百 |
| 햐쿠 | 니햐쿠 | 삼뱌쿠 | 욘햐쿠 | 고햐쿠 | 롭퍄쿠 | 나나햐쿠 | 합퍄쿠 | 큐우햐쿠 |

# 사물의 개수 세기

기수를 활용한 표현

앞에서 배운 숫자를 활용해 이번에는 사물의 개수를 세어보겠습니다.
個 코는 '한 개, 두 개, 세 개'에서 개에 해당하는 표현입니다.

| 한 개<br>**いっこ**<br>一個<br>익코 | 두 개<br>**にこ**<br>二個<br>니코 | 세 개<br>**さんこ**<br>三個<br>상코 | 네 개<br>**よんこ**<br>四個<br>용코 | 다섯 개<br>**ごこ**<br>五個<br>고코 |
|---|---|---|---|---|
| 여섯 개<br>**ろっこ**<br>六個<br>록코 | 일곱 개<br>**ななこ**<br>七個<br>나나코 | 여덟 개<br>**はっこ**<br>八個<br>학코 | 아홉 개<br>**きゅうこ**<br>九個<br>큐우코 | 열 개<br>**じゅっこ**<br>十個<br>쥭코 |

**주의**
숫자 4는 死(죽을 사)와 발음이 같아서, 건물의 4층을 'F층'으로 표기하는 경우가 종종 있죠.
일본어에서도 숫자 4를 し시라고 읽으면, 死시와 발음이 같기 때문에,
し시 대신 よん용으로 읽는 경우가 많습니다.
숫자 7 역시 しち시치라고 읽게 되면 '사지'를 뜻하는 死地시치와 발음이 같아서,
しち시치 대신 なな나나를 사용하기도 합니다.

서수를 활용한 표현

사물의 개수를 셀 때 사용할 수 있는 표현이 한 가지 더 있습니다.
바로 '하나, 둘, 셋'과 같은 표현으로 우리가 "사과 한 개 주세요."라는 말을
"사과 하나 주세요."라는 말로 바꿔 쓸 수 있는 것과 같은 개념입니다.

| 하나 / 한 개<br>**ひとつ**<br>一つ<br>히토츠 | 둘 / 두 개<br>**ふたつ**<br>二つ<br>후타츠 | 셋 / 세 개<br>**みっつ**<br>三つ<br>밋츠 | 넷 / 네 개<br>**よっつ**<br>四つ<br>욧츠 | 다섯 / 다섯 개<br>**いつつ**<br>五つ<br>이츠츠 |
|---|---|---|---|---|
| 여섯 / 여섯 개<br>**むっつ**<br>六つ<br>뭇츠 | 일곱 / 일곱 개<br>**ななつ**<br>七つ<br>나나츠 | 여덟 / 여덟 개<br>**やっつ**<br>八つ<br>얏츠 | 아홉 / 아홉 개<br>**ここのつ**<br>九つ<br>코코노츠 | 열 / 열 개<br>**とう**<br>十<br>토오 |

つ츠는 숫자 자체를 의미하며, 개라는 뜻도 있어서,
서수 표현을 그대로 사용함으로써 사물의 개수를 셀 수 있습니다.
이러한 서수 표현은 10까지만 사용하며, 11부터는 기수와 같습니다.

| 열한 개<br>**じゅういっこ**<br>十一個<br>쥬우익코 | 열두 개<br>**じゅうにこ**<br>十二個<br>쥬우니코 | 열세 개<br>**じゅうさんこ**<br>十三個<br>쥬우상코 | 열네 개<br>**じゅうよんこ**<br>十四個<br>쥬우용코 | 열다섯 개<br>**じゅうごこ**<br>十五個<br>쥬우고코 |
|---|---|---|---|---|

# 달력 읽기

## 2023 年 6 月
にせんにじゅうさん ねん
니센니쥬우상 넹
ろく がつ
로쿠 가츠

| 월요일<br>月曜日<br>げつようび<br>게츠요오비 | 화요일<br>火曜日<br>かようび<br>카요오비 | 수요일<br>水曜日<br>すいようび<br>스이요오비 | 목요일<br>木曜日<br>もくようび<br>모쿠요오비 | 금요일<br>金曜日<br>きんようび<br>킹요오비 | 토요일<br>土曜日<br>どようび<br>도요오비 | 일요일<br>日曜日<br>にちようび<br>니치요오비 |
|---|---|---|---|---|---|---|
| | | | 1<br>초하루<br>**ついたち**<br>一日<br>츠이타치 | 2<br>**ふつか**<br>二日<br>후츠카 | 3<br>**みっか**<br>三日<br>믹카 | 4<br>**よっか**<br>四日<br>욕카 |
| 5<br>**いつか**<br>五日<br>이츠카 | 6<br>**むいか**<br>六日<br>무이카 | 7<br>**なのか**<br>七日<br>나노카 | 8<br>**ようか**<br>八日<br>요오카 | 9<br>**ここのか**<br>九日<br>코코노카 | 10<br>**とおか**<br>十日<br>토오카 | 11<br>じゅう<br>いちにち<br>十一日<br>쥬우이치니치 |
| 12<br>じゅう<br>ににち<br>十二日<br>쥬우니니치 | 13<br>じゅう<br>さんにち<br>十三日<br>쥬우산니치 | 14<br>じゅう<br>よっか<br>十四日<br>쥬우욕카 | 15<br>じゅう<br>ごにち<br>十五日<br>쥬우고니치 | 16<br>じゅう<br>ろくにち<br>十六日<br>쥬우로쿠니치 | 17<br>じゅう<br>しちにち<br>十七日<br>쥬우시치니치 | 18<br>じゅう<br>はちにち<br>十八日<br>쥬우하치니치 |
| 19<br>じゅう<br>くにち<br>十九日<br>쥬우쿠니치 | 20<br>스무날<br>**はつか**<br>二十日<br>하츠카 | 21<br>にじゅう<br>いちにち<br>二十一日<br>니쥬우이치니치 | 22<br>にじゅう<br>ににち<br>二十二日<br>니쥬우니니치 | 23<br>にじゅう<br>さんにち<br>二十三日<br>니쥬우산니치 | 24<br>にじゅう<br>よっか<br>二十四日<br>니쥬우욕카 | 25<br>にじゅう<br>ごにち<br>二十五日<br>니쥬우고니치 |
| 26<br>にじゅう<br>ろくにち<br>二十六日<br>니쥬우로쿠니치 | 27<br>にじゅう<br>しちにち<br>二十七日<br>니쥬우시치니치 | 28<br>にじゅう<br>はちにち<br>二十八日<br>니쥬우하치니치 | 29<br>にじゅう<br>くにち<br>二十九日<br>니쥬우쿠니치 | 30<br>さんじゅう<br>にち<br>三十日<br>산쥬우니치 | | |

**주의**

파랑 은 보통의 숫자와 다릅니다. 2일부터 10일까지는 서수로 읽고, 나머지는 모두 기수로 읽습니다.
1일과 20일은 기수도 서수도 아닌 특수 표현이므로 주의해야 합니다.
4는 '용' 또는 '시' 이지만 날짜에서는 모두 '욕카'로 고정되고,
9는 '큐우' 또는 '쿠' 이지만 날짜에서는 모두 '쿠니치'로 고정됩니다.

# 127가지 주요 단위

| 番 방 | 枚 마이 | 本 홍 | 冊 사츠 |
|---|---|---|---|

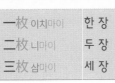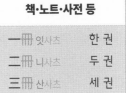

**番 방**

**1 3 5**

**순서·등급·횟수 등**

| 一番 이치방 | 첫 번 |
|---|---|
| 二番 니방 | 두 번 |
| 三番 삼방 | 세 번 |

**枚 마이**

**종이·손수건·셔츠·접시 등**

| 一枚 이치마이 | 한 장 |
|---|---|
| 二枚 니마이 | 두 장 |
| 三枚 삼마이 | 세 장 |

**本 홍**

**연필·바나나·병 등**

| 一本 입퐁 | 한 자루 |
|---|---|
| 二本 니홍 | 두 자루 |
| 三本 산봉 | 세 자루 |

**冊 사츠**

**책·노트·사전 등**

| 一冊 잇사츠 | 한 권 |
|---|---|
| 二冊 니사츠 | 두 권 |
| 三冊 산사츠 | 세 권 |

**台 다이**

**탈 것·전자제품 등**

| 一台 이치다이 | 한 대 |
|---|---|
| 二台 니다이 | 두 대 |
| 三台 산다이 | 세 대 |

**杯 하이**

**용기에 든 마실 것**

| 一杯 입파이 | 한 잔 |
|---|---|
| 二杯 니하이 | 두 잔 |
| 三杯 산바이 | 세 잔 |

**匹 히키**

**동물·곤충**

| 一匹 입피키 | 한 마리 |
|---|---|
| 二匹 니히키 | 두 마리 |
| 三匹 산비키 | 세 마리 |

**階 카이**

**건물의 층**

| 一階 익카이 | 1층 |
|---|---|
| 二階 니카이 | 2층 |
| 三階 상가이 | 3층 |

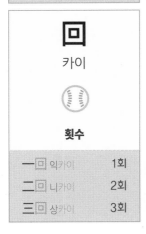

**回 카이**

**횟수**

| 一回 익카이 | 1회 |
|---|---|
| 二回 니카이 | 2회 |
| 三回 상카이 | 3회 |

**歲 사이**

**나이**

| 一歲 잇사이 | 한 살 |
|---|---|
| 二歲 니사이 | 두 살 |
| 三歲 산사이 | 세 살 |

**人 닝**

**사람**

| 一人 히토리 | 한 명 |
|---|---|
| 二人 후타리 | 두 명 |
| 三人 산닝 | 세 명 |

**時間 지캉**

**시간**

| 一時間 이치지캉 | 한 시간 |
|---|---|
| 二時間 니지캉 | 두 시간 |
| 三時間 산지캉 | 세 시간 |

**주의**

一 이치 는 뒤에 오는 글자의 발음에 따라 읽는 방법이 다양합니다.

사람(人 닝)의 수를 셀 때, 한 명은 一人 히토리, 두 명은 二人 후타리라고 읽는 것이 대부분입니다.
세 명 이상부터는 기수를 사용하는데, 세 명은 三人 산닝, 네 명은 四人 요닝이라고 합니다.

**MEMO**

**001** 고맙습니다.

## ありがとうございます。
고맙습니다.

---

**002** 천만에요.

## どういたしまして。
천만에요.

---

**003** 미안해요.

## すみません。
미안합니다.

---

**004** 제 잘못이에요.

わたし
## 私の ミスです。
나의 │ 실수입니다.

---

**005** 날 용서해 줘.

わたし　　ゆる
## 私を 許して。
나를 │ 용서해줘.

---

**006** 괜찮아요.

だいじょうぶ
## 大丈夫です。
괜찮습니다.

---

**007** 실례합니다. 저기요.

しつれい
## 失礼します。 あの、 すみません。
실례합니다.　　　　　　저,　　　미안합니다.

---

**008** 메뉴판 주세요.

## メニュー ください。
메뉴 │ 주세요.

---

**009** 부탁합니다.

ねが
## お願いします。
부탁합니다.

40

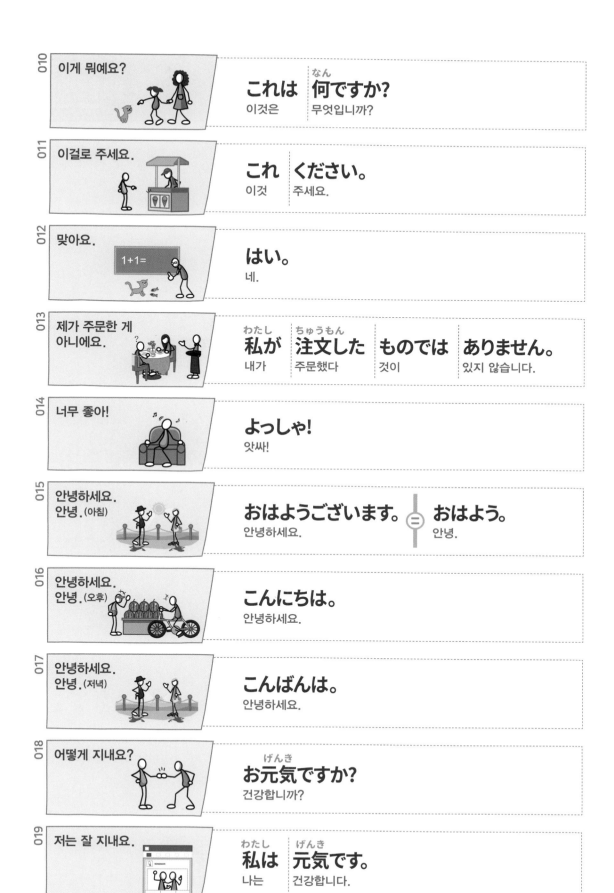

**010** 이게 뭐예요?

これは 何(なん)ですか?
이것은 무엇입니까?

**011** 이걸로 주세요.

これ ください。
이것 주세요.

**012** 맞아요.

1+1=

はい。
네.

**013** 제가 주문한 게 아니에요.

私(わたし)が 注文(ちゅうもん)した ものでは ありません。
내가 주문했다 것이 있지 않습니다.

**014** 너무 좋아!

よっしゃ!
앗싸!

**015** 안녕하세요. 안녕. (아침)

おはようございます。 = おはよう。
안녕하세요. 안녕.

**016** 안녕하세요. 안녕. (오후)

こんにちは。
안녕하세요.

**017** 안녕하세요. 안녕. (저녁)

こんばんは。
안녕하세요.

**018** 어떻게 지내요?

お元気(げんき)ですか?
건강합니까?

**019** 저는 잘 지내요.

私(わたし)は 元気(げんき)です。
나는 건강합니다.

---

**020** 너는 어때?

**君<sup>きみ</sup>は** | **どう?**
너는 | 어떻다?

---

**021** 오랜만이야.

**久<sup>ひさ</sup>しぶり。**
오랜만.

---

**022** 만나서 반갑습니다.

**お会<sup>あ</sup>いできて** | **嬉<sup>うれ</sup>しいです。**
만날 수 있어서 | 기쁩니다.

---

**023** 성함이 어떻게 되세요?

**お名前<sup>なまえ</sup>は** | **何<sup>なん</sup>ですか?**
성함은 | 무엇입니까?

---

**024** 저는 미나입니다.

**私<sup>わたし</sup>は** | **미나です。**
나는 | 미나입니다.

---

**025** 저는 스무 살이에요.

**私<sup>わたし</sup>は** | **二十歳<sup>はたち</sup>です。**
나는 | 20살입니다.

---

**026** 어디서 오셨어요?

**どこから** | **来<sup>き</sup>ましたか?**
어디에서 | 왔습니까?

---

**027** 한국에서 왔어요.

**韓国<sup>かんこく</sup>から** | **来<sup>き</sup>ました。**
한국에서 | 왔습니다.

---

**028** 당신과 이야기 좀
하고 싶어요.

**あなたと** | **話<sup>はな</sup>したいです。**
당신과 | 이야기하고 싶습니다.

**029**

친구가 되자.

**友達に** | **なろう。**
ともだち
친구에 | 되자.

---

**030**

전화번호 좀
알려 주세요.

**電話番号を** | **教えて** | **ください。**
でんわばんごう　　おし
전화번호를 | 가르쳐 | 주세요.

---

**031**

문자 해.

**メール** | **して。**
메일 | 해줘.

---

**032**

연락하면서 지내자!

**連絡** | **取り合おうね!**
れんらく　と　あ
연락 | 서로 잡자!

---

**033**

정말?

**本当?**
ほんとう
정말?

---

**034**

물론이죠.

**もちろんです。**
물론입니다.

---

**035**

좋은 생각이에요.

**いい** | **考えです。**
かんが
좋다 | 생각입니다.

---

**036**

알겠어요.
그럴게요.

**いいです。**
좋습니다.

---

**037**

나는 그렇게
생각 안 해요.

**私は** | **そう** | **思いません。**
わたし　　　　　おも
나는 | 그렇게 | 생각하지 않습니다.

---

**038**

내게 생각이
있어요.

**私に** | **考えが** | **あります。**
わたし　　かんが
나에게 | 생각이 | 있습니다.

**039** 실망했어요.

### 失望しました。
しつぼう

실망했습니다.

---

**040** 매우 좋아.

### とても | いい。
매우 | 좋다.

---

**041** 저도 그래요.

### 私も | そうです。
わたし
나도 | 그렇습니다.

---

**042** 재미있다!

### 面白い!
おもしろ

재밌다!

---

**043** 당신은 정말 재미있어요.

### あなたは | 本当に | 面白いです。
ほんとう おもしろ
당신은 | 정말로 | 재밌습니다.

---

**044** 당신 정말 친절하시군요!

### あなたは | 本当に | 優しいです!
ほんとう やさ
당신은 | 정말로 | 상냥합니다!

---

**045** 좋은 하루 보내시길.

### 良い | 一日を。
よ いちにち
좋다 | 하루를.

---

**046** 잘 가!

### じゃあね!
그럼!

---

**047** 잘 자.

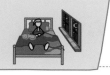

### おやすみ。
잘자.

**048** 너도.

あなたも。
당신도.

**049** 다음에 만나요.

また 会<sup>あ</sup>いましょう。
다시 만납시다.

**050** 곧 만나요.

すぐ また 会<sup>あ</sup>いましょう。
바로 다시 만납시다.

**051** 몸 건강해.
(헤어질 때 인사말)

元気<sup>げんき</sup>でね。
건강해.

**052** 행운을 빌어요!

健闘<sup>けんとう</sup>を 祈<sup>いの</sup>ります! = グッドラック!
건투를 빕니다! 굿럭!

**053** 기운 내요!
힘을 내!

頑張<sup>がんば</sup>って!
힘내!

**054** 서둘러!

急<sup>いそ</sup>いで!
서둘러 줘!

**055** 축하합니다!

おめでとうございます!
축하합니다!

**056** 생일 축하해요!

お誕生日<sup>たんじょうび</sup> おめでとうございます!
생일 축하합니다!

**057** 건배!

乾杯<sup>かんぱい</sup>!
건배!

058-076

---

**058** 치즈~! (사진 찍을 때)

## チーズ!
치즈!

---

**059** 이런!
아이고!
어머나!

## おっと!
이런!

---

**060** 나 돈이 없어요.

## 私、 | お金が | ありません。
나, | 돈이 | 있지 않습니다.

---

**061** 누구세요?

## あなたは | 誰ですか?
너는 | 누구입니까?

---

**062** 네?(전화 받을 때)
여보세요?

## もしもし?
여보세요?

---

**063** 듣고 있어.

## ちゃんと | 聞いて | いる。
확실히 | 듣고 | 있다.

---

**064** 어디 있었던 거예요?

## どこに | いた | のですか?
어디에 | 있었다 | 것입니까?

---

**065** 나 여기 있어.

## 私は | ここに | いる。
나는 | 이곳에 | 있다.

---

**066** 들어오세요.

## どうぞ | 入って | ください。
부디 | 들어와 | 주세요.

---

**067**

나 바빠.

<ruby>私<rt>わたし</rt></ruby>は <ruby>忙<rt>いそが</rt></ruby>しい。
나는　바쁘다.

**068**

바빴어요.

<ruby>忙<rt>いそが</rt></ruby>しかったです。
바빴습니다.

**069**

한가해요.

<ruby>暇<rt>ひま</rt></ruby>です。
한가합니다.

**070**

앉으세요.

<ruby>座<rt>すわ</rt></ruby>って くださない。
앉아　주세요.

**071**

계속하세요.

どうぞ <ruby>続<rt>つづ</rt></ruby>けて ください。
부디　계속해　주세요.

**072**

잠시 들어봐.

ちょっと <ruby>聞<rt>き</rt></ruby>いて。
조금　들어줘.

**073**

도와주시겠어요?

<ruby>手伝<rt>てつだ</rt></ruby>って くれますか?
도와　줍니까?

**074**

질문이 있어요.

<ruby>質問<rt>しつもん</rt></ruby>が あります。
질문이　있습니다.

**075**

내가 해 봐도 돼요?

<ruby>私<rt>わたし</rt></ruby>が やって みても いいですか?
내가　해　봐도　좋습니까?

**076**

시도해 볼게요.

やって みます。
해　봅니다.

**077** 저거 봐!

**あれ　見て!**
저것　봐줘!

**078** 마음에 들어요.

**気に　入ります。**
마음에　듭니다.

**079** 그냥 그래.

**まあまあ。**
자자 (상대를 달랠 때), 그냥 그래, 진정해

**080** 그게 전부예요?

**それが　全部ですか?**
그것이　전부입니까?

**081** 그게 다예요.

**それが　全部です。**
그것이　전부입니다.

**082** 그거면 충분해요.

**それで　十分です。**
이것으로　충분합니다.

**083** 좀 깎아 주세요.

**ちょっと　割引して　ください。**
조금　할인해　주세요.

**084** 너무 작아요.

**小　すぎます。**
작은　지나칩니다.

**085** 그렇지 않아요.

**そうでは　ないです。**
그렇게는　아닙니다.

| |  |  |
|---|---|---|
| 086 | 너무 비싸요. | 高 すぎます。<br>높은 지나칩니다. |
| 087 | 매우 싸요. | とても 安いです。<br>매우 쌉니다. |
| 088 | 생각해 볼게. | 考えて みるね。<br>생각해 보다. |
| 089 | 괜찮아요.<br>(거절) | 結構です。<br>괜찮습니다. |
| 090 | 잠시만요. | 少々 お待ちください。<br>잠시 기다려주세요. |
| 091 | 왜 안 돼요? | 何故 ダメですか?<br>왜 안됩니까? |
| 092 | 그게 어디에 있나요? | それは どこに ありますか?<br>그것은 어디에 있습니까? |
| 093 | 그게 언제인데? | いつですか?<br>언제입니까? |
| 094 | 얼마나 걸립니까? | どれくらい かかりますか?<br>얼마나 걸립니까? |
| 095 | 사람들이 아주 많이 있어요. | 人が とても 多いです。<br>사람이 매우 많습니다. |

TIP
々는 반복 부호로써
문자가 반복됨을 표시해주는 역할입니다.

**096** 너무 기대돼요.

| <ruby>楽<rt>たの</rt></ruby>しみに | して | います。 |
|---|---|---|
| 즐거움에 | 하고 | 있습니다. |

**097** 그게 최고의 방법이에요.

| それが | <ruby>一番<rt>いちばん</rt></ruby> | いい | <ruby>方法<rt>ほうほう</rt></ruby>です。 |
|---|---|---|---|
| 그것이 | 가장 | 좋다 | 방법입니다. |

**098** 당신을 위한 거예요.

| あなたの | ためです。 |
|---|---|
| 당신의 | 위함입니다. |

**099** 그렇게 할게.

| そう | する。 |
|---|---|
| 그렇게 | 하다. |

**100** 주문할게요.

| <ruby>注文<rt>ちゅうもん</rt></ruby> | <ruby>お願<rt>ねが</rt></ruby>いします。 |
|---|---|
| 주문 | 부탁합니다. |

**101** 추천해 주실 만하신 게 있나요?

| <ruby>お勧<rt>すす</rt></ruby>めは | <ruby>何<rt>なん</rt></ruby>ですか? |
|---|---|
| 추천은 | 무엇입니까? |

**102** 한번 볼까요…

| <ruby>見<rt>み</rt></ruby>て | みましょう。 |
|---|---|
| 봐 | 봅시다. |

**103** 뭐든지 좋아요.

| <ruby>何<rt>なん</rt></ruby>でも | いいです。 |
|---|---|
| 무엇이라도 | 좋습니다. |

**104** 상관없어요.

| <ruby>構<rt>かま</rt></ruby>わ | ないです。 |
|---|---|
| 상관하지 | 않습니다. |

| 105 | 필요해요. | **必要です。**<br>ひつよう<br>필요합니다. | |
|---|---|---|---|
| 106 | 배고파요. | **腹が**<br>はら<br>배가 | **減っています。**<br>へ<br>허기집니다. |
| 107 | 나는 배고프지 않아. | **お腹が**<br>なか<br>배가 | **空いて**<br>す<br>비어 / **いない。**<br>있지 않다. |
| 108 | 배불러요. | **腹**<br>はら<br>배 | **いっぱいです。**<br>가득합니다. |
| 109 | 목말라요. | **喉が**<br>のど<br>목이 | **渇きました。**<br>かわ<br>말랐습니다. |
| 110 | 최대한 빨리. | **できる**<br>할 수 있다 | **だけ**<br>뿐 / **早く。**<br>はや<br>빠르게. |
| 111 | 서둘러서. | **急いで、**<br>いそ<br>서둘러서, | **速く。**<br>はや<br>빠르게. |
| 112 | 준비됐어요? | **準備**<br>じゅんび<br>준비 | **できましたか?**<br>됐습니까? |
| 113 | 준비됐어요. | **準備**<br>じゅんび<br>준비 | **できて**<br>돼 / **います。**<br>있습니다. |
| 114 | 아직이에요. | **まだです。**<br>아직입니다. | |

**115** 언제부터 언제까지요?

## いつから | いつまでですか?
언제부터 | 언제까지입니까?

---

**116** 맛 좋아?

## 美味しい?
<sup>おい</sup>
맛있다?

---

**117** 음식은 어때요?

## 食事は | どうですか?
<sup>しょくじ</sup>
식사는 | 어땠습니까?

---

**118** 어떤 거?

## どれ?
어느 것?

---

**119** 얼마예요?

## いくらですか?
얼마입니까?

---

**120** 더 큰 치수 있나요?

## もっと | 大きい | サイズ | ありますか?
<sup>おお</sup>
더 | 크다 | 사이즈 | 있습니까?

---

**121** 몇 번 정도?

## 何 | 回 | くらい?
<sup>なん</sup> <sup>かい</sup>
몇 | 회 | 정도?

---

**122** 얼마나 빨리?

## どのくらい | 早く?
<sup>はや</sup>
얼마나 | 빠르게?

---

**123** 화장실이 어디예요?

## トイレは | どこですか?
화장실은 | 어디입니까?

**124** 더 주세요.

もっと ┃ ください。
더 ┃ 주세요.

---

**125** 충분해.

じゅうぶん
十分。
충분.

---

**126** 그건 너무 많아요.

それは ┃ おお
多すぎます。
그것은 ┃ 많 지나칩니다.

---

**127** 맛있다.

おい
美味しい。
맛있다.

---

**128** 완벽해.

かんぺき
完璧。
완벽.

---

**129** 나쁘지 않아.

わる
悪く ┃ ない。
나쁘지 ┃ 않다.

---

**130** 제대로 골랐네.

いい ┃ せんたく
選択です ┃ ＝ ┃ ちゃんと ┃ えら
選んだね。
좋다 ┃ 선택입니다 ┃ 제대로 ┃ 골랐네.

---

**131** 잘했어.

よくやった。
잘했다.

---

**132** 문제없어요.

もんだい
問題 ┃ ありません。
문제 ┃ 있지 않습니다.

---

**133** 깜짝 놀랐어.

びっくりした。
놀랐다.

53

**134** 너무 짜요.

これは | 塩っぱ | すぎます。
이것은 | <sup>しょ</sup>짠 | 지나칩니다.

---

**135** 너무 매워요.

<sup>から</sup>辛 | すぎます。
매운 | 지나칩니다.

---

**136** 너무 달아요.

<sup>あま</sup>甘 | すぎます。
단 | 지나칩니다.

---

**137** 너무 더워요.

とても | <sup>あつ</sup>暑いです。
매우 | 덥습니다.

---

**138** 너무 추워요.

とても | <sup>つめ</sup>冷たいです。
매우 | 차갑습니다.

---

**139** 계산서 주세요.

<sup>けいさんしょ</sup>計算書 | <sup>ねが</sup>お願いします。
계산서 | 부탁합니다.

---

**140** 내가 계산할게.

<sup>わたし</sup>私が | <sup>はら</sup>払う。
내가 | 지급하다.

---

**141** 할 수 있어?

できる?
할 수 있다?

---

**142** 나는 할 수 있어요!

<sup>わたし</sup>私は | できます!
나는 | 할 수 있습니다!

| 143 | 지금. | 今。<br>いま<br>지금. |
| 144 | 언제든지. | いつでも。<br>언제라도. |
| 145 | 곧 (금세). | すぐ。<br>곧. |
| 146 | 아, 안 돼… | いけない…<br>안돼… |
| 147 | 다음번. | 今度。<br>こんど<br>이번. = 次。<br>つぎ<br>다음. |
| 148 | 한 번 더. | もう<br>벌써 一度。<br>いちど<br>한 번. |
| 149 | 해라. | そう<br>그렇게 する。<br>하다. |
| 150 | 괜찮아요? | 大丈夫ですか?<br>だいじょうぶ<br>괜찮습니까? |
| 151 | 바쁘세요? | 忙しいですか?<br>いそが<br>바쁩니까? |
| 152 | 도와주세요! | 助けてください!<br>たす<br>도와주세요! |

**153** 누구?

<sup>だれ</sup>
**誰?**
누구?

---

**154** 어디예요?

<sup>いま</sup>
**今** | **どこですか?**
지금 | 어디입니까?

---

**155** 어떻게?

**どうやって?**
어떻게?

---

**156** 왜?

**どうして?**
어떻게?

---

**157** 어때?

**どう?**
어떻게?

---

**158** 그래서?

**それで?**
그래서?

---

**159** 무슨 일이 벌어진 거야?

<sup>なに</sup>
**何が** | **あった?**
무엇이 | 있었다?

---

**160** 무슨 문제 있어요?

<sup>なに</sup> | <sup>もんだい</sup>
**何か** | **問題でも** | **ありますか?**
뭔가 | 문제라도 | 있습니까?

---

**161** 나는 몰라요.

<sup>わたし</sup> | <sup>し</sup>
**私は** | **知りません。**
나는 | 알지 않습니다.

**162** 다시 말씀해 주실래요?

もう | 一度 | 話して | もらえますか?
벌써 | 1번 | 이야기해 | 받을 수 있습니까?

**163** 저를 거기로 데려다줄 수 있어요?

私を | そこへ | 連れて | 行って | くれますか?
나를 | 그곳으로 | 데리고 | 가 | 줍니까?

**164** 당신에게 달렸어요.

それは | あなた | 次第です。
그것은 | 당신 | 나름입니다.

**165** 큰일 났다.

大変だ。
큰일이다.

**166** 걱정하지 마.

心配し | ないで。
걱정하지 | 말아줘.

**167** 신경 쓰지 마세요. 별거 아니야.

気に | し | ないで | ください。
기운에 | 하지 | 말아 | 주세요.

**168** 환불하고 싶어요.

払い戻したいです。
환급하고 싶습니다.

**169** 모든 것이 정상이에요.

全て | 大丈夫です。
모두 | 괜찮습니다.

**170** 말이 안 되잖아

とんでもない。
터무니없다.

**171** 잃어버렸어요.

無くしてしまいました。
잃어버렸습니다.

**172** 시간 없어요.

私は 時間が ありません。
나는 시간이 있지 않습니다.

**173** 가야겠어요.

もう 行か なければ なりません。
벌써 가지 않으면 되지 않습니다.

**174** 가고 싶어.

行きたい。
가고 싶다.

**175** 가자!

行こう!
가자!

**176** 걸어가면 돼요.

歩いて 行けば いいです。
걸어서 가면 좋습니다.

**177** 곧 돌아올게요.

すぐ 戻ります。
곧 돌아옵니다.

**178** 늦었어요.

遅く なりました。
늦게 됐습니다.

**179** 진심이에요.

本気です。
진심입니다.

**180** 감동했어요.

感動しました。
감동했습니다.

58

**181** 동감이에요.

どうかん
**同感です。**
동감입니다.

---

**182** 네가 보고 싶어.

きみ ┃ あ
**君に ┃ 会いたい。**
너에 ┃ 만나고싶다.

---

**183** 부끄러워하지 마세요.

は
**恥ずかしがら ┃ ないで ┃ ください。**
부끄러워하지 ┃ 말아 ┃ 주세요.

---

**184** 네가 옳아.

きみ ┃ ただ
**君が ┃ 正しい。**
네가 ┃ 옳다.

---

**185** 네가 틀렸어.

きみ ┃ まちが
**君は ┃ 間違って ┃ いる。**
너는 ┃ 잘못되고 ┃ 있다.

---

**186** 지겨워요.

たいくつ
**退屈です。**
지루합니다.

---

**187** 아파요.
(병에 걸렸거나
걸린 것 같을 때)

ぐあい ┃ わる
**具合が ┃ 悪いです。**
형편이 ┃ 나쁩니다.

---

**188** 무서워.

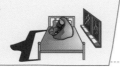

こわ
**怖い。**
무섭다.

---

**189** 피곤해요.

わたし ┃ つか
**私、 ┃ 疲れました。**
나 ┃ 지쳤습니다.

---

**190** 그거 재미있네.

おもしろ
**それ、 ┃ 面白い。**
그것 ┃ 재밌다.

191 이건 무리예요.

これは | 無理です。
이것은 | 무리입니다.

192 이건 어려워요.

これは | 難しいです。
이것은 | 어렵습니다.

193 그건 중요해요.

それは | 大事です。
그것은 | 중요합니다.

194 이건 유용해요.

これは | 役に立ちます。
이것은 | 도움이 됩니다.

195 대단했어요.

それは | すごかったです。
그것은 | 대단했습니다.

196 좋았어요.

良かったです。
좋았습니다.

197 그만해.

やめて。
그만해줘.

198 조심해.

気をつけて。
조심해.

199 화가 납니다.

腹が | 立ちます。
배가 | 섭니다.

**200**

화내지 마.

<ruby>怒<rt>おこ</rt></ruby>る な。
화내다 하지마.

**201**

이해가 안 돼요.

<ruby>理解<rt>りかい</rt></ruby> できません。
이해 할 수 없습니다.

**202**

혹시 모르니까.

<ruby>念<rt>ねん</rt></ruby>のため。
만약을 위해.

**203**

왜 그랬어?

| <ruby>何故<rt>なぜ</rt></ruby> | そう | した? |
|---|---|---|
| 왜 | 그렇게 | 했다? |

**204**

뭔가 필요하신 게 있나요?

| <ruby>何<rt>なに</rt></ruby>が | <ruby>必要<rt>ひつよう</rt></ruby>ですか? |
|---|---|
| 무엇이 | 필요합니까? |

**205**

내가 꼭 해야 해?

| <ruby>私<rt>わたし</rt></ruby>が | やら | なければ | なら | ない? |
|---|---|---|---|---|
| 내가 | 하지 | 않으면 | 되지 | 않다? |

**206**

뭘 좀 부탁드려도 될까요?

| <ruby>一<rt>ひと</rt></ruby>つ | <ruby>頼<rt>たの</rt></ruby>んでも | よろしいでしょうか? |
|---|---|---|
| 하나 | 부탁해도 | 좋겠습니까? |

**207**

나 기다리는 중이에요.

| <ruby>私<rt>わたし</rt></ruby>は | <ruby>待<rt>ま</rt></ruby>って | います。 |
|---|---|---|
| 나는 | 기다리고 | 있습니다. |

**208**

저 지금 가고 있어요.

| <ruby>私<rt>わたし</rt></ruby>、 | <ruby>今<rt>いま</rt></ruby> | <ruby>向<rt>む</rt></ruby>かって | います。 |
|---|---|---|---|
| 나, | 지금 | 향하고 | 있습니다. |

**209**

노력 중이에요.

| <ruby>私<rt>わたし</rt></ruby>、 | <ruby>頑張<rt>がんば</rt></ruby>って | います。 |
|---|---|---|
| 나, | 힘내고 | 있습니다. |

# 01

조사·인칭대명사

'나'라고 말해보겠습니다. 여러 가지 표현이 있지만 가장 중요한 3개의 표현만 먼저 배우겠습니다.

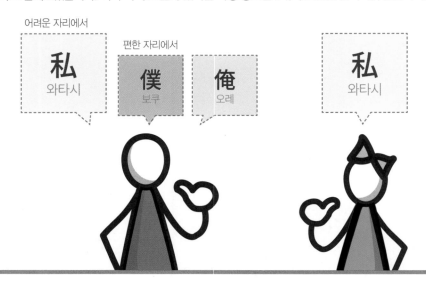

'나'를 의미하는 3개의 표현 뒤에 たち 타치를 붙이면 '우리'가 됩니다.
'僕 보쿠', '俺 오레' 이렇게 2개의 표현에는 ら 라를 붙여도 '우리'가 됩니다.
따라서 '우리'라는 표현은 총 5개입니다.

| 僕たち | 俺たち | 俺ら | 僕ら |
|---|---|---|---|
| 보쿠타치 | 오레타치 | 오레라 | 보쿠라 |

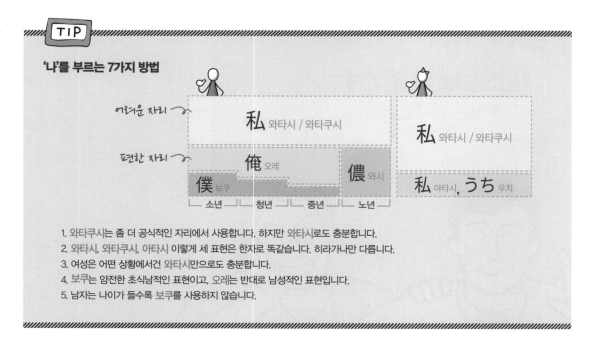

1. 와타쿠시는 좀 더 공식적인 자리에서 사용합니다. 하지만 와타시로도 충분합니다.
2. 와타시, 와타쿠시, 아타시 이렇게 세 표현은 한자로 똑같습니다. 히라가나만 다릅니다.
3. 여성은 어떤 상황에서건 와타시만으로도 충분합니다.
4. 보쿠는 얌전한 초식남적인 표현이고, 오레는 반대로 남성적인 표현입니다.
5. 남자는 나이가 들수록 보쿠를 사용하지 않습니다.

이번에는 '너'라고 말해보겠습니다.

'너'를 의미하는 3개의 표현 뒤에 たち타치를 붙이면 '너희'가 됩니다.
이 중 'お前오마에'는 뒤에 ら라를 붙여서 '너희'를 만들 수도 있습니다.
따라서 자주 사용하는 표현은 총 4개입니다. 물론, 君키미 뒤에도 ら라를
붙여서 쓸 수 있습니다.

| 君たち | お前たち | お前ら | 君ら |
|--------|----------|--------|------|
| 키미타치 | 오마에타치 | 오마에라 | 키미라 |

## TIP

### 김철수 씨를 부르는 7가지 방법

바로 위에서 '아나타'를 배웠지만,
사실 일본에서는 최대한 상대방의 이름을 기억해
이름으로 불러줍니다.

さん상    君쿵

ちゃん쨩

\* "김철수 상 계십니까?"처럼
성과 이름을 모두 사용하기도 합니다.

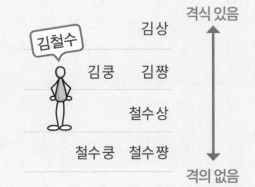

격식 있음

김철수

| | 김상 |
| 김쿵 | 김쨩 |
| | 철수상 |
| 철수쿵 | 철수쨩 |

격의 없음

### 명사를 복수로 만드는 방법

たち타치와 ら라 는 인칭대명사의 복수 표현만 만들어주는 것이 아닙니다.
사람이든 사물이든 일반 명사의 뒤에 붙여주기만 하면 복수를 표현할 수 있습니다.
하지만 우리가 사과를 몇 개 살 때 굳이 "사과들 좀 주세요"라고 얘기하지 않는 것처럼,
일본어로도 명사의 수를 정확하게 따져서 말하지는 않습니다.
그러므로 일반 회화에서 たち타치 와 ら라 는 그냥 인칭대명사와 붙어 다닌다고 생각하는 것이 좋습니다.

リンゴ 링고

リンゴたち 링고타치

リンゴら 링고라

3인칭 대명사는 성별에 따라서 그와 그녀, 2종류로 사용합니다.

'그들'이라는 표현은 彼ら카레라와 彼たち카레타치를 모두 사용합니다.
하지만 '그녀들'이라는 표현은 주로 彼女たち카노죠타치를 사용하고, 彼女ら카노죠라는 잘 사용하지 않습니다.
彼ら카레라는 남녀가 섞여 있는, 혹은 성별을 알 수 없는 한 무리의 사람들을 가리킬 때 사용하기도 합니다.

 **아래의 표는 일본어의 인칭대명사 중 가장 자주 사용되며 꼭 지금 외워야 할 것들입니다.**

**Practice**
## 나, 너, 우리

ミッション

그림만 보고
7초 안에
말하기!

 한자로도 히라가나로도 연습하세요.

私 わたし

あなた

私たち わたしたち

あなたたち

彼 かれ

彼女 かのじょ

彼ら かれら

彼女たち かのじょたち

私 わたし

あなた

私たち わたしたち

あなたたち

## Practice
## 나, 너, 우리

ミッション

쓰면서
큰 소리로
읽어보기!

 아래 빈칸을 채워 보세요. 답은 다양할 수 있습니다.

남성　여성　성별무관

**1** 너는 누구냐?

와 다레다?

☐ は 誰だ?

**2** 나는 나고, 너는 너다.

와　　　데.　　　　와　　　다.

☐ は ☐ で、☐ は ☐ だ。

**3** 너는 누구냐?

와 다레다?

☐ は 誰だ?

**4** 나는 나고, 너는 너다.

와　　　데.　　　　와　　　다.

☐ は ☐ で、☐ は ☐ だ。

**5** 당신은 누구입니까?

와 다레데스카?

☐ は 誰ですか?

**6** 저는 선생님이고, 당신은 학생입니다.

와 센세에데.

☐ は 先生で、

와 각세에데스.

☐ は 学生です。

**7** 당신은 누구입니까?

와 다레데스카?

☐ は 誰ですか?

**8** 저는 선생님이고, 당신은 학생입니다.

와 센세에데.

☐ は 先生で、

와 각세에데스.

☐ は 学生です。

정답입니다!

**1** 君は 誰だ? 키미와 다레다?

**3** 君は 誰だ? 키미와 다레다?

**5** あなたは 誰ですか? 아나타와 다레데스카?

**7** あなたは 誰ですか? 아나타와 다레데스카?

**2** 私は 私で、君は 君だ。 와타시와 와타시데, 키미와 키미다.

**4** 俺は 俺で、お前は お前だ。 오레와 오레데, 오마에와 오마에다.

**6** 私は 先生で、あなたは 学生です。 와타시와 센세에데, 아나타와 각세에데스.

**8** 僕は 先生で、あなたは 学生です。 보쿠와 센세에데, 아나타와 각세에데스.

**68**

 **아래 빈칸을 채워 보세요. 답은 다양할 수 있습니다.**

남성 　　여성　　성별무관

**1** 그는 누구냐?

와 다레다?
□ は 誰だ?

**2** 그는 아버지고, **우리**는 아들이다.

와 치치데,
□ は 父で、

와 무스코다.
□ は 息子だ。

**3** 그녀는 누구냐?

와 다레다?
□ は 誰だ?

**4** 그녀는 어머니고, **우리**는 딸이다.

와 하하데,
□ は 母で、

와 무스메다.
□ は 娘だ。

**5** **우리**는 누구냐?

와 다레다?
□ は 誰だ?

**6** **우리**는 프로고, **너희들**은 아마추어다.

와 푸로데,
□ は プロで、

와 아마츄아다.
□ は アマチュアだ。

**7** 그들은 누구냐?

와 다레다?
□ は 誰だ?

**8** 그들은 도둑이고, **그녀들**은 경찰이다.

와 도로보오데,
□ は 泥坊で、

와 케에사츠다.
□ は 警察だ。

---

**정답입니다!**

**1** 彼は 誰だ? 카레와 다레다?

**2** 彼は 父で、僕らは 息子だ。 카레와 치치데, 보쿠라와 무스코다.

**3** 彼女は 誰だ? 카노죠와 다레다?

**4** 彼女は 母で、私たちは 娘だ。 카노죠와 하하데, 와타시타치와 무스메다.

**5** 私たちは 誰だ? 와타시타치와 다레다?

**6** 私たちは プロで、あなたたちは アマチュアだ。 와타시타치와 푸로데, 아나타타치와 아마츄아다.

**7** 彼らは 誰だ? 카레라와 다레다?

**8** 彼らは 泥坊で、彼女たちは 警察だ。 카레라와 도로보오데, 카노죠타치와 케에사츠다.

동영상 강의

다음 밑줄 친 우리말 표현은 조사입니다.

나<sub>도</sub>    나<sub>의</sub>

나<sub>는</sub>    나<sub>를</sub>

조사는 위와 같이 주로 명사나 대명사 뒤에 오며,
문장 내에서 명사의 역할을 결정해줍니다.
일본어의 조사는 우리말과 비슷합니다.

나 (명사)    는 (조사)

---

### TIP

《 읽어보세요   **우리말과 일본어의 조사**

우리말에서도 조사와 조사를 붙여서 쓰는
경우가 있습니다.

예를 들면,

너랑은 말 안 해.
그녀와의 추억

처럼 말이죠.

일본어에서도 역시 마찬가지로 조사와
조사를 붙여서 쓸 수 있습니다.

너랑은 말 안 해.
君 とは 話さ ない。
키미 토와 하나사 나이.

그녀와의 추억
彼女 との 思い出
카노죠 토노 오모이데

---

### ~은, 는

**は** 와

彼 は 韓国人 です。
카레 와 캉코쿠진    데스.

그는 한국인입니다.

### ~이, 가

**が** 가

彼 が 犯人 です。
카레 가 한닌    데스.

그가 범인입니다.

### ~도

**も** 모

彼 も 韓国人 です。
카레 모 캉코쿠진    데스.

그도 한국인입니다.

### ~을, 를

**を** 오

彼 を 見ろ。
카레 오 미로.

그를 봐라.

### ~와, 과

**と** 토

彼 と 彼女
카레 토 카노죠

그와 그녀

### ~의

**の** 노

彼 の 弟
카레 노 오토오토

그의 남동생

は와, が가, を오,
の노, と토, も모

는, 가, 를,
의, 와, 도

인칭대명사와 조사를 결합해 보세요.

| 1 | 2 | 3 | 4 |
|---|---|---|---|
|  | |  |  |
| 나는 | 너는 | 너희는 | 우리는 |
| 내가 | 네가 | 너희가 | 우리가 |
| 나도 | 너도 | 너희도 | 우리도 |
| 나를 | 너를 | 너희를 | 우리를 |
| 나의 | 너의 | 너희의 | 우리의 |
| 나와 | 너와 | 너희와 | 우리와 |

| 5 | 6 | 7 | 8 |
|---|---|---|---|
|  |  |  |  |
| 그는 | 그녀는 | 그들은 | 그녀들은 |
| 그가 | 그녀가 | 그들이 | 그녀들이 |
| 그도 | 그녀도 | 그들도 | 그녀들도 |
| 그를 | 그녀를 | 그들을 | 그녀들을 |
| 그의 | 그녀의 | 그들의 | 그녀들의 |
| 그와 | 그녀와 | 그들과 | 그녀들과 |

## TIP

### "は" 하라고도 읽고 와라고도 읽는다

우리말에는 글자마다 발음이 정해져 있습니다. '아'라고 쓰여 있으면 항상 '아'라고 읽고, '어'라고 쓰여 있으면 항상 '어'라고 읽지요.
일본어도 마찬가지입니다. 글자마다 발음이 정해져 있어서, 모르는 단어라도 히라가나나 가타카나를 읽을 수 있다면 발음할 수 있습니다.
다만, 다음과 같은 예외가 있습니다.

**は** 하 또는 와

여기 히라가나로 쓰인 2개의 단어가 있습니다. 그리고 2개 단어 모두 **は**하자를 포함하고 있죠.
그런데 이 중에서 하나는 **は**하를 '하'라고 읽지 않고 '와'라고 읽습니다. 왜 그런 것일까요?

**こくはく** 코쿠하쿠 고백
**おれは** 오레와 나는

**おれは**오레와 의 **は**와 는 조사이기 때문입니다. '나'를 의미하는 **おれ**오레 뒤의 **は**와 는 '는'을
의미하는 조사입니다. 조사로 쓰일 때의 **は**하 는 예외적으로 '하'가 아니라 '와'로 읽습니다.
나중에 배울 **へ**헤 와 **へ**에 도 마찬가지입니다.

こんにちは
콘니치와
오늘은(어때)?

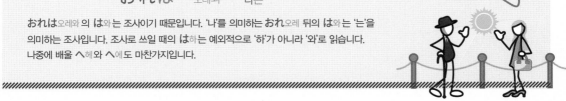

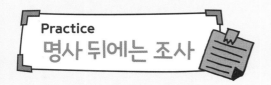

**Practice**
## 명사 뒤에는 조사

 주어진 6개의 명사를 먼저 외우세요. 그리고 빈칸에 조사를 넣어 말해 보세요.

| 의사 | 간호사 | 환자 | 선생님 | 학생 | 경찰 |
|---|---|---|---|---|---|
| い しゃ<br>**医者**<br>이 샤 | かん ご し<br>**看護師**<br>캉고시 | かん じゃ<br>**患者**<br>칸쟈 | せん せい<br>**先生**<br>센 세에 | がく せい<br>**学生**<br>각 세에 | けい さつ<br>**警察**<br>케에 사츠 |

**1** 나는 선생님이다.

私 は 先生だ。
와타시　　　　센세에다.

**2** 내가 선생님이다.

私 ☐ 先生だ。
와타시　　　　센세에다.

**3** 나도 선생님이다.

私 ☐ 先生だ。
와타시　　　　센세에다.

**4** 너도 선생님이다.

君 ☐ 先生だ。
키미　　　　센세에다.

**5** 의사의 환자

医者 ☐ 患者
이샤　　　　칸쟈

**6** 선생님과 학생

先生 ☐ 学生
센세에　　　　각세에

**7** 그가 경찰이다.

彼 ☐ 警察だ。
카레　　　　케에사츠다.

**8** 그녀가 간호사다.

彼女 ☐ 看護師だ。
카노죠　　　　캉고시다.

**9** 우리도 간호사다.

私たち ☐ 看護師だ。
와타시타치　　　　캉고시다.

**10** 환자를 보다.

患者 ☐ 見る。
칸쟈　　　　미루.

▶ 정답입니다!

1 は 와 2 が 가 3 も 모 4 も 모 5 の 노
6 と 토 7 が 가 8 が 가 9 も 모 10 を 오

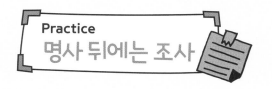

**Practice**

# 명사 뒤에는 조사

 주어진 6개의 명사를 먼저 외우세요. 그리고 빈칸에 조사를 넣어 말해 보세요.

| 남자 | 여자 | 소년 | 소녀 | 남편 | 부인 |
|------|------|------|------|------|------|
| おとこ<br>**男**<br>오토코 | おんな<br>**女**<br>온나 | しょうねん<br>**少年**<br>쇼오 넹 | しょうじょ<br>**少女**<br>쇼오 죠 | おっと<br>**夫**<br>옫토 | つま<br>**妻**<br>츠마 |

**1** 그도 남자다.

彼 ☐ 男だ。
카레　　　오토코다.

**2** 그녀의 남자

彼女 ☐ 男
카노죠　　　오토코

**3** 남편과 부인

夫 ☐ 妻
옫토　　츠마

**4** 소년과 소녀

少年 ☐ 少女
쇼오넨　　　쇼오죠

**5** 나도 여자다.

私 ☐ 女だ。
와타시　　온나다.

**6** 내가 남편이다.

私 ☐ 夫だ。
와타시　　옫토다.

**7** 남자와 여자

男 ☐ 女
오토코　　온나

**8** 나도 남자다.

私 ☐ 男だ。
와타시　　오토코다.

**9** 나는 여자다.

私 ☐ 女だ。
와타시　　온나다.

**10** 내가 부인이다.

私 ☐ 妻だ。
와타시　　츠마다.

**정답입니다!**

**1** も 모 **2** の 노 **3** と 토 **4** と 토 **5** も 모
**6** が 가 **7** と 토 **8** も 모 **9** は 와 **10** が 가

# 화장실은 '저기'입니다.
# '그' 가방이 마음에 드네요.
# '이'것으로 주세요.

위에 있는 3개 예문처럼 우리는 일상에서 지시대명사를 많이 사용합니다. 일본에서도 지시대명사를 자주 씁니다. 쇼핑하거나 주문할 때 제품명이나 메뉴를 읽지 못하더라도, 손가락으로 물건이나 메뉴판을 가리키면서 이거 달라고 할 수 있으니까 지시대명사는 여러모로 유용한 표현이지요.

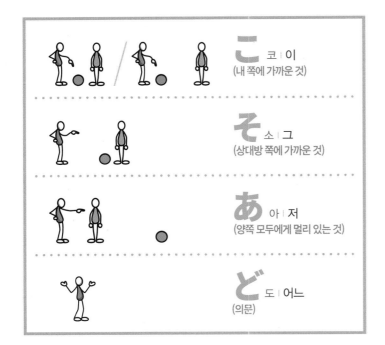

## TIP

**<< 읽어보세요! 지시대명사의 다양한 역할**

이 중에서도 あの아노는 영어의 'Excuse me.'나 우리말의 '저기요.' 같은 역할도 합니다. 길에서 사람을 잡고 길이나 방향을 물어볼 때, 가게에서 점원을 부를 때 흔히
**あの、すみません。** 아노, 스미마셍.
이라고 하지요.

방향의 지시대명사는 이쪽저쪽 같은 단순한 방향은 물론, '이쪽은 내 친구 김 씨입니다.'나 '저쪽이 입구입니다.' 같이 사람을 소개하거나 장소를 가리킬 때도 사용할 수 있습니다. 반말과 존대표현이 나뉜 것도 방향 지시대명사의 특징인데, 반말에는 こ코 そ소 あ아 ど도 와 ち치 사이에 っ스를 넣어서 쓰기도 합니다.

| こち 코치 | | こっち 콧치 |
| そち 소치 | + っ = | そっち 솟치 |
| あち 아치 | | あっち 앗치 |
| どち 도치 | | どっち 돗치 |

**<< 읽어보세요! '저'도 되고 '그'도 되는 あ아**

こ코, そ소, ど도는 각각 '이', '그', '어느'로 해석이 고정돼 있습니다. 하지만 あ아는 '저'뿐만 아니라 '그'라고 해석되기도 합니다. あ아는 양쪽 모두와 멀리 있는 것을 의미하기도 하지만, 양쪽이 다 알고 있는 것을 나타낼 때도 쓰기 때문입니다. 그래서 **あの人**아노히토 라고 하면, 양쪽 모두와 떨어진 곳에 있는 '저 사람'을 나타낼 수도, 혹은 두 사람이 모두 알고 있는 '그 사람'을 나타낼 수도 있는 것입니다.

ミッション

32개의 표현을 모두 개별적으로 암기하세요!

 코소아도 표현들은 매우 유용합니다.

| 지시대명사 표현 | これ<br>코레<br>이것 | それ<br>소레<br>그것 | あれ<br>아레<br>저것 | どれ<br>도레<br>어느 것 |
|---|---|---|---|---|
| | ここ<br>코코<br>이곳 | そこ<br>소코<br>그곳 | あそこ<br>아소코<br>저곳 | どこ<br>도코<br>어느 곳 |
| | こちら<br>코치라<br>이쪽 | そちら<br>소치라<br>그쪽 | あちら<br>아치라<br>저쪽 | どちら<br>도치라<br>어느 쪽 |
| | こっち<br>콧치<br>이쪽 | そっち<br>솟치<br>그쪽 | あっち<br>앗치<br>저쪽 | どっち<br>돗치<br>어느 쪽 |

존댓말

반말

| 형용사 표현 | この<br>코노<br>이 | その<br>소노<br>그 | あの<br>아노<br>저 | どの<br>도노<br>어느 |
|---|---|---|---|---|
| | こんな<br>콘나<br>이런 | そんな<br>손나<br>그런 | あんな<br>안나<br>저런 | どんな<br>돈나<br>어느 것 |

| 부사 표현 | こんなに<br>콘나니<br>이렇게 | そんなに<br>손나니<br>그렇게 | あんなに<br>안나니<br>저렇게 | どんなに<br>돈나니<br>얼마나 |
|---|---|---|---|---|
| | こう<br>코오<br>이렇게 | そう<br>소오<br>그렇게 | あぁ<br>아아<br>저렇게 | どう<br>도오<br>어떻게 |

 문장 속에서 '코소아도'의 의미를 찾아보세요.

**1** 저기…

あの…
아노…

**2** 이쪽으로 오세요.

こちらへ どうぞ。
코치라에 도오조.

**3** 여기저기.(저기여기)

あっちこっち。
앗치콧치.

**4** 저야 말로요.

こちらこそ。
코치라코소.

**5** 어떡해!

どうしよう!
도오시요오!

**6** 이렇게 합시다.

こう しましょう。
코오 시마쇼오.

**7** 그런 말 하지 마.

そんな こと 言う なよ。
손나 코토 이우 나요.

**8** 이건 뭐야?

これは 何?
코레와 나니?

**9** 여기가 어디예요?

ここは どこですか?
코코와 도코데스카?

**10** 이 사람은 누구예요?

この 人は 誰ですか?
코노 히토와 다레데스카?

**11** 어라?

あれ?
아레?

**12** 말도 안 돼!(그런!)

そんな!
손나!

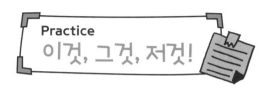

**Practice**
# 이것, 그것, 저것!

 단어를 먼저 외운 후, 문장을 익히세요.

| 물 | 차 | 케이크 | 과자 | 사탕 | 초콜릿 |
|---|---|---|---|---|---|
| みず<br>水<br>미즈 | ちゃ<br>お茶<br>오 챠 | ケーキ<br>케-키 | か し<br>お菓子<br>오 카 시 | キャンディ<br>캰디 | チョコレート<br>쵸코레-토 |

**1** 이것은 물이다.
これは 水だ。
これは みずだ。

**2** 이것은 케이크다.
これは ケーキだ。
これは ケーキだ。

**3** 그것은 차다.
それは お茶だ。
それは おちゃだ。

**4** 그것은 사탕이다.
それは キャンディだ。
それは キャンディだ。

**5** 저것은 과자다.
あれは お菓子だ。
あれは おかしだ。

**6** 저것은 초콜릿이다.
あれは チョコレートだ。
あれは チョコレートだ。

**7** 어느 것도 물이 아니다.
どれも 水では ない。
どれも みずでは ない。

**8** 어느 것도 케이크가 아니다.
どれも ケーキでは ない。
どれも ケーキでは ない。

**9** 이것은 물입니까?
これは 水ですか?
これは みずですか?

**10** 그것은 물입니까?
それは 水ですか?
それは みずですか?

**11** 저것은 물입니까?
あれは 水ですか?
あれは みずですか?

**12** 어느 것이 물입니까?
どれが 水ですか?
どれが みずですか?

**1** 처음 뵙겠습니다.

ハナ

<ruby>初<rt>はじ</rt></ruby>めまして。

<ruby>私<rt>わたし</rt></ruby> は ハナ です。

<ruby>私<rt>わたし</rt></ruby> は <ruby>韓国人<rt>かんこくじん</rt></ruby> です。

よろしく お<ruby>願<rt>ねが</rt></ruby>い し ます。

> ハナ : 처음 뵙겠습니다.
>     저는 하나입니다.
>     저는 한국인입니다.
>     잘 부탁합니다.

◄

**初めまして。**
처음 만나는 사람과 인사할 때 쓸 수 있는 표현입니다. 대개 인사의 마지막은 よろ しくお願いします[요로시쿠오네가이시마스] 로 마치곤 합니다.

初めまして。

よろしくお願いします。

**2** 만나서 반갑습니다.

すずき

<ruby>初<rt>はじ</rt></ruby>めまして。

<ruby>私<rt>わたし</rt></ruby> は <ruby>鈴木<rt>すずき</rt></ruby> と <ruby>申<rt>もう</rt></ruby>し ます。

お<ruby>会<rt>あ</rt></ruby>い できて <ruby>嬉<rt>うれ</rt></ruby>しい です。

よろしく お<ruby>願<rt>ねが</rt></ruby>い し ます。

> すずき : 처음 뵙겠습니다.
>     저는 스즈키라고 합니다.
>     만나서 반갑습니다.
>     잘 부탁합니다.

◄

**鈴木と申します。**
と申します[토모우시마스]는 의역하면 '~라고 합니다'라는 표현입니다. 비교적 정중한 표현입니다.

따라 말하기

**3** 안녕하세요.

 あかり おはようございます。

 すずき こんにちは。

 ハナ こんばんは。

 ゆい お休みなさい。
やす

あかり : 안녕하세요(아침)
すずき : 안녕하세요(점심)
ハナ : 안녕하세요(저녁)
ゆい : 안녕히 주무세요.

> **こんにちは, こんばんは**
> 점심 인사와 저녁 인사는 직역하면 각각
> '오늘은', '오늘 밤은'이라는 뜻입니다. 이때
> 뒤에 붙은 は[하]가 조사로 사용되었기
> 때문에 [와]로 읽어야 합니다.

おはようございます。

**4** 또 만나요.

 ひまり 今日 は 楽しかった です。
きょう　　　たの

 ゆい 私 も です。
わたし

 ひまり また 会い ましょう。
あ

 ゆい じゃあ、またね!

ひまり : 오늘은 즐거웠어요.
ゆい : 저도요.
ひまり : 또 만나요.
ゆい : 그럼 이만!

> **じゃあ**
> じゃあ[자아]는 '그럼'이라는 뜻을 가지고
> 있는 じゃ[쟈]를 좀 더 길게 발음한 것으로
> 뜻은 동일합니다. 보통 회화에서 자주
> 사용합니다.

# 01

이 표현 꼭 외우자!
## 조사·인칭대명사

**5** 우리는 친구입니다.

 あかり
私 と ハナ は 韓国人 です。

鈴木 と 桜井 は 日本人 です。

 ハナ
私たち は 大学生 です。 ◀

私たち は 友達 です。

> あかり : 나와 하나는 한국인입니다.
> 스즈키와 사쿠라이는 일본인입니다.
> ハナ : 우리는 대학생입니다.
> 우리는 친구입니다.

> 私たちは 大学生です。

**私たち**

たち[타치]는 주로 사람을 가리키는 말에 붙여 복수형을 만들 때 사용됩니다. 혹은 동물이나 사물을 의인화해서 말할 때도 사용할 수 있습니다.

**6** 이 한자는 뭐예요?

 ハナ
この 漢字 は 何 ですか?

 さくらい
これ は 国 です。 ◀

 ハナ
あの 漢字 は 何 ですか?

 さくらい
あれ は 虫 です。

> ハナ : 이 한자는 뭐예요?
> さくらい : 이건 나라예요.
> ハナ : 저 한자는 뭐예요?
> さくらい : 저건 벌레예요.

**신자체**

일본에서 사용하는 한자는 구자체와 신자체가 있습니다. 구자체는 우리나라 한자와 동일하며, 신자체는 한자를 간략화한 글자로 일본에서만 사용하는 글자입니다.

> あの漢字は 何ですか?

## 7 이건 누구 가방이에요?

 これ は 誰(だれ) の カバン ですか?

 ハナ の カバン です。

 あれ も ハナ ちゃん の カバン ですか?

 あれ は 私(わたし) の カバン です。

ひまり : 이건 누구 가방이에요?
あかり : 하나의 가방이에요.
ひまり : 저것도 하나짱 가방이에요?
あかり : 저건 제 가방이에요.

## 8 그건 뭐예요?

 それ は 何(なん) ですか?

 どれ ですか? これ ですか?

 それ です、それ。

 それ が どれ ですか!

ゆい : 그건 뭐예요?
あかり : 어느 거요? 이거요?
ゆい : 저거요, 저거.
あかり : 저게 뭐예요!

**ちゃん**

ちゃん은 친한 사이에서 주로 이름 뒤에 붙여 사용하는 호칭입니다. 일본에서는 상대의 허락이 없는 한 이름을 부르는 것은 예의 없는 행동이기 때문에, 보통 성 뒤에 さん을 붙여 부릅니다.

ハナのカバンです。

**코소아도 용법**

こそあど(코소아도)는 우리말로 하면 '이, 그, 저, 어느'라는 뜻입니다. 사물이나 장소, 방향을 나타내는 지시대명사를 만들 때 사용되는 용법입니다.

それです、それ。

# 히라가나 연습

 아래 일본어를 읽을 수 있게 연습한 후 히라가나로 쓰세요.

**1** 初めまして。
처음 뵙겠습니다.

はじめまして。

**2** 私は 韓国人 です。
나는　　　 한국인　　 입니다.

**3** よろしく お願い し ます。
　　　　 잘　　　　 부탁　　 하기 합니다.

**4** 私は 鈴木と 申し ます。
나는　　　 스즈키라고　 말씀하기　　 합니다.

**5** 私と ハナは 韓国人 です。
나와　　　 하나는　　　 한국인　　 입니다.

**6** 鈴木と 桜井は 日本人 です。
스즈키와　　 사쿠라이는　　 일본인　　 입니다.

정답입니다!

1 はじめまして。　　　　　　　　　　　하지메마시테.

2 わたしは かんこくじん です。　　　　와타시와 캉코쿠진 데스.

3 よろしく おねがい し ます。　　　　요로시쿠 오네가이 시 마스.

4 わたしは すずきと もうし ます。　　와타시와 스즈키토 모오시 마스.

5 わたしと はなは かんこくじん です。　와타시토 하나와 캉코쿠진 데스.

6 すずきと さくらいは にほんじん です。　스즈키토 사쿠라이와 니혼진 데스.

아주 먼 옛날, 일본 열도는 지금과 다르게 아시아 대륙과 한덩이었어.

덕분에 사람과 동물들이 걸어서 왕래할 수 있었지.

그 이유는 약 1만 년 전 찾아온 빙하기에 세상 모든 것이 얼어붙으며

바닷물의 수위가 낮아짐에 따라 잠겨있던 육지가 겉으로 모습을 드러냈기 때문인데

이 시기에 구몽고계(몽고 계 아시아인)가 일본으로 대거 이주를 했고

또, BC 3〜AD 3세기에 신몽고계(시베리아, 만주 등 추운지역에 적응한)가 이주를 해

일본 북쪽 지역에 살던 원주민들(아이누족)과 동남아시아에서 건너온 남방민족들을 포함한 여러 민족의 피가 섞이고 섞이면서

오늘날의 일본 민족을 만들었어.

일본만의 독자적인 역사는, 해빙기가 찾아와 해수면이 다시 높아지고

대륙과의 연결이 끊어져

지금처럼 섬나라가 되는 1만 년 전경부터 시작되었다고 할 수 있어.

이때는 아직 수렵과 채집으로 살아가던 신석기 시대였는데

당시의 것으로 추정되는 토기에 새끼줄 같은 문양이 발견되어

오호라…

노끈 승. 문양 문을 써 이 시대를 '죠몬' 시대라고 불러.

縄文
じょうもん

B.C. 1300 ~ B.C. 300

그리고 시간은 흐르고 흘러, 어느덧 벼농사를 하기 시작함으로써

역시 농사가 직빵이지!

수렵과 채집에만 의존하며 살아가던 신석기 시대의 막이 내리고

나 아직 현역인데!

청동이나 철 등의 금속을 사용하는

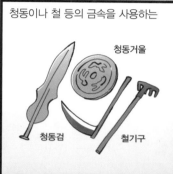

청동거울

청동검    철기구

청동기 시대이자 초기 철기 시대의 막이 올라.

좋아, 이제 우리 차례다!

1884년, 도쿄도 분쿄구에 위치한 조개무덤에서

도쿄 대학 근처

조개

이 시대의 토기를 처음 발견했는데, 토기가 발견된 지명의 이름을 따서

그래, 정했다. 이건…

이 시대를 '야요이' 시대라고 부르게 됐지.

弥生
やよい

B.C. 300 ~ A.D. 300

벼농사를 하게 되면서 농사 지역마다 점차 사람들이 모여 생활하게 되었고

우리도 같이 먹고 살자!

이윽고 일본엔 100개가 넘는 소국들이 생겨나 역사가 늘 그래왔듯 전란의 시대가 찾아오게 되었지.

서로 다투는 혼란기가 지속되다가 3세기 말, 몇몇 작은 나라가 연합하여

배신하면 똥침 백번!!!

'야마타이'란 나라를 세우는데, 일본 역사상 처음으로 국가다운 모습을 보여준 나라야.

야마타이국 최초의 왕으로 옹립된 인물은 '히미코'라는 무녀였는데

히미코 여왕이 239년, 242년에 각각 위나라에 조공을 보내

'친위왜왕'이라는 봉호를 받았다는 사실이 후한서에 기록되어 있어.

이는 야요이시대에 들어서야 처음으로 일본이 공식적인 외교 무대에 등장했단 것을 말해주지만

그 당시 일본은 아직 마을 단위의 작은 세력에 불과했고

그 후 1세기가량은 야마타이국에 대한 어떠한 정보도 남아있지 않는 걸 보면

일본이란 나라의 존재 여부를 세상에 알렸다는 것 이외에 크게 눈여겨 봐야 할 부분은 없는 것 같아.

그렇다면 고대국가로써 일본의 존재감이 뚜렷해지기 시작한 시기는 언제일까?

바로 킨키 지방(현 나라, 교토, 오사카 일대)의 야마토를 중심으로 세력을 통합해 일본 영토의 대부분을 차지한

일본 최초의 통일 정권, '야마토 정권'이 강력한 권력을 지니면서부터라고 해.

그리고 이 시대를 '야마토' 시대라고 불러.

야마토 정권은 군사력을 바탕으로 강력한 국가로 성장해

한반도의 세 나라(고구려, 백제, 신라)와 견줄 정도로, 고대국가로서의 기틀을 확립시켰어.

내가 간다~!

엥?! 언제 저기까지?

빠른데?

성씨를 가질 수 있는 지배계급이 생겨나 백성들을 관리하기 시작했고

· 오키미
· 고우조쿠
 ⋮

소가, 아베, 모노노베 등

한반도를 통해 외국의 선진문물을 많이 받아들여(특히 백제가 많은 영향)

백제

오다 주웠다

어머!

불교가 전파되는 등 많은 발전이 이루어지게 된 시기야.

나무아미타불

저게 무엇인고?

불교의 불상이라네

백제의 '왕인'이 논어와 천자문 등을 전한 것도 이 시기라고 보고 있지.

이건 논어, 저건 천자문

아하!

논어

천자문

그런데 왕인의 이름은 우리나라의 역사서엔 등장하지 않고, 설화나 전설로만 전해지고 있어.

너도 설화?

=

단군

왕인

반면, 일본 오사카에는 왕인의 공원과 무덤이 현재 실존해 있고

百濟門

伝王仁墓

廢祀

일본 역사서 '고사기'나 '일본서기'에는 왕인의 이름이 떡하니 기록되어 있어.

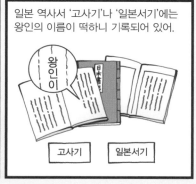

왕인이

日本書紀

고사기

일본서기

왕인의 신사도 존재해! 학문의 신으로서 일본인들에게 모셔지고 있거든.

또한, 도쿄에 위치한 우에노 공원에는 왕인을 공자에 견주어 칭송하고 있는 '왕인박사비'가 있고

나라?

더욱이 왕인 관련 유적지가 일본 전역을 통틀어 30여 곳에 달한다고 하니, 일본인들의 왕인에 대한 사랑이 정말 어마어마하다는 것을 알 수 있지.

사랑해요 왕인~

백제

➡ 만화는 108쪽에서 계속 이어집니다.

# 02

# 명사 기본 문형

명사로 끝나는 문장

의문문 만들기

히라가나 연습

**学生です。**
학생입니다.

한눈에 배운다!
# 명사로 끝나는 문장
~이다

따라 말하기

1등 암기표
학습포인트

| 1 | 2 | 3 | 4 | 5 | 6 |
|---|---|---|---|---|---|
| 명사+だ | い형용사 | な형용사 | 2그룹 동사 기본 | 1그룹 동사 기본 | 2그룹 동사 응용 |

| 12 | 11 | 10 | 9 | 8 | 7 |
|---|---|---|---|---|---|
| 주의 표현 | 접속조사 て 응용 | 접속조사 て 기본 | 가능 | 수식 | 1그룹 동사 응용 |

명사와 결합하는 기본표현 8개입니다.
부정문일 때는 명사 뒤에 では데와가 붙는다는 점을 주의하며 살펴보세요.

では보다 じゃ가
더 친근한 표현이야!

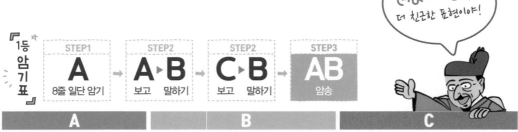

1등 암기표

| STEP1 | STEP2 | STEP2 | STEP3 |
|---|---|---|---|
| **A** | **A▶B** | **C▶B** | **AB** |
| 8줄 일단 암기 | 보고 말하기 | 보고 말하기 | 암송 |

| | A | B | C |
|---|---|---|---|
| **긍정** | 학생 이다. | 각세에 다. | 学生 だ. |
| | 학생 이었다. | 각세에 닫타. (과거) | 学生 だった. |
| | 학생 입니다. | 각세에 데스. | 学生 です. |
| | 학생 이었습니다. | 각세에 데시타. (과거) | 学生 でした. |
| **부정** | 학생 이 아니다. | 각세에 데와 나이. | 学生 ではない. |
| | | | じゃないɤ나이'도 가능 |
| | 학생 이 아니었다. | 각세에 데와 나칻타. (과거) | 学生 ではなかった. |
| | 학생 이 아닙니다. | 각세에 데와 아리 마셍. | 学生 ではありません. |
| | | | ないですɤ이 데스'도 가능 |
| | 학생 이 아니었습니다. | 각세에 데와 아리 마셴 데시타. (과거) | 学生 ではありませんでした. |

긍정표현과 부정표현을 비교해보겠습니다.
부정표현을 만들 때는 じゃ쟈나 では데와 등의 조사로
명사와 부정표현을 연결해줍니다.

**긍정표현**    : 경찰이다.

**부정표현**    : 경찰이 아니야.

   : 경찰이 아니다.

じゃ쟈는 では데와의 구어체 표현입니다.
좀 더 가벼운 뉘앙스로, 일상 회화에서는 じゃ쟈를 주로 씁니다.

과거의 부정표현 역시 조사 じゃ쟈와 では데와를 넣어줍니다.

   : 경찰이 아니었어.

   : 경찰이 아니었다.

## Practice

# 오늘이다. 내일이 아니다.

아래의 명사들을 이용해 문장을 만들어 보세요.
긍정문은 명사의 바로 뒤에 だ다가 오지만, 부정문은 じゃ쟈나 では데와가 사용됩니다.

| 오늘 | 어제 | 내일 | 아침 | 낮 | 밤 |
|---|---|---|---|---|---|
| きょう<br>今日<br>쿄오 | きのう<br>昨日<br>키노우 | あした<br>明日<br>아시타 | あさ<br>朝<br>아사 | ひる<br>昼<br>히루 | よる<br>夜<br>요루 |

**1** 오늘이다.
今日だ。

きょうだ。

**2** 어제였다.
昨日だった。

きのうだった。

**3** 내일이 아니다.
明日じゃ ない。

あしたじゃ ない。

**4** 아침이었습니다.
朝でした。

あさでした。

**5** 아침입니다.
朝です。

あさです。

**6** 낮이 아니다.
昼じゃ ない。

ひるじゃ ない。

**7** 밤이 아닙니다.
夜では ありません。

よるでは ありません。

**8** 어제가 아니었습니다.
昨日では ありませんでした。

きのうでは ありませんでした。

**9** 어제와 오늘이 아니었습니다.
昨日と 今日では ありませんでした。

きのうと きょうでは ありませんでした。

**10** 낮이었습니다.
昼でした。

ひるでした。

**11** 어제와 오늘이 아닙니다.
昨日と 今日では ありません。

きのうと きょうでは ありません。

**12** 밤이다.
夜だ。

よるだ。

ミッション

20 12개의 문장을
20초 안에
말하기!

 **Practice**

## 그것은 가방입니다.

주어진 6개의 명사를 먼저 암기하세요. 그리고 이 명사들과 지시대명사를 조합해서
문장을 만들어 보세요. 긍정문과 부정문 만드는 방법에 주의하세요.

| 옷 | 가방 | 신발 | 원피스 | 셔츠 | 우산 |
|---|---|---|---|---|---|
| ふく<br>服<br>후쿠 | カバン<br>카방 | くつ<br>靴<br>쿠츠 | ワンピース<br>왐 피ー 스 | シャツ<br>샤츠 | かさ<br>傘<br>카사 |

---

**1** 그것은 옷이다.
それは 服だ。

それは ふくだ。

**2** 그것은 옷이었다.
それは 服だった。

それは ふくだった。

**3** 그것은 가방입니다.
それは カバンです。

それは カバンです。

**4** 그것은 가방이었습니다.
それは カバンでした。

それは カバンでした。

**5** 그것은 신발이 아니다.
それは 靴じゃ ない。

それは くつじゃ ない。

**6** 그것은 신발이 아니었다.
それは 靴じゃ なかった。

それは くつじゃ なかった。

**7** 그것은 원피스가 아닙니다.
それは ワンピースでは ありません。

それは ワンピースでは ありません。

**8** 그것은 원피스가 아니었습니다.
それは ワンピースでは ありません
でした。　　　　　それは ワンピースでは
ありませんでした。

**9** 그것은 셔츠가 아닙니다.
それは シャツでは ありません。

それは シャツでは ありません。

**10** 그것은 우산이 아니다.
それは 傘じゃ ない。

それは かさじゃ ない。

**11** 그것은 우산이다.
それは 傘だ。

それは かさだ。

**12** 그것은 가방이 아닙니다.
それは カバンでは ありません。

それは カバンでは ありません。

일본어에서는 'か카?'를 붙이면 의문문이 됩니다.

기초 일본어 과정에서는 보통 의문문에 대해서 위와 같이 배웁니다.
그리고 이것은 의문문에 대한 매우 적절한 설명이죠.
우리말의 의문문에서 '까?'를 붙이는 것과도 비슷하므로 이해하기 쉽습니다.

| | | | |
|---|---|---|---|
| 警察 です。 | 케에사츠 데스. | 경찰입니다. | 평서문 |
| 警察 ですか? | 케에사츠 데스카? | 경찰입니까? | 의문문 |
| 警察 でした。 | 케에사츠 데시타. | 경찰이었습니다. | 평서문 |
| 警察 でしたか? | 케에사츠 데시타카? | 경찰이었습니까? | 의문문 |

하지만 か카를 붙이는 것이 의문문 전부는 아닙니다.

사실 일본어의 의문문에는 か카 대신에 の노가 붙기도 합니다.
그런데 이상한 것은 か카와 の노가 동시에 붙기도 한다는 점입니다.
다음과 같이 말이죠.

| | | |
|---|---|---|
| 警察 じゃ ない か? | 케에사츠 쟈 나이 카? | 경찰이 아닌가? |
| 警察 じゃ ない の? | 케에사츠 쟈 나이 노? | 경찰이 아닌 거야? |
| 警察 じゃ ない のか? | 케에사츠 쟈 나이 노카? | 경찰이 아닌 건가? |

그런데 의문문에 있어서 か카와 の노는 꼭 필요한 존재일까요?
그렇지 않습니다. 그저 끝을 올려 말하는 것만으로도 의문문이 되기도 합니다.

| | | | |
|---|---|---|---|
| 警察 じゃ ない。 | 케에사츠 쟈 나이. | 경찰이 아니다. | 평서문 |
| 警察 じゃ ない? | 케에사츠 쟈 나이? | 경찰이 아니야? | 의문문 |
| 警察 じゃ なかった。 | 케에사츠 쟈 나칸타. | 경찰이 아니었다. | 평서문 |
| 警察 じゃ なかった? | 케에사츠 쟈 나칸타? | 경찰이 아니었어? | 의문문 |

TIP

경찰입니까?
경찰입니다.

경찰이 아닌 건가?

경찰이 아니야?

종조사는 기본적으로 말하는 사람 마음대로 사용하는 표현입니다.
따라서 그저 자유롭게 사용할 수 있으면 그만입니다.
하지만 의문형 종조사 の노와 か카를 사용할 때는 약간의 주의사항이 있습니다.

**1** 존댓말에서는 か카만을 사용합니다.

> 警察 です か?　　케에사츠 데스 카?　　경찰입니까?
> 食べ ます か?　　타베 마스 카?　　먹습니까?

**2** 반말에서는 주로 の노?를 사용합니다.

> 寒い の?　　사무이 노?　　추운 거야?
> 食べる の?　　타베루 노?　　먹는 거야?

**3** 명사 바로 뒤에서는 の노?가 아니라, なの나노?를 사용합니다.

> 警察 なの?　　케에사츠 나노?　　경찰인 거야?

**4** 반말에서는 のか노카?를 사용할 수도 있습니다.

> 寒い のか?　　사무이 노카?　　추운 건가?
> 食べる のか?　　타베루 노카?　　먹는 건가?

**TIP**

《 읽어 보세요 **종조사란?**

1. 문장 끝에 붙일 수도 있고,
   안 붙일 수도 있다.
2. 의미가 변하지는 않지만,
   느낌을 전달하기 위해 사용한다.

우리말에도 종조사와 유사한 '보조사'
라는 개념이 있습니다.

> 경찰입니다.
> 경찰입니다만,
> 경찰입니다요.

《 읽어 보세요 **반말 공식**

1. い이형용사 or い이형용사 + の노
2. 동사 or 동사 + の노
3. 명사 or 명사 + なの나노

위 반말 공식의 の노, なの나노 자리에
か카를 넣어 사용할 수도 있습니다.
하지만 반말 의문문에서 か카 만 단독으로
쓰는 것은 거친 뉘앙스를 줄 수 있으니
될 수 있으면 사용하지 않는 것이 좋습니다.

《 읽어 보세요 **なの나노는 보통 혼잣말**

대답을 기대하기보다는 혼잣말에 더
가까운 뉘앙스를 줍니다.

너무 헷갈리면 か만 기억해도 괜찮아!

## Practice
## 종조사를 붙여 의문문 만들기

ミッション

7개의 문장을 12초 안에 말하기!

 요일을 나타내는 명사에 종조사를 붙여주세요.

| 월요일 | げつ よう び<br>月曜日<br>게츠 요오 비 |
| --- | --- |
| 화요일 | か よう び<br>火曜日<br>카 요오 비 |
| 수요일 | すい よう び<br>水曜日<br>스이 요오 비 |
| 목요일 | もく よう び<br>木曜日<br>모쿠 요오 비 |
| 금요일 | きん よう び<br>金曜日<br>킹 요오 비 |
| 토요일 | ど よう び<br>土曜日<br>도 요오 비 |
| 일요일 | にち よう び<br>日曜日<br>니치 요오 비 |

**1** 월요일입니까?

月曜日　　　　　?

**2** 화요일이었습니까?

火曜日　　　　　?

**3** 수요일이 아닌가?

水曜日　　　　　?

**4** 목요일이 아닌 거야?

木曜日　　　　　?

**5** 금요일이 아닌 건가?

金曜日　　　　　?

**6** 토요일이 아니야?

土曜日　　　　　?

**7** 일요일이 아니었어?

日曜日　　　　　?

정답입니다!

1 月曜日ですか?

2 火曜日でしたか?

3 水曜日じゃないか?

4 木曜日じゃないの?

5 金曜日じゃないのか?

6 土曜日じゃない?

7 日曜日じゃなかった?

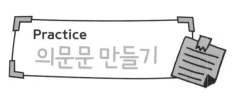

**Practice**
## 의문문 만들기

ミッション
쓰면서
큰 소리로
읽어보기!

 긍정문, 부정문, 평서문, 의문문, 현재, 과거가 섞여 있습니다.

1 그는 학생입니까?
彼は 学生ですか?
彼は

2 그는 학생이 아닙니까?
彼は 学生では ありませんか？

3 그는 학생이었습니까?
彼は 学生でしたか？

4 그는 학생이 아닌 거야?
彼は 学生じゃ ないの？

5 그는 학생이 아니었어?
彼は 学生じゃ なかった？

6 그는 학생이 아니었다.
彼は 学生じゃ なかった。

7 나와 너는 학생이다.
私と 君は 学生だ。

8 그것은 신발이 아닌가?
それは 靴じゃ ないか？

9 아침이 아니었다.
朝じゃ なかった。

10 오늘이 아니었습니까?
今日では ありませんでしたか？

11 오늘이 아니었어?
今日じゃ なかった？

12 그것은 오늘이었습니다.
それは 今日でした。

13 그가 학생이었어?
彼が 学生だったの？

14 우산이 아닙니까?
傘では ありませんか？

15 가방이 아니었던 거야?
カバンじゃ なかったの？

16 가방이 아니었던 건가?
カバンじゃ なかったのか？

각 표의 단어들을 일본어로 읽어 보세요.
히라가나를 보고 읽는 것보다 한자를, 한자를 보고 읽는 것보다 그림과 한글을 보고 읽을수록 점수가 높습니다.

| 100점 | | 50점 | | 30점 | |
|---|---|---|---|---|---|
| 🚹 | 그림 보고 말하기 | 女 | 일본어 보고 말하기 | お | 히라가나 보고 말하기 |

| 100 남자 | 100 여자 | 100 소녀 | 100 소년 | 100 어린이 |
|---|---|---|---|---|
| 50 男 | 50 女 | 50 少女 | 50 少年 | 50 子供 |
| 30 おとこ | 30 おんな | 30 しょうじょ | 30 しょうねん | 30 こども |

| 100 어른 | 100 엄마 | 100 아빠 | 100 남동생 | 100 여동생 |
|---|---|---|---|---|
| 50 大人 | 50 お母さん | 50 お父さん | 50 弟 | 50 妹 |
| 30 おとな | 30 おかあさん | 30 おとうさん | 30 おとうと | 30 いもうと |

| 100 형, 오빠 | 100 언니, 누나 | 100 남편 | 100 아내 | 100 친구 |
|---|---|---|---|---|
| 50 お兄さん | 50 お姉さん | 50 夫 | 50 妻 | 50 友達 |
| 30 おにいさん | 30 おねえさん | 30 おっと | 30 つま | 30 ともだち |

| 100 이름 | 100 선생님 | 100 학생 | 100 의사 | 100 환자 |
|---|---|---|---|---|
| 50 名前 | 50 先生 | 50 学生 | 50 医者 | 50 患者 |
| 30 なまえ | 30 せんせい | 30 がくせい | 30 いしゃ | 30 かんじゃ |

| 100 | 간호사 | 100 | 경찰 | 100 | 어제 | 100 | 오늘 | 100 | 내일 |
|---|---|---|---|---|---|---|---|---|---|
| 50 看護師 | | 50 警察 | | 50 昨日 | | 50 今日 | | 50 明日 | |
| 30 かんごし | | 30 けいさつ | | 30 きのう | | 30 きょう | | 30 あした | |

| 100 | 매일 | 100 | 봄 | 100 | 여름 | 100 | 가을 | 100 | 겨울 |
|---|---|---|---|---|---|---|---|---|---|
| 50 毎日 | | 50 春 | | 50 夏 | | 50 秋 | | 50 冬 | |
| 30 まいにち | | 30 はる | | 30 なつ | | 30 あき | | 30 ふゆ | |

| 100 60" | 분 | 100 | 시 | 100 | 아침 | 100 | 낮 | 100 | 밤 |
|---|---|---|---|---|---|---|---|---|---|
| 50 分 | | 50 時 | | 50 朝 | | 50 昼 | | 50 夜 | |
| 30 ふん | | 30 じ | | 30 あさ | | 30 ひる | | 30 よる | |

| 100 | 오전 | 100 | 오후 | 100 | 하루 | 100 | 주 | 100 | 월 |
|---|---|---|---|---|---|---|---|---|---|
| 50 午前 | | 50 午後 | | 50 日 | | 50 週 | | 50 月 | |
| 30 ごぜん | | 30 ごご | | 30 ひ | | 30 しゅう | | 30 がつ | |

| 100 365 | 해, 연 | 100 | 물 | 100 | 과자 | 100 | 사탕 | 100 | 옷 |
|---|---|---|---|---|---|---|---|---|---|
| 50 年 | | 50 水 | | 50 お菓子 | | 50 キャンディ | | 50 服 | |
| 30 とし | | 30 みず | | 30 おかし | | 30 きゃんでぃ | | 30 ふく | |

### 1-1 저는 대학생이에요.

**すずき**

わたし だいがくせい
私 は 大学生 です。

がくせい
あなた も 学生 ですか?

**そうた**

わたし がくせい
いいえ、私 は 学生 では あり ません。

わたし かいしゃいん
私 は 会社員 です。

**すずき** : 나는 대학생이에요.
당신도 학생이에요?
**そうた** : 아니요, 저는 학생이 아니에요.
저는 회사원이에요.

### 1-2 나는 대학생이야.

**すずき**

わたし だいがくせい
私 は 大学生 だ。

がくせい
あなた も 学生?

**そうた**

わたし がくせい
いえ、私 は 学生 では ない。

わたし かいしゃいん
私 は 会社員 だ。

**すずき** : 나는 대학생이야.
당신도 학생이야?
**そうた** : 아니, 나는 학생이 아니야.
나는 회사원이야.

**TIP**

**조사의 발음**
は, へ는 단어에서 사용될 때는 각각
[하], [헤]로 발음되지만, 조사로 쓰일
경우에는 [와], 와 [에]로 발음됩니다.

私は
会社員です。

いえ、
私は学生ではない。

**일본어의 장음**
'아니요'라는 말은 いいえ[이이에]라고
합니다. 반말을 쓸 경우에는 짧게 いえ
[이에]라고 하면 됩니다.

**2-1** 지금 어디예요?

そうた
木村 さん、今 どこ ですか?

もう 30分 過ぎ ました。

きむら
明日 の 約束 では あり ません でしたか?

そうた
明日 では あり ません。今日 です!

そうた : 키무라 씨, 지금 어디예요?
　　　　 벌써 30분이 지났어요.
きむら : 내일 약속 아니었어요?
そうた : 내일이 아니에요. 오늘이에요!

**2-2** 지금 어디야?

そうた
木村 さん、今 どこ?

もう 30分 過ぎた。

きむら
明日 の 約束 じゃ なかった?

そうた
明日 じゃ ない。今日 だ!

そうた : 키무라 씨, 지금 어디야?
　　　　 벌써 30분이 지났어.
きむら : 내일 약속 아니었어?
そうた : 내일이 아니야. 오늘이야!

---

**TIP**

**지시대명사 どこ**

どこ[도코]는 장소를 가리키는 지시대명사
입니다. 그 외의 지시대명사로는 ここ[코코]
(여기), そこ[소코], あそこ[아소코](거기) 등이
있습니다.

もう三十分
過ぎました。

**시간을 읽는 법**

시간을 읽을 때 사용되는 分[분]은
뒤에 나오는 숫자에 따라 예외적으로
ぷん[뿐]으로 읽습니다.
예외 숫자 : 1, 3, 4, 6, 8, 10

明日の約束じゃ
なかった?

## 3-1 날씨가 좋네요.

 いい 天気(てんき) ですね。

今日(きょう) は 何(なに) を する 予定(よてい) ですか?

 何(なに) も し ません。

 そう ですか?

 はい、私(わたし) は 友達(ともだち) が いません。

そうた : 날씨가 좋네요.
오늘 뭐 할 예정이에요?
さくらい : 아무것도 안 해요.
そうた : 그래요?
さくらい : 네, 저는 친구가 없어요.

**です와 ですね**

です[데스]의 뒤에 붙은 ね[네]는 어조를 나타내는 어조사입니다. 여기서는 ね[네]가 붙음으로 상대의 동의를 구하는 뉘앙스를 전달하고 있습니다.

何もしません。

---

### 퀴즈로 외우는 단어 ☆✦

**あめ** 아메

1 **あめ** 가 억수같이 퍼붓는다.

2 우산을 안 가져왔는데 **あめ** 가 내리다니, 큰일이네.

 あめ
비

**ゆき** 유키

1 함박 **ゆき** 가 내리는 화이트 크리스마스.

2 간밤에 내린 **ゆき** 가 녹아 길이 미끄럽다.

 ゆき
눈

**くも** 쿠모

1 하늘에 **くも** 한 점 없이 맑고 푸르다.

2 하늘에 **くも** 가 가득한 걸 보니 비가 오려나 봐.

 くも
구름

## 3-2 날씨가 좋네.

 そうた

いい 天気(てんき) だね。

今日(きょう) は 何(なに) する 予定(よてい)?

 さくらい

何(なに) も し ない。

 そうた

そう?

 さくらい

うん、私(わたし) は 友達(ともだち) が いない。

そうた : 날씨가 좋네.
        오늘 뭐 할 예정이야?
さくらい : 아무것도 안 해.
そうた : 그래?
さくらい : 응, 나는 친구가 없어.

 TIP

**날씨와 관련된 일본어**

일본어로 날씨는 '하늘'을 뜻하는 天과 기분을 뜻하는 気가 합쳐져서 만들어졌습니다. 날씨와 관련된 단어로는 晴れ[하레](맑음), 曇り[쿠모리](흐림), 雨[아메](비), 雪[유키](눈), 風[카제](바람) 등이 있습니다.

私は友達がいない。

---

**かぜ** 카제

1 갑작스레 분 **かぜ** 에 모자가 날아가고 말았다.

2 **かぜ** 가 살랑살랑 불어와 땀을 식혀 주었다.

 **かぜ** 바람

**あつい** 아츠이

1 햇빛이 너무 **あつい** 해서 땀이 줄줄 흘렀다.

2 여름이 되니까 날씨가 정말 **あつい** 하다.

 **あつい** 뜨거운

**さむい** 사무이

1 **さむい** 한 극지방에 사는 북극곰.

2 모든 것이 얼어버릴 것 같은 **さむい** 한 겨울밤.

 **さむい** 추운

### 4-1 경찰 아니었어요?

 きむら
さきほど　だれ
先程 は 誰 でしたか?

けいさつ
警察 では あり ません でしたか?

 そうた
けいさつ
はい、警察 でした。

 きむら
けいさつ
あなた も 警察 ですか?

 そうた
けいさつ　　　　　けんじ
いいえ、警察 では なく、検事 です。

きむら : 방금 누구였어요?
　　　　경찰 아니었어요?
そうた : 네, 경찰이었어요.
きむら : 당신도 경찰이에요?
そうた : 아니요, 경찰이 아니라, 검사예요.

 TIP

**先程**

先程[사키호도]는 '아까, 조금 전'이라는 뜻을 가진 명사입니다. 반말로 사용할 때는 さっき[삿키]라는 표현으로 바꿔 쓸 수 있습니다.

あなたも
警察ですか?

---

**퀴즈로 외우는 단어**

**ところ** 토코로

1 어두운 **ところ** 를 돌아다닐 때는 손전등이 필요해.

2 셋이서 숨바꼭질을 할 만한 **ところ** 를 찾고 있어요.

 ところ
장소

**つける** 츠케루

1 어두운 방에 들어가 불을 **つける** 했다.

2 건전지를 넣고 전원을 **つける** 했다.

 つける
켜다

**けす** 케스

1 잘 때는 전등을 **けす** 해야 해.

2 이제 TV를 **けす** 하고 공부하러 가렴.

 けす
끄다

## 4-2 경찰 아니었어?

きむら

さっき は 誰 <small>だれ</small> だった?

警察 <small>けいさつ</small> じゃ なかった?

そうた

うん、警察 <small>けいさつ</small> だった。

きむら

あなた も 警察 <small>けいさつ</small>?

そうた

ううん、警察 <small>けいさつ</small> じゃ なく、検事 <small>けんじ</small> だ。

きむら : 방금 누구였어?
　　　　경찰 아니었어?
そうた : 응, 경찰이었어.
きむら : 당신도 경찰이야?
そうた : 아니, 경찰이 아니라, 검사야.

### TIP

**では와 じゃ**

명사의 부정형을 만드는 ではない[데와나이]
에서 では[데와]는 회화 상에서 じゃ[자]로
바뀌기도 합니다. 이는 발음의 편의를 위한
것일 뿐, 의미 차이는 없습니다.

警察じゃなく、
検事だ。

---

**しゅみ** 슈미

1 낚시가 **しゅみ** 인
아버지와 함께 낚시터에 갔다.

2 독서가 **しゅみ** 인
친구에게 책을 추천받았다.

 **しゅみ**
취미

**にる** 니루

1 아들 아니랄까 봐
제 아버지랑 **にる** 하네.

2 쌍둥이라서 둘이
정말 **にる** 하다.

 **にる**
비슷한

**あう** 아우

1 다음 주 일요일,
역 앞에서 **あう** 하자.

2 길에서 우연히 친구를
**あう** 했다.

 **あう**
만나다

 아래 일본어를 읽을 수 있게 연습한 후 히라가나로 쓰세요.

**1** 私は 大学生 です。
나는　　　대학생　　　입니다.

わたしは だいがくせい です。

**2** 私は 会社員 です。
나는　　　회사원　　　입니다.

**3** いい 天気 だね。
좋다　　　날씨　　　네.

**4** いいえ、警察では なく、検事 です。
아니요,　　　경찰이　　　아니고,　　　검사　　　입니다.

**5** あなたも 警察 ですか?
당신도　　　경찰　　　입니까?

**6** 明日では ありません。今日 です!
내일이　　　아닙니다.　　　오늘　　　입니다!

정답입니다!
- 1 わたしは だいがくせい です。　와타시와 다이각세에 데스.
- 2 わたしは かいしゃいん です。　와타시와 카이샤인 데스.
- 3 いい てんき だね。　이이 텡키 다네.
- 4 いいえ、けいさつでは なく、けんじ です。　이이에, 케에사츠데와 나쿠, 켄지 데스.
- 5 あなたも けいさつ ですか?　아나타모 케에사츠 데스카?
- 6 あしたでは ありません。きょう です!　아시타데와 아리마셍. 쿄오 데스!

# MEMO

왕인이나 백제 이야기를 하려면 일본 16대 천황인 '닌토쿠 천황'을 뺄 수가 없어.

**닌토쿠 천황**

- 재위 : 313년 2월 14일 ~ 399년 2월 7일
- 이름 : 오호사자키노미코토
- 오진 천황의 네 번째 아들 리추 천황, 한제이 천황, 인교 천황의 아버지

오사카에 위치한 야마토 시대의 대표적 왕릉인 닌토쿠 천황릉(다이센 고분)은

이집트의 피라미드나

파라오인 내 무덤이야

중국의 진시황릉을 넘어서는, 세계에서 가장 큰 무덤이야.

날 지키는 군대들이지

*고분 시대에는 지배자 권위의 상징으로 각지에 고분을 축조했기에

저거보다 무조건 더 멋지게!

다이센 고분의 거대함은 닌토쿠 천황이 강한 통치력을 행사했다는 증거이자, 이 시기에 실질적 왕권이 시작됐음을 적나라하게 말해주는 증거라고 볼 수 있지.

왕권

*고분 시대란?

고분 시대(3세기 중반~7세기 말)와 아스카시대 (6세기 후반~8세기 초반)를 합쳐 야마토 시대라고 한다. 여기서 고분은 당시 지배자들의 묘를 의미 하는 것으로, 당시 축조된 고분들의 규모와 특징, 고분에서 출토되는 유물 등을 바탕으로 고분시대의 역사적 배경을 추정해볼 수 있다.

야마토 시대
고분 3~7C
아스카 6~8C

그런 닌토쿠 천황이 무척 아끼던, 매를 돌보는 관직의 백제인 신하가 있었는데

매가 귀엽죠?

네가 더 귀여워

짹짹~

그가 죽자 닌토쿠 천황은 크게 슬퍼하며 성대한 장례를 치러준 후, 응견신(매를 돌보는 신) 칭호를 하사해 주었다고 해.

죽어서도 관리직인가…

밥 줘

응견신

또한 백제인이 대거 거주하던 오사카를 수도로 삼았는데, 거주민의 1/3 이상이 백제인이었다는 후문도 있어.

백제인이 많은 오사카를 수도로 삼자!

나?

푹 빠졌네 아주~

오사카

그 오사카에 위치한 미유키모리 신사에 왕인의 시가 새겨진 노래비가 있는데, 그것이 바로 '나니와쓰의 노래'야.

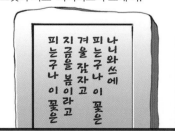

나니와쓰에
피는구나 이 꽃은
겨울잠자고
지금을 봄이라고
피는구나 이 꽃은

봄이 오고 꽃이 피는 것처럼

새로운 왕(닌토쿠 천황)이 즉위하는 것을 축하해주는 의미라는 설명이 노래비 옆 안내판에 적혀 있어.

이 모든 점들을 미루어 볼 때, 두 나라가 꽤 깊은 관계를 맺고 있었다는 것은 그 누구도 의심할 수 없는 사실이지.

어쨌든, 열린 외교정책에 힘입어 시대는 고대국가로써의 틀이 완성되는 아스카 시대로 접어들어.

아스카 시대는 '쇼토쿠 태자'와 '불교', 두 가지로 정리할 수 있어.

쇼토쿠 태자는 일본인들에게 존경과 사랑을 한몸에 받는 인물이야.

우리나라로 치면 나와 같은 위치에 있는 거지.

592년, 쇼토쿠 태자는 중국을 모방해

왕권 확립을 통해 신분질서를 다지고

관료제를 도입해 나라의 기초를 세우는가 하면

신분에 상관없이 인재들을 등용시키고

632년엔 관이십이계를 제정해, 조정 안 세력들의 위계질서를 명확히 했지.

또, 604년엔 헌법십칠조를 발표했어.

화합을 존중하라, 천황에 복종하라 등 여러 가지 내용이 있지만, 그중에서 중요한 것은 불교를 공경하라는 대목이야.

일본에는 예로부터 그들만의 신화가 존재해서

불교를 받아들이는 과정에 있어서 심한 마찰이 있었거든.

일본 역사상 처음이자 마지막으로 종교 전쟁이 일어난 때가 바로 이 시대야.

불교 이야기가 나와서 말인데, 조선이 건국되고부터 천대받기 시작한 불교를

다시금 받아들인 장본인이 바로 나야.

조선의 건국이념이 유교 성리학에 기초한 것이었기에, 나 때까지만 해도 불교에 대해 억압적인 분위기였어.

그러나 나와 우애 깊던 친동생 성녕대군을 비롯한 많은 친가족이 차례대로 요절하면서

나는 슬픔 어린 마음으로 불교 사찰들을 찾아다녔지. 그들의 명복을 빌고 불사를 주관하면서 점차 불교를 받아들였고,

내 아내였던 소헌왕후마저 숨을 거둔 말년에 이르러서는 완전히 불교에 귀의했어.

신하들의 반발이 거셌지만 개의치 않고 내불당까지 세웠던 기억이 나.

다시 본 이야기로 돌아와서, 그와 같은 배경 속에서도 쇼토쿠 태자는 불교를 적극적으로 장려하여 국가적으로 절을 건설하는가 하면

해외의 유명한 문화인들을 다수 초빙하는 등

화려한 아스카 문화(불교 문화)의 빛을 한껏 발현시켰어.

그리고 607년엔 당시 선진국이었던 수나라로 '견수사'를 보내 제도, 학문, 기술 등 알 수 있는 건 모두 배워오게 했고

사신을 통해 '해 뜨는 나라의 천자가 해 지는 나라의 천자에게 글을 보낸다' 라는 내용이 담긴 전문을 보내기도 했어.

일본은 한창 떠오르고 있는 해이고 중국은 서서히 저물어가는 해라고 표현한 것인데

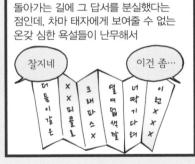

일설에 의하면, 격노한 수나라의 황제가 사신들의 목을 치려고 했지만 당시 고구려를 견제하기 위해서는 일본과의 친교가 필요했기 때문에

꾹 참고, 대신 답서에 심한 욕설을 적어 보냈다고 해.

재미있는 건 사신들이 일본으로 돌아가는 길에 그 답서를 분실했다는 점인데, 차마 태자에게 보여줄 수 없는 온갖 심한 욕설들이 난무해서

일부러 버리고선 잃어버렸다고 거짓을 고한 것은 아닐까? 그 사실은 이미 떠나버린 그들만이 알고 있겠지.

여기서 중요한 건, 쇼토쿠 태자가 당시 일본이 범접할 수 없었던 수나라와 한 치의 물러섬 없이 대등하게 외교를 맺었다는 점이고

다방면으로 뛰어났던 이 인물이 있었기에 후에 일본이 커다란 성장을 할 수 있었을 것이란 점이야.

만화는 144쪽에서 계속 이어집니다.

# 03

# 형용사 기본 문형

**い이 형용사**

일본어의 일반적인 형용사는 모두 い이로 끝납니다.
그러므로 일반적인 형용사를 い이형용사라고 부릅니다.

| | | |
|---|---|---|
| 暑い | 아츠이 | 더운 |
| 寒い | 사무이 | 추운 |
| 暖かい | 아타타카이 | 따뜻한 |
| 涼しい | 스즈시이 | 시원한 |

い이 형용사는 모두 い이로 끝난다.

따뜻한 봄

명사를 꾸미는 역할

**な나 형용사**

그렇다면 な나형용사란 무엇일까요?
초기 일본어에는 형용사의 수가 많지 않았습니다.
그래서 일본어 사용자들은 자유롭게 형용사를 사용할 수 없었습니다.
그러던 중 일본어 사용자들은 형용사적인 의미의 명사들을
대거 발견하게 됩니다.

명사
- 그냥 명사
  형용사적 명사를 제외한 모든 명사.
  딱 봐도 형용사 같은 느낌이 없다.
  Ex 학생, 경찰, 자동차, 집 등…

- 형용사적 명사
  성질이나 상태를 나타내는 명사.
  딱 봐도 형용사 같은 느낌이 있다.
  Ex 친절, 유명, 편리, 건강, 예쁨 등…

TIP

<< 읽어보세요 **い이형용사의 수식**

| 더운 | 계절 |
|---|---|
| 暑い | 季節 |
| 아츠이 | 키세츠 |

| 추운 | 계절 |
|---|---|
| 寒い | 季節 |
| 사무이 | 키세츠 |

| 따뜻한 | 계절 |
|---|---|
| 暖かい | 季節 |
| 아타타카이 | 키세츠 |

| 시원한 | 계절 |
|---|---|
| 涼しい | 季節 |
| 스즈시이 | 키세츠 |

<< 읽어보세요 **な나형용사의 な나**

な나형용사의 な나는 우리말의
~한, ~인 등의 역할과 비슷합니다.

| 親切 | +な |
|---|---|
| 신세츠 | 나 |
| 친절 | 한 |

| 無理 | +な |
|---|---|
| 무리 | 나 |
| 무리 | 인 |

※ 주의 : 우리말의 '한'과 '인'은 조사에
불과하지만, な나형용사는 사전에 등재된
단어입니다.

일본어 사용자들은 이 형용사적 명사를 변형해 형용사를 만들어냈습니다.
그리고 여러 과정을 거친 끝에 한 가지 약속을 하게 됩니다.
형용사적 명사를 형용사로 사용할 때는 명사 뒤에 **な**나를 붙여주자는 것이었죠.

따라서 성질이나 상태를 나타내는 명사 뒤에
**な**나를 붙이는 아주 간단한 방법으로, 수많은 형용사가 만들어졌습니다.

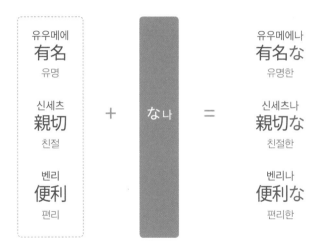

지금까지는 명사를 꾸미는 형용사에 대해 배웠습니다.
다음 페이지에서는 형용사가 술어 역할을 하는 경우를 살펴보겠습니다.
형용사는 다음 2가지 역할을 합니다.

な나형용사 역시 2가지 역할을 합니다.
첫 번째 역할은 앞에서 배운 바와 같이 명사를 수식하는 것입니다.

| これ | は | 便利 | な | 鉛筆 |
|---|---|---|---|---|
| 코레 | 와 | 벤리 | 나 | 엠피츠 |
| 이것 | 은 | 편리 | 한 | 연필 |

두 번째 역할은 문장의 끝에서 서술어로 사용되는 것입니다.

| この | 鉛筆 | は | 便利 | だ |
|---|---|---|---|---|
| 코노 | 엠피츠 | 와 | 벤리 | 다 |
| 이 | 연필 | 은 | 편리 | 하다 |

な나형용사는 명사를 수식할 때는 な나로 끝나고
서술어로 사용할 때는 だ다로 끝납니다.

| 便利 | な | | 便利 | だ |
|---|---|---|---|---|
| 벤리 | 나 | | 벤리 | 다 |
| 편리 | 한 | | 편리 | 하다 |

여기서 사용된 だ다는
우리가 처음 배운 문형인 명사 + だ다와 똑같은 형태입니다.

| 便利 | だ | | 先生 | だ |
|---|---|---|---|---|
| 벤리 | 다 | | 센세에 | 다 |
| 편리 | 하다 | | 선생님 | 이다 |

이들 둘은 기본형뿐만 아니라 변형도 똑같습니다.
따라서 な나형용사가 명사를 수식할 때만 주의를 기울이면 됩니다.

그럼 い형용사는 어떻게 변화하는지 살펴볼까?

<< 읽어
보세요 **장음과 단음**

가타카나의 장음은 히라가나보다 훨씬
구별하기 쉽습니다. 장음 기호 '-'를 사용
하기 때문이죠. 따라서 장음 기호가 붙은
글자만 길게 읽어주면 됩니다.

1 メニュー 메뉴ー 메뉴
2 コーヒー 코ー히ー 커피

이제 장음인지 단음인지에 따라 의미가
달라지는 경우를 연습해 보겠습니다.

| おじいさん | 오지-상 | 할아버지 |
|---|---|---|
| おじさん | 오지상 | 삼촌, 아저씨 |

| いいえ | 이-에 | 아니요 |
|---|---|---|
| いえ | 이에 | 집 |

| ゆうき | 유-키 | 용기 |
|---|---|---|
| ゆき | 유키 | 눈 |

| おばあさん | 오바-상 | 할머니 |
|---|---|---|
| おばさん | 오바상 | 고모, 이모, 아줌마 |

| ほしい | 호시- | 바라다 |
|---|---|---|
| ほし | 호시 | 별 |

| サッカー | 삭카ー | 축구 |
|---|---|---|
| さっか | 삭카 | 작가 |

<< 읽어
보세요 **선생님이다, 편리하다**

便利だ벤리다 와 先生だ센세에다 는
문법적으로는 다릅니다.

先生だ : 명사 + 조동사
便利だ : 어간 + 어미

하지만 활용할 때의 변화형은 비슷합니다.

# 한눈에 배운다!
# い이 형용사로 끝나는 문장

첫 번째
형용사

따라 말하기

✏️ **1등 암기표**
학습포인트

| 1 | 2 | 3 | 4 | 5 | 6 |
|---|---|---|---|---|---|
| 명사+だ | い형용사 | な형용사 | 2그룹 동사 기본 | 1그룹 동사 기본 | 2그룹 동사 응용 |

| 12 | 11 | 10 | 9 | 8 | 7 |
|---|---|---|---|---|---|
| 주의 표현 | 접속조사 て 응용 | 접속조사 て 기본 | 가능 | 수식 | 1그룹 동사 응용 |

い이형용사의 기본 문형 8가지입니다.
부정문일 때 어미인 い이가 く쿠가 된다는 점에 주의하여 살펴보세요.

寒い です。
사무이 데스.

『1등 암기표』

| STEP1 | STEP2 | STEP3 | STEP4 |
|---|---|---|---|
| **A** | **A▸B** | **C▸B** | **AB** |
| 8줄 일단 암기 | 보고 말하기 | 보고 말하기 | 암송 |

| A | B | C |
|---|---|---|

**긍정**

| A | B | C |
|---|---|---|
| 춥 다. | 사무 이. | 寒 い。 |
| 추 웠다. | 사무 칻타. 과거 | 寒 かった。 |
| 춥 습니다. | 사무 이 데스. | 寒 い です。 |
| 추 웠습니다. | 사무 칻타 데스. 과거 | 寒 かった です。 |

↳ '寒い でした 사무이데시타'는 없음

**부정**

| A | B | C |
|---|---|---|
| 춥 지 않다. | 사무 쿠 나이. | 寒 く ない。 |
| 춥 지 않았다. | 사무 쿠 나칻타. 과거 | 寒 く なかった。 |
| 춥 지 않습니다. | 사무 쿠 아리 마셍. | 寒 く あり ません。 |
| 춥 지 않았습니다. | 사무 쿠 아리 마센 데시타. 과거 | 寒 く あり ません でした。 |

↳ 'い이'가 'く쿠'로!

 이 단어들은 모두 **い이** 형용사의 기본형입니다. 이 단어들을 응용해서 아래 문장을 완성해 보세요.
**い이** 형용사를 응용할 땐, 과거형에 주의하세요.

| 덥다 | 춥다 | 따뜻하다 | 시원하다 |
|---|---|---|---|
| あつ<br>暑い<br>아츠 이 | さむ<br>寒い<br>사무 이 | あたた<br>暖かい<br>아타타 카이 | すず<br>涼しい<br>스즈 시이 |

**1** 따뜻하다.
暖かい。
あたたかい。

**2** 따뜻했다.
暖かかった。
あたたかかった。

**3** 덥지 않다.
暑く ない。
あつく ない。

**4** 춥지 않습니다.
寒く ありません。
さむく ありません。

**5** 시원하다.
涼しい。
すずしい。

**6** 시원하지 않았다.
涼しく なかった。
すずしく なかった。

**7** 춥습니다.
寒いです。
さむいです。

**8** 춥지 않았습니다.
寒く ありませんでした。
さむく ありませんでした。

**9** 덥지 않았다.
暑く なかった。
あつく なかった。

**10** 덥지 않았습니다.
暑く ありませんでした。
あつく ありませんでした。

**11** 따뜻하지 않다.
暖かく ない。
あたたかく ない。

**12** 더웠습니다.
暑かったです。
あつかったです。

정답입니다! ① 아타타카이. ② 아타타카캇타. ③ 아츠쿠 나이. ④ 사무쿠 아리마셍.
⑤ 스즈시이. ⑥ 스즈시쿠 나캇타. ⑦ 사무이데스. ⑧ 사무쿠 아리마센데시타.
⑨ 아츠쿠 나캇타. ⑩ 아츠쿠 아리마센데시타. ⑪ 아타타카쿠 나이. ⑫ 아츠캇타데스.

## Practice
## いい 형용사로 명사 꾸미기

 빈칸에 한글로 일본어 문장의 발음을 써 보세요.
이 문장들은 모두 いい형용사가 표의 명사들을 꾸며주는 문장입니다.

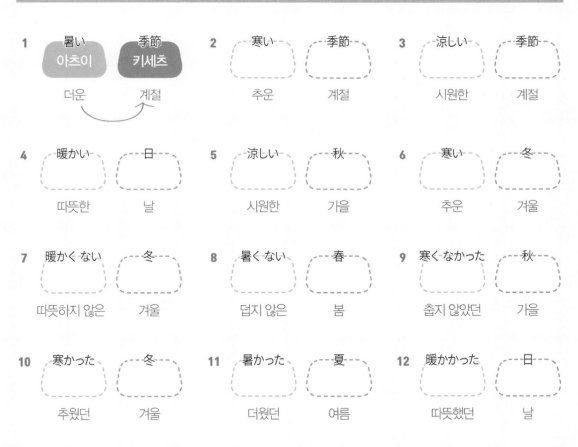

|  계절 | 봄 | 여름 | 가을 | 겨울 | 날 |
|---|---|---|---|---|---|
| き せつ<br>季 節 | は る<br>春 | なつ<br>夏 | あき<br>秋 | ふゆ<br>冬 | ひ<br>日 |
| 키 세츠 | 하루 | 나츠 | 아키 | 후유 | 히 |

**1** 暑い 季節
아츠이 키세츠
더운 → 계절

**2** 寒い 季節
추운 계절

**3** 涼しい 季節
시원한 계절

**4** 暖かい 日
따뜻한 날

**5** 涼しい 秋
시원한 가을

**6** 寒い 冬
추운 겨울

**7** 暖かくない 冬
따뜻하지 않은 겨울

**8** 暑くない 春
덥지 않은 봄

**9** 寒くなかった 秋
춥지 않았던 가을

**10** 寒かった 冬
추웠던 겨울

**11** 暑かった 夏
더웠던 여름

**12** 暖かかった 日
따뜻했던 날

정답입니다! 1 아츠이 키세츠 2 사무이 키세츠 3 스즈시이 키세츠
4 아타타카이 히 5 스즈시이 아키 6 사무이 후유
7 아타타카쿠 나이 후유 8 아츠쿠 나이 하루 9 사무쿠 나캇타 아키
10 사무캇타 후유 11 아츠캇타 나츠 12 아타타카캇타 히

주어진 일본어는 いอ형용사의 기본형입니다. 이 기본형을 활용해서 문장을 만들어 보세요.
과거형과 부정형에 주의하세요.

 嬉しい
うれ
우레 시이

| | |
|---|---|
| 기쁘다. | 嬉しい。 |
| 기뻤다. | 嬉しかった。 |
| 기쁩니다. | 嬉しいです。 |
| 기뻤습니다. | 嬉しかったです。 |

 可愛い
か わい
카 와이 이

귀엽다.

귀여웠다.

귀엽습니다.

귀여웠습니다.

 面白い
おもしろ
오모 시로 이

재밌다.

재밌었다.

재밌습니다.

재밌었습니다.

 美味しい
お い
오이 시이

맛있다.

맛있었다.

맛있습니다.

맛있었습니다.

 悲しい
かな
카나 시이

슬프지 않다.

슬프지 않았다.

슬프지 않습니다.

슬프지 않았습니다.

 寂しい
さび
사비 시이

외롭지 않다.

외롭지 않았다.

외롭지 않습니다.

외롭지 않았습니다.

 難しい
むずか
무즈카 시이

어렵지 않다.

어렵지 않았다.

어렵지 않습니다.

어렵지 않았습니다.

 楽しい
たの
타노 시이

즐겁지 않다.

즐겁지 않았다.

즐겁지 않습니다.

즐겁지 않았습니다.

 忙しい
いそが
이소가 시이

바쁘지 않다.

바쁘지 않았다.

바쁘지 않습니다.

바쁘지 않았습니다.

정답

1 嬉しい。　　嬉しかった。　　嬉しいです。　　嬉しかったです。
2 可愛い。　　可愛かった。　　可愛いです。　　可愛かったです。
3 面白い。　　面白かった。　　面白いです。　　面白かったです。
4 美味しい。　美味しかった。　美味しいです。　美味しかったです。
5 悲しくない。　悲しくなかった。　悲しくありません。　悲しくありませんでした。
6 寂しくない。　寂しくなかった。　寂しくありません。　寂しくありませんでした。
7 難しくない。　難しくなかった。　難しくありません。　難しくありませんでした。
8 楽しくない。　楽しくなかった。　楽しくありません。　楽しくありませんでした。
9 忙しくない。　忙しくなかった。　忙しくありません。　忙しくありませんでした。

한눈에 배운다!
# なな 형용사로 끝나는 문장

두 번째
형용사

따라 말하기

なな 형용사의 활용법은 명사 + だだ의 8개 문형 활용법과 같습니다.

앞에서 배운
명사의 문형 변화를
떠올려 보자

『1등 암기표』

STEP1
**A**
8줄 일단 암기

STEP2
**A▸B**
보고    말하기

STEP3
**C▸B**
보고    말하기

STEP4
**AB**
암송

| A | B | C |
|---|---|---|
| **긍정** | | |
| 편리 하다. | 벤리 다. | 便利 だ。 〈 이게 기본형! |
| 편리 했다. | 벤리 닫타. 〔과거〕 | 便利 だった。 |
| 편리 합니다. | 벤리 데스. | 便利 です。 |
| 편리 했습니다. | 벤리 데시타. 〔과거〕 | 便利 でした。 |
| **부정** | | |
| 편리 하지 않다. | 벤리 데와 나이. | 便利 では ない。 〈 명사 문형 변화와 동일 |
| 편리 하지 않았다. | 벤리 데와 나칻타. 〔과거〕 | 便利 では なかった。 |
| 편리 하지 않습니다. | 벤리 데와 아리 마셍. | 便利 では あり ません。 〈 'ないです나이 데스'도 가능 |
| 편리 하지 않았습니다. | 벤리 데와 아리 마셍 데시타. 〔과거〕 | 便利 ではあり ませんでした。 |

**Practice**
## なな 형용사의 변화

**ミッション**
12개의 문장을
17초 안에
말하기!

아래는 なな 형용사의 기본형입니다. 이를 응용해야만 아래 문장을 완성할 수 있습니다.
なな 형용사의 형태 변화는 명사의 형태 변화와 같습니다.

| 예쁘다 | 자유롭다 | 건강하다 | 안전하다 | 편하다 | 불편하다 |
|---|---|---|---|---|---|
| き れい<br>奇 麗 だ<br>키 레에 다 | じ ゆう<br>自 由 だ<br>지 유우 다 | げん き<br>元 気 だ<br>겡 키 다 | あん ぜん<br>安 全 だ<br>안 젠 다 | らく<br>楽 だ<br>라쿠 다 | ふ べん<br>不 便 だ<br>후 벤 다 |

**1** 예쁘다.
奇麗だ。
きれいだ。

**2** 자유로웠다.
自由だった。
じゆうだった。

**3** 건강합니다.
元気です。
げんきです。

**4** 안전했습니다.
安全でした。
あんぜんでした。

**5** 편하지 않다.
楽じゃ ない。
らくじゃ ない。

**6** 불편하지 않았다.
不便じゃ なかった。
ふべんじゃ なかった。

**7** 예쁘지 않습니다.
奇麗では ありません。
きれいでは ありません。

**8** 자유롭지 않았습니다.
自由では ありませんでした。
じゆうでは ありませんでした。

**9** 건강하다.
元気だ。
げんきだ。

**10** 건강하지 않다.
元気じゃ ない。
げんきじゃ ない。

**11** 건강했습니다.
元気でした。
げんきでした。

**12** 불편하지 않았습니다.
不便では ありませんでした。
ふべんでは ありませんでした。

 표의 일본어는 명사입니다. 이 명사들을 な나 형용사가 꾸며주고 있습니다.
이 표현들의 발음을 한글로 빈칸에 적어 보세요.

| 사람 | 사람들 | 좌석 | 자동차 | 자전거 | 오토바이 |
|---|---|---|---|---|---|
| ひと | ひと びと | せき | じ どう しゃ | じ てん しゃ | |
| 人 | 人々 | 席 | 自動車 | 自転車 | オートバイ |
| 히토 | 히토 비토 | 세키 | 지 도오 샤 | 지 텐 샤 | 오–토바이 |

**1** 奇麗な **키레에나** / 人々 **히토비토**
예쁜 → 사람들

**2** 自由な / 人
자유로운 / 사람

**3** 安全な / 自動車
안전한 / 자동차

**4** 楽な / 席
편한 / 좌석

**5** 元気な / 人
건강한 / 사람

**6** 不便な / 自転車
불편한 / 자전거

**7** 奇麗な / オートバイ
예쁜 / 오토바이

**8** 楽ではない / 席
편하지 않은 / 좌석

**9** 自由だった / 人
자유로웠던 / 사람

**10** 元気だった / 人々
건강했던 / 사람들

**11** 楽ではなかった / 自動車
편하지 않았던 / 자동차

**12** 奇麗ではなかった / 自転車
예쁘지 않았던 / 자전거

**정답입니다!**
**1** 키레에나 히토비토 **2** 지유우나 히토 **3** 안젠나 지도오샤
**4** 라쿠나 세키 **5** 겡키나 히토 **6** 후벤나 지텐샤
**7** 키레에나 오–토바이 **8** 라쿠데와 나이 세키 **9** 지유우닫타 히토
**10** 겡키닫타 히토비토 **11** 라쿠데와 나칻타 지도오샤 **12** 키레에데와 나칻타 지텐샤

ミッション
쓰면서
큰 소리로
읽어보기!

 표의 일본어는 **なな형용사의 기본형**입니다. **なな형용사를 활용해야** 예문대로 문장을 만들 수 있습니다.
**なな형용사의 활용법은 명사의 활용법과 같습니다.**

---

 しあわ
**幸せだ**
시아와 세다

행복하다.

행복했다.

행복합니다.

행복했습니다.

---

 ふ こう
**不幸だ**
후 코오 다

불행하다.

불행했다.

불행합니다.

불행했습니다.

---

 ほん き
**本気だ**
홍 키 다

진심이다.

진심이었다.

진심입니다.

진심이었습니다.

---

 す
**好きだ**
스 키다

좋아하다.

좋아했다.

좋아합니다.

좋아했습니다.

---

きら
**嫌いだ**
키라 이다

싫어하지 않다.

싫어하지 않았다.

싫어하지 않습니다.

싫어하지 않았습니다.

---

 しんせつ
**親切だ**
신 세츠 다

친절하지 않다.

친절하지 않았다.

친절하지 않습니다.

친절하지 않았습니다.

---

 む り
**無理だ**
무 리 다

무리하지 않다.

무리하지 않았다.

무리하지 않습니다.

무리하지 않았습니다.

---

きれい
**奇麗だ**
키 레에 다

예쁘지 않다.

예쁘지 않았다.

예쁘지 않습니다.

예쁘지 않았습니다.

---

1 + 1 かんたん
**簡単だ**
칸 탄 다

간단하지 않다.

간단하지 않았다.

간단하지 않습니다.

간단하지 않았습니다.

---

**정답**

① 幸せだ。幸せだった。幸せです。幸せでした。② 不幸だ。不幸だった。不幸です。不幸でした。
③ 本気だ。本気だった。本気です。本気でした。④ 好きだ。好きだった。好きです。好きでした。
⑤ 嫌いではない。　嫌いではなかった。　嫌いではありません。　嫌いではありませんでした。
⑥ 親切ではない。　親切ではなかった。　親切ではありません。　親切ではありませんでした。
⑦ 無理ではない。　無理ではなかった。　無理ではありません。　無理ではありませんでした。
⑧ 奇麗ではない。　奇麗ではなかった。　奇麗ではありません。　奇麗ではありませんでした。
⑨ 簡単ではない。　簡単ではなかった。　簡単ではありません。　簡単ではありませんでした。

# 127개의 대표 형용사

# い 이 형용사

| 따뜻하다 | 덥다 | 시원하다 | 춥다 | 크다 | 작다 |
|---|---|---|---|---|---|
|  |  |  |  |  | |
| あたた<br>暖かい<br>아타타 카이 | あつ<br>暑い<br>아츠 이 | すず<br>涼しい<br>스즈 시이 | さむ<br>寒い<br>사무 이 | おお<br>大きい<br>오오 키이 | ちい<br>小さい<br>치이 사이 |

| 높다 | 낮다 | 많다 | 적다 | 뜨겁다 | 차갑다 |
|---|---|---|---|---|---|
|  |  |  | |  |  |
| たか<br>高い<br>타카 이 | ひく<br>低い<br>히쿠 이 | おお<br>多い<br>오오 이 | すく<br>少ない<br>스쿠 나이 | あつ<br>熱い<br>아츠 이 | つめ<br>冷たい<br>츠메 타이 |

# な 나 형용사

| 예쁘다 | 자유롭다 | 건강하다 | 안전하다 | 편하다 | 불편하다 |
|---|---|---|---|---|---|
|  |  |  |  |  |  |
| き れい<br>綺麗だ<br>키 레에 다 | じ ゆう<br>自由だ<br>지 유우 다 | げん き<br>元気だ<br>겡 키 다 | あん ぜん<br>安全だ<br>안 젠 다 | らく<br>楽だ<br>라쿠 다 | ふ べん<br>不便だ<br>후 벤 다 |

| 편리하다 | 조용하다 | 떠들썩하다 | 좋아하다 | 싫어하다 | 충분하다 |
|---|---|---|---|---|---|
| |  |  |  |  |  |
| べん り<br>便利だ<br>벤 리 다 | しず<br>静かだ<br>시즈 카다 | にぎ<br>賑やかだ<br>니기 야카다 | す<br>好きだ<br>스 키다 | きら<br>嫌いだ<br>키라 이다 | じゅうぶん<br>十分だ<br>쥬우 분 다 |

한눈에 배운다!
# 6가지 품사

우리말과 똑같다

동영상 강의

일본어를 배울 때 필요한 6개의 품사를 우리말을 이용해 배워 보겠습니다.

## 명사
**사물의 이름**

학교
선생님
물
요리
행복
사랑

## 대명사
**명사 대신 편리하게 사용**

나
너
이것
저것
어디
무엇

## 조사
**명사 뒤에 붙이는 표현**

그녀는
나에게
편지를

## 동사
**움직임의 이름**

먹다
마시다
사랑하다
가다

## 형용사
**명사를 꾸미고 사물의 성질이나 상태를 설명하는 것**

이 책은 좋다.
좋은 책

## 부사
**동사나 형용사를 꾸민다.**

매우 좋다. / 조금 좋다.
형용사를 꾸미는 경우

지금 간다. / 어디 가니?
동사를 꾸미는 경우

---

TIP

≪ 더 알아 봅시다! **품사들의 변신**

| 먹다 | : | 동사 |
|---|---|---|
| 먹음 | : | 만들어진 명사 |

| 예쁜 | : | 형용사 |
| 예쁨 | : | 만들어진 명사 |

| 사랑하다 | : | 동사 |
| 사랑하는 | : | 만들어진 형용사 |

| 그 | : | 대명사 |
| 그의 | : | 만들어진 형용사 |

| 사랑하다 | : | 동사 |
| 사랑하며 | : | 만들어진 부사 |

| 행복한 | : | 형용사 |
| 행복하게 | : | 만들어진 부사 |

| 학교 | : | 명사 |
| 학교로 | : | 만들어진 부사 |

우리말이랑 비슷하니까 어렵지 않을 거야!

동영상 강의

일본어 문법을 배우는 것은 히라가나 사용법을 배우는 것과 같습니다.

> **일본어 문법  =  히라가나 사용법**

위의 말이 어떤 의미인지
이제부터 각 품사의 사용법을 보면서 확인해 보겠습니다.

**명사**는 주로 한자나 가타카나로 만들어집니다. 그리고 명사 뒤에 붙는
조사는 히라가나죠. 여기서 명사는 어휘, 조사는 문법의 영역이 됩니다.

학교 명사　　　로 조사

**동사**는 의미를 담당하는 어간과 문법을 담당하는 어미로 나뉩니다.
그리고 동사의 뒤에는 대부분 조동사가 뒤따릅니다. 이 중에서 어간은 주로
한자로, 어미와 조동사는 100% 히라가나로 이루어져 있습니다.

   ⟷

마시 어간　입 어미　니다　　　마시 어간　지 어미　않다

**형용사** 역시 동사와 마찬가지로 어간과 어미로 나뉘는데,
문법을 담당하는 어미는 히라가나 입니다.

   ⟷

높 어간　지 어미　않다　　　높 어간　다 어미　입니다

※ 그 밖에 부사는 다양한 문자로 이루어집니다. 한자로만 이루어진 것도 있고,
　히라가나로만 이루어진 것도 있고, 한자와 히라가나가 섞여서 이루어진 것도 있습니다.

결국, 한자와 가타카나들 사이사이에 섞여 있는 히라가나가
일본어의 문법을 결정합니다.

| 彼女 は | ドイツ語 で | 答えた。 |
|---|---|---|
| 그녀는 | 독일어로 | 대답했다. |
| **카노죠와** | **도이츠고데** | **코타에타.** |

---

TIP

<< 더 알아
봅시다!　**어간과 어미**

문법

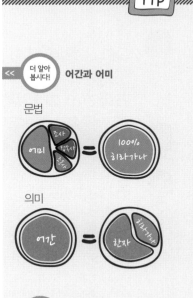

의미

**어간과 어미**

<< 더 알아
봅시다!

동사는 어간과 어미로 나뉩니다.
형용사도 마찬가지입니다. 하지만, 명사와
부사는 나뉘지 않는 한 덩어리입니다.

명사 :
부사 :
동사 : 어간 어미
형용사 : 어간 어미

<< 더 알아
봅시다!　**어미의 변화**

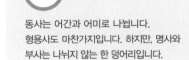

飲 む　　마시다
飲 ん だ　마셨다
飲 み ます　마십니다
飲 ま ない　마시지 않다

**1-1** 이거, 맛있다!

 ゆい
これ、美味<sup>おい</sup>しい!

お母<sup>かあ</sup>さん の 料理<sup>りょうり</sup> は いつも 美味<sup>おい</sup>しい。

 つむぎ
この 野菜<sup>やさい</sup> も 食<sup>た</sup>べて みて。

 ゆい
それ は 嫌<sup>いや</sup> だ。

野菜<sup>やさい</sup> は 美味<sup>おい</sup>しく ない。まずい!

ゆい : 이거, 맛있다!
　　　엄마 요리는 항상 맛있어.
つむぎ : 이 채소도 먹어봐.
ゆい : 그건 싫어.
　　　채소는 맛있지 않아. 맛없어!

この野菜も
食べてみて。

◀ **まずい**
[마즈이]는 '맛이 없다'라는 뜻 외에도 '서투르다', '재미없다'라는 의미가 있습니다. 또한 어떤 일이 잘못되어 난처한 상황이 되었을 때도 사용할 수 있습니다.

## 퀴즈로 외우는 단어 ☆

**やさい** 야사이

1 당근, 감자, 무 등을 **やさい** 라고 부른다.

2 고기와 **やさい** 를 골고루 먹어야 건강해져.

 やさい
야채

**しんせんだ** 신센다

1 갓 따온 **しんせんだ** 한 채소들로 요리를 했다.

2 밖에 나가서 **しんせんだ** 한 공기 좀 쐬고 올게.

 しんせんだ
신선하다

**しょくじ** 쇼쿠지

1 아침 **しょくじ** 를 챙겨 드셨나요?

2 누워서 밥 먹지 마라. **しょくじ** 예절을 지켜야지!

 しょくじ
식사

## 1-2 이거, 맛있어요!

 ゆい
これ、美味<ruby>おい</ruby>しい です!

お母<ruby>かあ</ruby>さん の 料理<ruby>りょうり</ruby> は いつも 美味<ruby>おい</ruby>しい です。

 つむぎ
この 野菜<ruby>やさい</ruby> も 食<ruby>た</ruby>べて みて。

 ゆい
それ は 嫌<ruby>いや</ruby> です。

野菜<ruby>やさい</ruby> は 美味<ruby>おい</ruby>しく あり ません。まずい です!

> **ゆい :** 이거, 맛있어요!
> 엄마 요리는 항상 맛있어요.
> **つむぎ :** 이 채소도 먹어봐.
> **ゆい :** 그건 싫어요.
> 채소는 맛있지 않아요. 맛없어요!

**TIP**

**みて**
어떤 행동을 한 번 시도해 본다는 표현은 동사 뒤에 見る(미루)를 붙여 만들 수 있습니다. 단, '눈'으로 본다는 뜻으로 사용된 것이 아니기 때문에 한자가 아닌 히라가나로만 표기합니다.

---

**にく** 니쿠

1 정육점에 가서 돼지 **にく** 한 근 사 오렴.

2 육식 동물들은 **にく**를 먹어야 한다.

 **にく**
고기

**さかな** 사카나

1 낚시로 커다란 **さかな** 를 낚았다.

2 **さかな** 는 지느러미가 있어서 헤엄을 잘 친다.

 **さかな**
생선

**くわえる** 쿠와에루

1 1에 2를 **くわえる** 하면 3이 된다.

2 음식이 싱거워서 소금을 **くわえる** 했다.

 **くわえる**
더하다

## 2-1 엄청난 추위네.

 あかり
寒い、寒いね。

 ハナ
寒いの?

 あかり
うん、すごい 寒さ だね。

昨日 は あんなに 暑かった のに。

 ハナ
暑かったの?

私 は 全然 暑く なかった。

あかり : 춥다, 추워.
　ハナ : 추워?
あかり : 응, 엄청난 추위네.
　　　 어제는 그렇게 더웠는데.
　ハナ : 더웠어?
　　　 나는 전혀 덥지 않았어.

TIP

のに
조사 のに[노니]는 '~인데'라는 뜻으로
앞의 내용과 상반된 것, 또는 예상과
다른 결과를 말할 때 사용합니다.

寒い、
寒いね。

---

## 퀴즈로 외우는 단어

**てんき** 텡키

1 이렇게 맑은 **てんき** 에는
소풍을 하러 가야죠.

2 내일 **てんき** 예보를 보고
우산을 미리 챙겼다.

 てんき
날씨

**こおり** 코오리

1 추운 날씨에 쌓여 있던
눈이 **こおり** 가 되었다.

2 물이 꽁꽁 얼어
**こおり** 가 되었다.

 こおり
얼음

**きり** 키리

1 짙은 **きり** 가 껴서
앞이 잘 보이지 않는다.

2 **きり** 는 수증기 때문에
주변이 잘 안 보이는 현상이다.

 きり
안개

## 2-2 엄청난 추위네요.

 あかり
<ruby>寒<rt>さむ</rt></ruby>い、<ruby>寒<rt>さむ</rt></ruby>い。

 ハナ
<ruby>寒<rt>さむ</rt></ruby>い ですか?

 あかり
はい、すごい <ruby>寒<rt>さむ</rt></ruby>さ ですね。

<ruby>昨日<rt>きのう</rt></ruby> は あんなに <ruby>暑<rt>あつ</rt></ruby>かった のに。

 ハナ
<ruby>暑<rt>あつ</rt></ruby>かった ですか?

<ruby>私<rt>わたし</rt></ruby> は <ruby>全然<rt>ぜんぜん</rt></ruby> <ruby>暑<rt>あつ</rt></ruby>く あり ません でした。

あかり : 춥다, 추워.
ハナ : 추우세요?
あかり : 네, 엄청난 추위네요.
어제는 그렇게 더웠는데.
ハナ : 더웠어요?
저는 전혀 덥지 않았어요.

**TIP**

 すごい 寒さですね。

**暑かったですか**

い(이)형용사의 과거 존대 표현은 かった です(캇타데스)입니다. 간혹 です(데스)의 과거형인 でした(데시타)를 붙이는 것과 혼동되는 경우가 있지만, 暑いでした(아츠이데시타)라는 표현은 잘못된 표현입니다.

---

## さす 사스

1 비가 내려서 우산을 **さす** 했다.

2 햇빛이 너무 강해서 양산을 **さす** 했다.

 さす
쓰다

## たいよう 타이요오

1 **たいよう** 는 동쪽에서 떠서 서쪽으로 진다.

2 아침이 되자 **たいよう** 가 떴다.

 たいよう
태양

## あるひ 아루히

1 그러던 **あるひ**, 마을에 호랑이가 나타났어요.

2 **あるひ** 갑자기 생긴 초능력.

 あるひ
어느 날

**3-1** 저 볼펜, 귀엽지 않아?

ゆい

あの ボールペン、可愛(かわい)く ない?

あれ も これ も、全部(ぜんぶ) 可愛(かわい)い。

ハナ

それ、全部(ぜんぶ) 買(か)うの?

昨日(きのう) も 買(か)って なかった?

ゆい

それ は これ ほど 可愛(かわい)く ない。

ゆい : 저 볼펜, 귀엽지 않아?
　　　이것도 저것도, 전부 귀여워.
ハナ : 그거, 전부 살 거야?
　　　어제도 사지 않았어?
ゆい : 그건 이것만큼 귀엽지 않아.

可愛い
可愛い[카와이이]는 いい[이이]가 두 번 나오는 단어입니다. 따라서 '귀엽지 않다'라는 표현은 かわくない[카와쿠나이]가 아닌 かわいくない[카와이쿠나이]라는 점을 유의하셔야 합니다.

あれもこれも、
全部可愛い。

---

## 퀴즈로 외우는 단어

**えらぶ** 에라부

1 콜라와 사이다 중 어떤 걸 마실지 **えらぶ** 하렴.

2 어떤 신발을 신고 갈지 **えらぶ** 하자.

 **えらぶ**
선택하다

**ちがう** 치가우

1 약속과 **ちがう** 한 그의 행동에 크게 실망했다.

2 그건 **ちがう** 한 답이야. 문제를 다시 한번 풀어 보렴.

 **ちがう**
다르다, 틀리다

**おぼえる** 오보에루

1 옛날에 여기서 함께 놀았던 거 **おぼえる** 해?

2 1살 때 일을 **おぼえる** 하는 사람이 어딨어?

 **おぼえる**
기억하다

## 3-2 저 볼펜, 귀엽지 않아요?

ゆい

あの ボールペン、可愛(かわい)く あり ませんか?

あれ も これ も、全部(ぜんぶ) 可愛(かわい)い です。

ハナ

それ、全部(ぜんぶ) 買(か)い ますか?

昨日(きのう) も 買(か)って いません でしたか?

ゆい

それ は これ ほど 可愛(かわい)く あり ません。

ゆい : 저 볼펜, 귀엽지 않아요?
　　　 이것도 저것도, 전부 귀여워요.
ハナ : 그거, 전부 살 거예요?
　　　 어제도 사지 않았어요?
ゆい : 그건 이것만큼 귀엽지 않아요.

昨日(きのう)も買(か)って
いませんでしたか?

◀ 날짜를 나타내는 일본어

一昨日[오토토이] : 그저께
昨日[키노오] : 어제
今日[코오] : 오늘
明日[아시타] : 내일
明後日[아삿테] : 모레

---

### しんじる 신지루

1 너는 유령의 존재를
**しんじる** 하니?

2 너 설마 그런 거짓말을
**しんじる** 하는 거야?

しんじる
믿다

### おなじ 오나지

1 나랑 동생은 **おなじ** 한
학교에 다녀서 자주 마주친다.

2 자석은 **おなじ** 한 극끼리
만나면 서로 밀어낸다.

おなじ
같은

### たのしい 타노시이

1 같이 노니까 훨씬 더
**たのしい** 한 것 같아.

2 친구들과 **たのしい** 한
시간을 보냈어요.

たのしい
즐거운

**4-1** 회사가 집에서 멀어?

 そうた
会社 が 家 から 遠い?
かいしゃ いえ とお

 さくらい
遠く ない。
とお

 そうた
じゃあ、駅 が 遠い?
えき とお

 さくらい
ううん、駅 も 近い。
えき ちか

 そうた
じゃあ、なんで 遅れたの?
おく

そうた : 회사가 집에서 멀어?
さくらい : 멀지 않아.
そうた : 그럼, 역이 멀어?
さくらい : 아니, 역도 가까워.
そうた : 그럼, 왜 늦은 거야?

じゃあ、なんで遅れたの?

遅れたの?
여기서 쓰인 の노는 의문을 나타내는 종조사입니다. 반말표현에서 사용되며, です를 사용하는 존대표현을 의문형으로 만들 때는 반드시 か캐를 사용해야 합니다.

### 퀴즈로 외우는 단어

**ちかてつ** 치카테츠

1 지하로 다니는 철도를 **ちかてつ** 라고 부른다.

2 서울 **ちかてつ** 노선도를 보고 있어.

**れっしゃ** 렛샤

1 칙칙폭폭 **れっしゃ** 놀이를 하는 아이들.

2 서울역에서 **れっしゃ** 를 타고 부산역에 내렸다.

**うんてん** 운텡

1 차를 몰려면 **うんてん** 면허를 따야 해요.

2 어른이 되어서 자동차를 **うんてん** 하고 싶어.

 **ちかてつ** 지하철

 **れっしゃ** 기차

 **うんてん** 운전

**4-2** 회사가 집에서 멀어요?

 そうた
<sub>かいしゃ</sub> <sub>いえ</sub> <sub>とお</sub>
会社 が 家 から 遠い ですか?

 さくらい
<sub>とお</sub>
遠く あり ません。

 そうた
<sub>えき</sub> <sub>とお</sub>
じゃあ、駅 が 遠い ですか?

 さくらい
<sub>えき</sub> <sub>ちか</sub>
いいえ、駅 も 近い です。

 そうた
<sub>なぜ</sub> <sub>おく</sub>
じゃあ、何故 遅れ ましたか?

そうた : 회사가 집에서 멀어요?
さくらい : 멀지 않습니다.
そうた : 그럼, 역이 멀어요?
さくらい : 아니요, 역도 가깝습니다.
そうた : 그럼, 왜 늦은 거예요?

 TIP

**遠くありません**

명사의 부정 존대형은 ではありません
[데와아리마센]을 붙이는 것이지만 い[이]
형용사는 い[이]를 활용해 くありません
[쿠아리마센]을 붙입니다.

遠くありません。

---

**じゅうしょ** 쥬우쇼

1 우리 집 **じゅうしょ** 를
알려줄 테니까 놀러 와.

2 택배를 보낼 때는 받는 곳
**じゅうしょ** 를 적어야 해.

**そくど** 소쿠도

1 달리는 **そくど** 는 우리
반에서 내가 제일 빠르다.

2 버스 **そくど** 가 빨라서
사고가 날까 봐 무서워요.

**あやまり** 아야마리

1 그건 내 **あやまり** 야.
미안해.

2 영수증을 보니 계산을
**あやまり** 한 것 같아요.

 じゅうしょ
주소

 そくど
속도

 あやまり
잘못

**ゆい**
たいへん
大変 だ。

 **きむら**
なに
何 が?

 **ゆい**
こわ
パソコン が 壊れた。

あたら　　　　　　　　ひつよう
新しい パソコン が 必要 だ。

 **きむら**
むり
それ は 無理 だ。

ゆい : 큰일이다.
きむら : 뭐가?
ゆい : 컴퓨터가 망가졌어.
　　　 새 컴퓨터가 필요해.
きむら : 그건 무리야.

**大変だ**

일본어 大変[타이헨]은 '큰일', '힘듦',
'몹시'를 의미하는 단어입니다. 일상
회화에서 여러 의미로 다양하게
쓰이는데, '부담스럽다', '힘들다' 같이
부정적인 의미를 담고 있습니다.

大変だ。

### 퀴즈로 외우는 단어

**ねがう** 네가우

1 간절히 **ねがう** 하는
소원이 있어요.

2 우리 가족 모두
행복하기를 **ねがう** 합니다.

**ねがう**
바라다

**かえる** 카에루

1 건전지 수명이 다 되어서
새 걸로 **かえる** 했어.

2 천원 지폐를 오백 원 동전
두 개로 **かえる** 했어.

**かえる**
바꾸다

**やめる** 야메루

1 학원을 **やめる** 하고
집에서 과외를 받기로 했어.

2 싸움은 **やめる** 하고
이제 화해하렴.

**やめる**
그만두다

**5-2** 컴퓨터가 망가졌어요.

 ゆい
<sup>たいへん</sup>
大変 です。

 きむら
<sup>なに</sup>
何 が ですか?

 ゆい
パソコン が <sup>こわ</sup>壊れ ました。

<sup>あたら</sup>新しい パソコン が <sup>ひつよう</sup>必要 です。

 きむら
それ は <sup>むり</sup>無理 です。

> ゆい : 큰일이에요.
> きむら : 뭐가요?
> ゆい : 컴퓨터가 망가졌어요.
>          새 컴퓨터가 필요해요.
> きむら : 그건 무리예요.

TIP

パソコン

パソコン|파소콘|은 パーソナルコンピューター|파ー소나루콘퓨ー타ー|의 약자입니다. 이 단어는 영어 Personal Computer를 일본식으로 읽은 단어로, 우리나라에서는 PC라고 줄여 사용하기도 합니다.

> パソコンが
> 壊れました。

---

**じこ** 지코

1 안전 운전 하지 않으면
교통 **じこ** 가 날 수도 있어요.

2 어제 이 골목에서 차끼리
부딪치는 **じこ** 가 났어요.

じこ
사고

**なおす** 나오스

1 원고를 살펴보며 오타가 난
글자들을 맞게 **なおす** 했다.

2 고장 난 시계를 **なおす**
하기 위해 수리점에 가져갔다.

なおす
고치다

**ゆめ** 유메

1 어젯밤에 연예인이 되는
**ゆめ** 를 꿨어.

2 높은 곳에서 떨어지는
**ゆめ** 를 꾸면 키가 큰대.

ゆめ
꿈

### 6-1  편리하지 않았어.

**さくらい**

この 前 使った 冷蔵庫 は どう だった?
<small>まえ つか　れいぞうこ</small>

氷 が 出る から 便利 じゃ なかった?
<small>こおり　で　　べんり</small>

**ゆい**

少し も 便利 じゃ なかった。
<small>すこ　　べんり</small>

夜 に は うるさくて 不便 だった。
<small>よる　　　　　　ふべん</small>

> **さくらい** : 이 전에 쓰던 냉장고는 어땠어?
> 　　　　　 얼음이 나오니까 편리하지 않았어?
> 　　**ゆい** : 편리하지 않았어.
> 　　　　　 밤에 시끄러워서 불편했어.

### 6-2  편리하지 않았어요.

**さくらい**

この 前 使った 冷蔵庫 は どう でした?
<small>まえ つか　れいぞうこ</small>

氷 が 出る から 便利 では あり ません でしたか?
<small>こおり　で　　べんり</small>

**ゆい**

少し も 便利 では あり ません でした。
<small>すこ　　べんり</small>

夜 に は うるさくて 不便 でした。
<small>よる　　　　　　ふべん</small>

> **さくらい** : 이 전에 쓰던 냉장고는 어땠어요?
> 　　　　　 얼음이 나오니까 편리하지 않았어요?
> 　　**ゆい** : 편리하지 않았어요.
> 　　　　　 밤에는 시끄러워서 불편했어요.

**TIP**

**使った冷蔵庫**
명사가 동사의 수식을 받을 경우에는 동사 그대로 명사 앞에 붙여주면 됩니다. 여기서는 과거에 '사용했던' 냉장고이기 때문에 '사용하다'라는 동사 使う[츠카우]의 과거형 使った[츠캇타]를 붙여주었습니다.

> 少しも便利では
> ありませんでした。

**ありませんでしたか**
ない[나이]의 존대표현인 ありません[아리마센]에 でした[데시타]가 붙으면 과거 시제를 의미하는 문형이 됩니다. 여기에 의문을 나타내는 종조사 か[카]가 있으면 과거 존대표현의 의문형이 되는 것이지요.

## 7-1 나는 고기가 좋아.

 すずき
子供 の 頃 は 野菜 が 嫌い だった。
こども ころ やさい きら

 あかり
今 は 好き?
いま す

 すずき
今 も 好き では ない。
いま す

私 は 肉 が 好き だ。
わたし にく す

> **すずき** : 어렸을 때는 채소가 싫었다.
> **あかり** : 지금은 좋아해?
> **すずき** : 지금도 좋아하지는 않아.
> 나는 고기가 좋아.

**好きではない**
では[데와]와 じゃ[쟈]는 의미 차이가 없기 때문에 好きじゃない[스키쟈나이]로 바꿔써도 무방합니다. 단, じゃ[쟈]는 주로 회화에서 사용되는 표현이기 때문에 문서나 공적인 자리에서는 では[데와]를 쓰는 것이 더 적절합니다.

## 7-2 저는 고기가 좋아요.

 すずき
子供 の 頃 は 野菜 が 嫌い でした。
こども ころ やさい きら

 あかり
今 は 好き ですか?
いま す

 すずき
今 も 好き では あり ません。
いま す

私 は 肉 が 好き です。
わたし にく す

> **すずき** : 어렸을 때는 채소가 싫었습니다.
> **あかり** : 지금은 좋아해요?
> **すずき** : 지금도 좋아하지는 않아요.
> 저는 고기가 좋아요.

> 子供の頃は
> 野菜が嫌いでした。

**が好き**
'고기를 좋아한다'라고 말하는 우리와 다르게 일본은 '고기가 좋아'라고 말합니다. 이 때문에 好き는 조사를 [오](을/를)가 아닌 が[가](이/가)를 사용해야 합니다.

## 8-1 그건 그렇게 복잡하지 않아.

 ゆい
しち じ　　　　お
七 時 に は 終わる?

 さくらい
むり
それ は 無理 だ。

 ゆい
ふくざつ
どう して? それ は そんなに 複雑 じゃ ない。

 さくらい
い　　　　　かんたん
言うの は 簡単 だ。

> ゆい : 7시에는 끝나?
> さくらい : 그건 무리야.
> ゆい : 어째서? 그건 그렇게 복잡하지 않아.
> さくらい : 말은 쉽지.

言うのは簡単だ。

**言うのは簡単だ**

조사 の[노]는 '~의'라는 뜻 외에도 '~하는 것'이라는 의미가 있습니다. 그래서 '말하다'라는 동사 言う[이우]의 뒤에 の[노]가 붙으면 '말하는 것'이라는 표현이 됩니다.

## 8-2 그건 그렇게 복잡하지 않아요.

 ゆい
しち じ　　　　お
七 時 に は 終わりますか?

 さくらい
むり
それ は 無理 です。

 ゆい
ふくざつ
どう して? それ は そんなに 複雑 では あり ません。

 さくらい
い　　　　　かんたん
言うの は 簡単 です。

> ゆい : 7시에는 끝나요?
> さくらい : 그건 무리예요.
> ゆい : 어째서? 그건 그렇게 복잡하지 않아요.
> さくらい : 말은 쉽지요.

**無理です**

한자에 뿌리를 둔 단어의 경우, 한국어와 일본어의 발음과 뜻이 유사한 경우가 종종 있습니다. 無理[무리]라는 단어는 한국어 '무리'와 같은 발음인 데다가 뜻도 동일하게 사용됩니다.

それは 無理です。

# 히라가나 연습

 아래 일본어를 읽을 수 있게 연습한 후 히라가나로 쓰세요.

**1**
お母さんの 料理は いつも 美味しい です。
엄마의　　　요리는　　　항상　　　맛있다　　입니다.

おかあさんの　りょうりは　いつも　おいしい　です。

**2**
それは 嫌 です。
그것은　싫음　입니다.

**3**
寒い、寒いね。
춥다,　　춥네.

**4**
昨日は あんなに 暑かったのに。
어제는　　그렇게　　　더웠는데.

**5**
あの ボールペン、可愛く ない?
저　　　볼펜,　　　귀엽지　않다?

**6**
会社が 家から 遠い?
회사가　집부터　멀다?

---

**정답입니다!**

**1** おかあさんの りょうりは いつも おいしい です。　　오카아상노 료오리와 이츠모 오이시이 데스.
**2** それは いや です。　　소레와 이야 데스.
**3** さむい、さむいね。　　사무이, 사무이네.
**4** きのうは あんなに あつかったのに。　　키노오와 안나니 아츠칻타노니.
**5** あの ぼーるぺん、かわいく ない?　　아노 보-루펭, 카와이쿠 나이?
**6** かいしゃが いえから とおい?　　카이샤가 이에카라 토오이?

 아래 일본어를 읽을 수 있게 연습한 후 히라가나로 쓰세요.

**1**

新しい パソコンが 必要 だ。
　새롭다　　컴퓨터가　　필요　이다.

あたらしい ぱそこんが ひつよう だ。

**2**

それは 無理 です。
　그것은　무리　입니다.

**3**

この 前 使った 冷蔵庫は どう でした?
이　전　사용했다　냉장고는　어떻게　이었습니다?

**4**

夜には うるさくて 不便 だった。
밤에는　　시끄러워서　　불편　이었다.

**5**

子供の 頃は 野菜が 嫌い だった。
어린이의　시절은　채소가　싫음　이었다.

**6**

私は 肉が 好き です。
나는　고기가　좋음　입니다.

정답입니다!

1 あたらしい ぱそこんが ひつよう だ。　　아타라시이 파소콩가 히츠요오 다.

2 それは むり です。　　소레와 무리 데스.

3 この まえ つかった れいぞうこは どう でした?　　코노 마에 츠칸타 레에조오코와 도오 데시타?

4 よるには うるさくて ふべん だった。　　요루니와 우루사쿠테 후벤 닫타.

5 こどもの ころは やさいが きらい だった。　　코도모노 코로와 야사이가 키라이 닫타.

6 わたしは にくが すき です。　　와타시와 니쿠가 스키 데스.

MEMO

이 시대의 독특한 언어자료로
크리스천 자료라는 것이 있는데

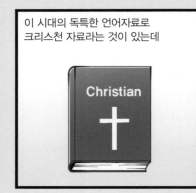

서양에서 온 선교사들이 일본에서 포교
하기 위해

예수님이 말씀하시니
물이 변하여 포도주 됐네

응, 덕분에
포도 농장 불경기

일본어를 로마자로 표기해 만든
문학서나 어학서 같은 것을 지칭해.

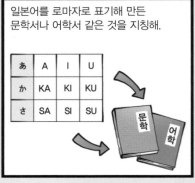

또 하나의 자료로는 조선에서 일본어를
배우기 위해 학습지의 일환으로 만든
조선자료라는 것이 있어.

일본어 입문편
일본어 심화편
백정도
반나절이면
깨우친다!

무로마치 시대가 닫히고 '에도' 시대가
열렸지만

江戸

1603 ~ 1868

1603 ~ 1868

여전히 학문적, 전문적 문서 등에는
한자와 가타카나가 주로 쓰였어.

カタカナ　漢字

대중소설 같은 문학작품 등에는 역시
한자와 히라가나가 주로 쓰였는데, 이 경우
가타카나를 감동사, 의성어, 의태어 등으로
일부 사용하기도 했어.

漢字
ひらがな
カタカナ

그리고 이 시기에 구독점(。)이 생겨났는데,
이때는 '。'이 구점(마침표)과 독점(쉼표)의
역할을 동시에 수행했어.

네, 네~

구점
빨리 줘요

독점은
언제 나와요?

에도 시대 전기에는 정치와 문화의 중심이
아직 서쪽에 있었는데

살 좀 빼!

흥

서

정치
문화

동

후기에 들어서면서부터 중심이 동쪽으로
이동했고

다이어트
했더니, 장난?!

찔 수도
있지

서

정치
문화

동

그로 인해 동서의 언어가 합쳐지면서

이번엔
잘해라

너야말로

새롭게 '에도어'가 탄생하게 되었지.

新 에도어
1751 ~ 1772

144

또, 무사 계급과 상인 계급의 언어적 차이가 뚜렷해지고

관동어와 관서어의 차이가 뚜렷해진 시기도 바로 이 에도 시대였어.

그리고 '메이지' 시대부터 일본은 급격한 변화와 성장을 하기 시작해.

먼저 1868년, 에도를 도쿄로 개칭한 뒤

본격적으로 근대 국가 만들기에 돌입했어.

서양문화를 받아들이기 위한 활발한 번역 작업이 이루어졌고

그 결과, 여러 가지 새로운 어휘나 어법이 생성되었지.

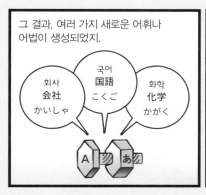

이는 한자 종주국인 중국으로 역수입되기도 했어.

마찬가지로 우리나라에도 수입되었는데

주로 쓰이는 스포츠 관련 단어들이 좋은 예시 중 하나야.

그런데 정작 수출한 일본은 그 단어들을 사용하지 않고 외래어로 대체해서 사용하고 있다니 이상하지.

어쨌든, 이런 과정들을 통해 서양문물이 하나둘씩 들어오면서 서양에서 쓰이지 않는 한자는 구식이라는 이미지가 생겨났고

그에 따라 일본어를 서양 언어의 기준에 맞게 세련된 이미지로 개혁해야 한다는 주장이 생겨났어.

이에 1872년, 구식 언어인 한자를 버리자는 '한자 폐지론'이 등장하면서

카나만을 사용하자는 '카나회'와 더 극단적으로 로마자만 사용하자는 '로마자회'가 같이 등장했는데

결국 둘 다 자리 잡지는 못했지.

패전 후, 사회개혁을 시도하면서 한자를 폐지하자는 의견이 다시 한번 공론화되었는데

폐지하는 대신 간소화하는 것 (1949년 신자체 발표)을 마지막으로 더 이상 언급되지는 않아.

1900년, 여러 글자체로 사용되던 히라가나와 가타카나를

한 가지 글자체로 통일하여 현재까지 사용하고 있어.

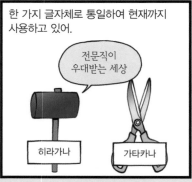

그리고 이 시대에 들어 장음을 표기하는 선(ㅡ)이 처음으로 사용되었고

한 가지로만 쓰이던 구독점을 구점(。)과 독점(、)으로 구분해 사용하기 시작했으며

문장부호(?, !, … 등)도 이때 정착했어.

또, 개혁의 영향으로 '언문일치' 운동이 일어나

소설, 신문 등을 거쳐 1908년엔 교과서에도 구어체인 데스(です)와 마스(ます)가 채택되었지.

메이지 정부는 통치를 강화하기 위해, 정부 주요 기관이 있는 도쿄의 방언과 예로부터 이어진 황실의 언어를 합쳐

'표준어'라는 단어를 만들고 주 언어로 지정해

적극적으로 전국에 배포하기도 했어.

하지만 패전 후, 표준어를 사용하지 말고 방언을 소중히 하자는 움직임이 일어나

다시 방언의 사용이 활발해지면서

표준어는 표준어가 아닌 '공통어'가 되어버렸어.

그 말은 결국, 일본에는 공식적인 표준어가 존재하지 않게 되었단 거지.

그래서인지 현재 일본에서는 텔레비전 방송에서도 거리낌 없이 방언을 사용해.

되도록이면 표준어를 사용하려는 우리나라와는 상반된 모습이야.

일본에는 우리나라보다 훨씬 많은 방언들이 존재하는데

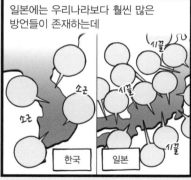

그 이유는 일본이 예로부터 봉건사회로

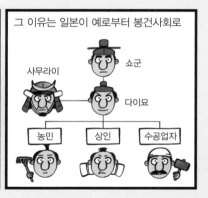

피지배층의 이동을 통제했던 역사가 있었기 때문이야.

그로 인해 방언들은 크게 동일본, 서일본, 큐슈 방언으로 나뉘게 되었고

그 안에서 또 여러 방언으로 작게 나뉘어 현재 일본에는 약 85개의 방언이 존재하게 되었어.

그 때문에 다른 지역 사람들끼리 의사소통이 안 될 때가 많아. 미디어에서 지방 방언에 관한 내용을 퀴즈 거리로 삼기도 하지.

동북지방으로 가면 갈수록 특히 더 알아듣기가 어려워서 같은 일본인들끼리도 통역이 필요할 정도라고 해.

이런 일본의 방언들 중에서도 가장 흔하게 들을 수 있는 것이 바로 관서(칸사이)방언이야.

위와 같은 사정상, 대부분의 일본인들은 방언을 사용하면서도 소통을 위해 어느 정도는 적당히 절충하는 모습을 보이는데

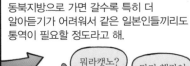

관서 사람들에게선 그런 모습을 전혀 찾아볼 수가 없기 때문이지.

관서지방이 고대부터 오랫동안 일본의 수도였다는 것에 대해 대단한 자부심을 가지고

지금까지도 일본의 중심은 관서지방이라고 생각해서 보이는 태도가 아닐까 싶어.

몇백년간 일본의 수도였던 교토의 방언이 현재까지도 고급스럽고 귀족적이며 가장 일본스러운 말이라는 평가를 받고 있다니

그들의 태도가 어느 정도 이해는 돼.

지금까지 일본어의 역사에 대해 알아보았는데

이를 통해 일본어를 좋아하는 마음이 조금이라도 생겼다면 정말 다행이야.

스페인어, 프랑스어 등 외국어를 공부하는 사람들을 보면 그 나라의 언어를 무척 좋아하는 것이 느껴지는 반면

일본어를 공부하는 우리나라 사람 중에는 그렇지 않은 사람도 있는 것 같아.

분명 과거의 일본 정권이 저질렀던 악독한 만행 때문이겠지.

나도 그 생각만 하면 밤에 잠이 안 와.

하지만 이에 관해 우리가 생각해 볼 게 있어.

과거의 일본과 현재의 일본, 그리고 그들의 문화를 하나로 묶어 판단하는 것이 과연 옳은 일인지 말이야.

세상은 다원적이고, 일본만 해도 수많은 얼굴을 가지고 있어.

그런데 어느 한 부분만 보고 그 나라의 모든 문화에 거부감을 가질 필요는 없지 않을까?

배격할 것은 배격하고 포용할 것은 포용하는 것이 보다 어른스러운 자세라고 생각해.

그러니 이제 일본어를 통해 우리가 어떻게 행복해질 수 있을지 상상해보도록 하자.

# 04

# 2그룹 동사
기본 문형

未来を考える。
미래를 생각하다.

동영상 강의

일본어의 동사는 모두 う우단 중 하나로 끝납니다.

# う단
# うくぐすつぬぶむる

동사의 끝은 무조건 이 중 하나

읽어 보세요    **동사의 그룹을 구분하는 이유는?**

동사는 여러 가지로 변화하며 사용되는데, 변화의 규칙이 그룹별로 다릅니다. 정리해서 말하자면, 동사의 변화 형태를 결정하는 것은 동사의 마지막 글자입니다.

동사의 '마지막' 글자 = 변화의 힌트

그리고 무엇으로 끝나느냐에 따라 3개 그룹으로 나뉩니다.

1그룹  2그룹  3그룹

읽어 보세요    **1그룹 동사가 가장 많나요?**

아닙니다. 동사는 う우단 중에서도 る루로 끝나는 경우가 가장 많으므로 결국 1그룹 동사와 2그룹 동사의 수는 비슷합니다.

아래의 표는 동사의 마지막 글자에 따라 그룹을 구분하는 방법을 정리한 것입니다.

**1  うくぐすつぬぶむる**

1그룹  1그룹  1그룹  1그룹  1그룹  1그룹  1그룹  1그룹  1,2,3 그룹

**2** る루로 끝나면 그 앞글자에 따라 1그룹과 2그룹으로 나뉜다.

| 1그룹 동사 | あ 아단 + る 루 | Ex 分かる | 와카루 | 알다 |
| | う 우단 + る 루 | Ex 売る | 우루 | 팔다 |
| | お 오단 + る 루 | Ex 乗る | 노루 | 타다 |
| 2그룹 동사 | い 이단 + る 루 | Ex 見る | 미루 | 보다 |
| | え 에단 + る 루 | Ex 食べる | 타베루 | 먹다 |

**3** 3그룹 동사는 する 스루, 하다, 来る 쿠루, 오다, 단 2개뿐이다.

더 알아 봅시다    **2번 법칙의 예외**

る루의 앞글자가 い이단 혹은 え에단인데도 불구하고 1그룹인 동사도 있습니다.

Ex 走る   하시루   달리다
   知る   시루     알다
   要る   이루     필요하다
   切る   키루     자르다

전 단원에서 배운 바와 같이 하나의 동사를 어간과 어미로 구분할 수 있습니다.
이 중에서 어간은 한자 혹은 한자+히라가나,
어미는 히라가나로 이루어져 있습니다.

먹 (어간)　다 (어미)

동사는 모두 う우단으로 끝나는데,
그중 지금 배울 2그룹 동사는 모두 る루로 끝납니다.
문장은 반말, 존댓말, 긍정, 부정, 과거 혹은 현재형으로 만들 수 있습니다.
이 모든 것은 동사의 어미와 조동사를 활용해 이루어집니다.
어간은 항상 그대로 둔 채 말이죠.

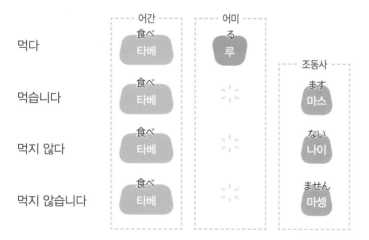

| | 어간 | 어미 | 조동사 |
|---|---|---|---|
| 먹다 | 食べ 타베 | る 루 | |
| 먹습니다 | 食べ 타베 | | ます 마스 |
| 먹지 않다 | 食べ 타베 | | ない 나이 |
| 먹지 않습니다 | 食べ 타베 | | ません 마셍 |

2단원에서 배운 です데스는 명사와 형용사와 결합하고,
지금 배운 ます마스는 동사와 결합합니다.

명사 형용사 → です　　　동사 → ます

한눈에 배운다!
# 2그룹 동사로 끝나는 문장

る루 를 버려라!

따라 말하기

✏️ **1등 암기표**
학습포인트

| 1 | 2 | 3 | 4 | 5 | 6 |
|---|---|---|---|---|---|
| 명사+だ | い형용사 | な형용사 | 2그룹 동사 기본 | 1그룹 동사 기본 | 2그룹 동사 응용 |

| 12 | 11 | 10 | 9 | 8 | 7 |
|---|---|---|---|---|---|
| 주의 표현 | 접속조사 て 응용 | 접속조사 て 기본 | 가능 | 수식 | 1그룹 동사 응용 |

2그룹 동사의 기본 8문형입니다.
2그룹 동사는 어미를 버리고 그 뒤에 ます마스, ない나이, なかった나캇타 등을 붙입니다.

2그룹 동사의 과거는 た로 끝난다

『1등 암기표』

| STEP1 | STEP2 | STEP3 | STEP4 |
|---|---|---|---|
| **A** | **A▸B** | **C▸B** | **AB** |
| 8줄 일단 암기 | 보고 말하기 | 보고 말하기 | 암송 |

| | A | B | C |
|---|---|---|---|
| **긍정** | 먹 다. | 타베 루. | 食べ る。 |
| | 먹 었다. | 타베 타. 과거 | 食べ た。 |
| | 먹 습니다. | 타베 마스. | 食べ ます。 |
| | 먹 었습니다. | 타베 마시타. 과거 | 食べ ました。 |
| **부정** | 먹 지 않다. | 타베 나이. | 食べ ない。 |
| | 먹 지 않았다. | 타베 나캇타. 과거 | 食べ なかった。 |
| | 먹 지 않습니다. | 타베 마셍. | 食べ ません。 |
| | 먹 지 않았습니다. | 타베 마셍 데시타. 과거 | 食べ ません でした。 |

'ます마스'의 반대는 'ません마셍'

154

# な나 형용사로 명사 꾸미기

| 잠자다 | 보다 | 닫다 | 열다 | 가르치다 |
|---|---|---|---|---|
|  |  |  |  |  |
| ね<br>寝る<br>네 루 | み<br>見る<br>미 루 | し<br>閉める<br>시 메루 | あ<br>開ける<br>아 케루 | おし<br>教える<br>오시 에루 |
| 있다 | 느끼다 | 생각하다 | 대답하다 | 결정하다 |
|  |  |  |  |  |
| いる<br>이루 | かん<br>感じる<br>칸 지루 | かんが<br>考える<br>캉가 에루 | こた<br>答える<br>코타 에루 | き<br>決める<br>키 메루 |
| 할 수 있다, 되다 | 추천하다 | 믿다 | 그만두다 | 떨어지다 |
|  |  |  |  |  |
| できる<br>데키루 | すす<br>勧める<br>스스 메루 | しん<br>信じる<br>신 지루 | やめる<br>야메루 | お<br>落ちる<br>오 치루 |
| 잊다 | 받다 | 빌리다 | 바꾸다 | (옷을) 입다 |
|  |  |  |  |  |
| わす<br>忘れる<br>와스 레루 | う<br>受ける<br>우 케루 | か<br>借りる<br>카 리루 | か<br>変える<br>카 에루 | き<br>着る<br>키 루 |

 **開ける**아케루 | 열다**는 2그룹 동사 중 하나로, 기본형입니다. 이 동사를 응용해서 빈칸을 채워 보세요.**
**2그룹 동사는 마지막 글자 る루 를 버리고 활용한다는 점에 유의하세요.**

1  열다.
　 開ける。

2  엽니다.
　 開けます。

3  열었다.
　 開けた。

4  열었습니다.
　 開けました。

Practice
## 루는 사라진다

ミッション
쓰면서
큰 소리로
읽어보기!

표의 일본어는 모두 2그룹 동사의 기본형입니다. 이 기본형을 활용해야만 문제를 풀 수 있습니다.
2그룹 동사는 어미를 버리고 활용한다는 점에 유의하세요.

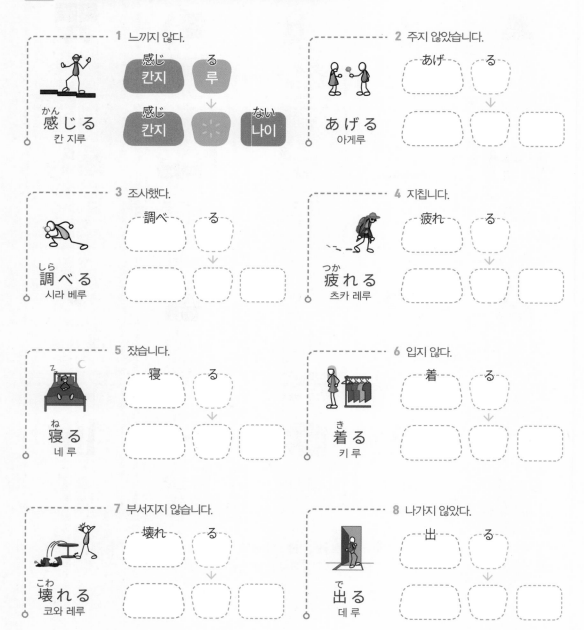

**1** 느끼지 않다.

感じる
かん
칸 지루

感じ 칸지 | る 루
↓
感じ 칸지 | | ない 나이

**2** 주지 않았습니다.

あげる
아게루

あげ | る
↓

**3** 조사했다.

調べる
しら
시라 베루

調べ | る
↓

**4** 지칩니다.

疲れる
つか
츠카 레루

疲れ | る
↓

**5** 잤습니다.

寝る
ね
네 루

寝 | る
↓

**6** 입지 않다.

着る
き
키 루

着 | る
↓

**7** 부서지지 않습니다.

壊れる
こわ
코와 레루

壊れ | る
↓

**8** 나가지 않았다.

出る
で
데 루

出 | る
↓

정답입니다!

**1** 칸지 나이. **2** 아게 마센데시타. **3** 시라베 타. **4** 츠카레 마스.
**5** 네 마시타. **6** 키 나이. **7** 코와레 마셍. **8** 데 나캇타.

156

ミッション
쓰면서
큰 소리로
읽어보기!

 표의 일본어는 모두 2그룹 동사의 기본형입니다. 이 기본형을 활용해야만 문제를 풀 수 있습니다.
2그룹 동사는 어미를 버리고 활용한다는 점에 유의하세요.

あ
開ける
아 케루

열다.

열었다.

엽니다.

열었습니다.

し
閉める
시 메루

닫다.

닫았다.

닫습니다.

닫았습니다.

で
出る
데 루

나가다.

나갔다.

나갑니다.

나갔습니다.

あげる
아게루

주다.

주었다.

줍니다.

주었습니다.

お
起きる
오 키루

일어나지 않다.

일어나지 않았다.

일어나지 않습니다.

일어나지 않았습니다.

な
投げる
나 게루

던지지 않다.

던지지 않았다.

던지지 않습니다.

던지지 않았습니다.

な
慣れる
나 레루

익숙해지지 않다.

익숙해지지 않았다.

익숙해지지 않습니다.

익숙해지지 않았습니다.

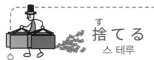
す
捨てる
스 테루

버리지 않다.

버리지 않았다.

버리지 않습니다.

버리지 않았습니다.

お
折れる
오 레루

꺾이지 않다.

꺾이지 않았다.

꺾이지 않습니다.

꺾이지 않았습니다.

정답
1 開ける。開けた。開けます。開けました。　　2 閉める。閉めた。閉めます。閉めました。
3 出る。出た。出ます。出ました。　　4 あげる。あげた。あげます。あげました。
5 起きない。起きなかった。起きません。起きませんでした。
6 投げない。投げなかった。投げません。投げませんでした。
7 慣れない。慣れなかった。慣れません。慣れませんでした。
8 捨てない。捨てなかった。捨てません。捨てませんでした。
9 折れない。折れなかった。折れません。折れませんでした。

**Practice**
## 2그룹 동사로 끝나는 문장

ミッション
12개의 문장을
21초 안에
말하기!

 표의 일본어는 명사입니다. 이 명사들과 2그룹 동사를 조합, 활용해야 문제를 풀 수 있습니다.

| 문, 도어 | 창문 | 과거 | 미래 | 아들 | 딸 |
|---|---|---|---|---|---|
| ド ア | まど<br>窓 | か こ<br>過去 | み らい<br>未来 | むす こ<br>息子 | むすめ<br>娘 |
| 도아 | 마도 | 카 코 | 미 라이 | 무스 코 | 무스메 |

1  문을 열다.
ドアを 開ける。

ドアを あける。

2  창문을 닫다.
窓を 閉める。

まどを しめる。

3  문을 닫습니다.
ドアを 閉めます。

ドアを しめます。

4  창문을 닫았습니다.
窓を 閉めました。

まどを しめました。

5  미래를 생각하다.
未来を 考える。

みらいを かんがえる。

6  미래를 생각하지 않았다.
未来を 考え なかった。

みらいを かんがえ なかった。

7  과거를 생각하지 않습니다.
過去を 考え ません。

かこを かんがえ ません。

8  미래를 생각하지 않았습니다.
未来を 考え ませんでした。

みらいを かんがえ ませんでした。

9  아들을 보았습니다.
息子を 見ました。

むすこを みました。

10  딸이 있지 않습니다.
娘が い ません。

むすめが い ません。

11  질문에 대답했다.
質問に 答えた。

しつもんに こたえた。

12  질문에 대답하지 않았다.
質問に 答え なかった。

しつもんに こたえ なかった。

ミッション

23 12개의 문장을
23초 안에
말하기!

 아래 단어들은 명사입니다. 이 명사들과 2그룹 동사를 조합하여 문장을 만들어 보세요.
예문들은 2그룹 동사의 변화형을 나타내고 있습니다.

| 메뉴 | 수학 | 맛 | 학교 | 대학 | 바람 |
|---|---|---|---|---|---|
| メニュー<br>메뉴- | すう がく<br>数学<br>스으 가쿠 | あじ<br>味<br>아지 | がっ こう<br>学校<br>각 코오 | だい がく<br>大学<br>다이 가쿠 | かぜ<br>風<br>카제 |

**1**　그는 잠자지 않다.
彼は 寝 ない。

かれは ね ない。

**2**　학교에서 학생을 가르칩니다.
学校で 学生を 教えます。

がっこうで がくせいを おしえます。

**3**　맛을 느끼다.
味を 感じる。

あじを かんじる。

**4**　메뉴를 결정했습니다.
メニューを 決めました。

メニューを きめました。

**5**　맛을 느끼지 않다.
味を 感じ ない。

あじを かんじ ない。

**6**　메뉴를 결정하지 않았습니다.
メニューを 決め ませんでした。

メニューを きめ ませんでした。

**7**　대학을 결정하지 않았다.
大学を 決め なかった。

だいがくを きめ なかった。

**8**　대학을 결정했다.
大学を 決めた。

だいがくを きめた。

**9**　그는 수학을 가르쳤다.
彼は 数学を 教えた。

かれは すうがくを おしえた。

**10**　우리는 메뉴를 결정했다.
私たちは メニューを 決めた。

わたしたちは メニューを きめた。

**11**　바람을 느끼다.
風を 感じる。

かぜを かんじる。

**12**　바람을 느꼈다.
風を 感じた。

かぜを かんじた。

**TIP**

## 1-1 벌써 자는 거야?

 **あかり**

もう 寝(ね)るの?

朝(あさ) 何(なん) 時(じ) に 起(お)きる?

 **ハナ**

そんなに 早(はや)く 起(お)き ない。

9時(じ) くらい に 起(お)きる。

> **あかり :** 벌써 자는 거야?
> 아침 몇 시에 일어나?
> **ハナ :** 그렇게 빨리 일어나지는 않아.
> 9시 정도에 일어나.

### もう

もう[모오]에는 '더'라는 뜻과 '벌써', '이제'라는 뜻이 있습니다. 그래서 もう寝る[모오네루]라고만 한다면 상황에 따라 '이제 잘래'라는 의지를 나타내는 표현이 될 수도 있습니다.

> もう寝る。

## 1-2 벌써 자요?

 **あかり**

もう 寝(ね) ますか?

朝(あさ) 何(なん) 時(じ) に 起(お)き ますか?

 **ハナ**

そんなに 早(はや)く 起(お)き ません。

9時(じ) くらい 起(お)き ます。

> **あかり :** 벌써 자요?
> 아침 몇 시에 일어나요?
> **ハナ :** 그렇게 빨리 일어나지는 않아요.
> 9시 정도에 일어나요.

### 寝

2그룹 동사의 어간은 명사처럼 쓰이기도 합니다. 그래서 昼寝[히루네](낮잠), 寝癖[네구세](잠버릇)처럼 많은 단어에서 활용되기도 합니다.

> もう 寝ますか?

## 2-1  사쿠라이 씨 못 봤어?

 きむら
桜井(さくらい) さん 見(み) なかった?

 ひまり
さっき 一階(いっかい) で 見(み)た。

 きむら
鈴木(すずき) さん も 一緒(いっしょ) だった?

 ひまり
彼(かれ) は 見(み)え なかった。

> きむら : 사쿠라이 씨 못 봤어?
> ひまり : 아까 1층에서 봤어.
> きむら : 스즈키 씨도 같이 있었어?
> ひまり : 그 사람은 안 보였어.

## 2-2  사쿠라이 씨 못 봤어요?

 きむら
桜井(さくらい) さん 見(み) ません でしたか?

 ひまり
先(さき) 一階(いっかい) で 見(み) ました。

 きむら
鈴木(すずき) さん も 一緒(いっしょ) でしたか?

 ひまり
彼(かれ) は 見(み)え ません でした。

> きむら : 사쿠라이 씨 못 봤어요?
> ひまり : 아까 1층에서 봤어요.
> きむら : 스즈키 씨도 같이 있었어요?
> ひまり : 그 사람은 안 보였어요.

TIP

◀ 彼

일본어로 '그'는 彼[카레], '그녀'는 彼女[카노조]라고 합니다. 단순히 사람을 가리키는 대명사로도 쓰이지만 '남자친구'나 '여자친구', 혹은 '남편'이나 '아내'를 가리키는 말로도 쓰입니다.

先一階で
見ました。

◀ 一階

일본어의 한자 중에서도 一은 특히 다양한 발음을 가지고 있는 글자입니다. 一人[히토리](한사람), 一日[이치니치](하루), 一階[잇카이](일층) 등 경우에 따라 읽는 방법이 달라질 수 있어 주의해야 합니다.

# 04

## 2그룹 동사 기본 문형

**3-1** 나, 생선은 안 먹어.

 つむぎ
<sup>なに</sup>何 <sup>た</sup>食べる?

 そうた
<sup>わたし</sup>私、<sup>さかな</sup>魚 は <sup>た</sup>食べ ない。

<sup>さかな</sup>魚 <sup>いがい</sup>以外 なら <sup>なん</sup>何 でも いい。

 つむぎ
じゃあ、<sup>にく</sup>肉 は <sup>た</sup>食べる?

 そうた
うん。<sup>にく</sup>肉 は <sup>た</sup>食べる。

*つむぎ* : 뭐 먹을래?
*そうた* : 나, 생선은 안 먹어.
　　　생선만 아니면 다 좋아.
*つむぎ* : 그럼, 고기는 먹어?
*そうた* : 응, 고기는 먹어.

**なら**

なら[나라]는 '~라면'이라는 뜻의 조동사입니다. 어떠한 사실을 가정하거나, 조건을 제시할 때 사용합니다.

魚以外なら
何でもいい。

---

**퀴즈로 외우는 단어**

---

**あさごはん** 아사고항

1 늦잠을 자서 **あさごはん** 도 못 먹고 서둘러 나왔다.

2 **あさごはん** 으로 우유에 시리얼을 말아 먹었어요.

 あさごはん
아침 식사

**ゆうしょく** 유우쇼쿠

1 집에 와서 가족들과 **ゆうしょく** 를 먹었다.

2 퇴근하신 아버지와 함께 **ゆうしょく** 를 먹었다.

 ゆうしょく
저녁 식사

**ごはん** 고항

1 우리 나라는 **ごはん** 이 주식이다.

2 배가 너무 고파요. **ごはん** 좀 주세요.

 ごはん
밥

### 3-2　저, 생선은 안 먹어요.

何 食べ ますか？
なに　た

私、魚 は 食べ ません。
わたし　さかな　　た

魚 以外 なら 何 でも いい です。
さかな　いがい　　なん

じゃあ、肉 は 食べ ますか？
にく　　た

はい。肉 は 食べ ます。
にく　　た

つむぎ : 뭐 먹을래요?
そうた : 저, 생선은 안 먹어요.
　　　　 생선만 아니면 다 좋아요.
つむぎ : 그럼, 고기는 먹어요?
そうた : 네, 고기는 먹어요.

**식재료에 관련된 일본어**

魚[사카나] : 물고기
肉[니쿠] : 고기
豚肉[부타니쿠] : 돼지고기
牛肉[규우니쿠] : 소고기
野菜[야사이] : 채소
果物[쿠다모노] : 과일

---

**うみ** 우미

1 태평양, 대서양, 인도양은 **うみ** 입니다.

2 해수욕장은 **うみ** 의 해변에 있다.

**うみ**
바다

**かわ** 카와

1 우리 이 **かわ** 에서 수영해도 되나요?

2 아버지와 함께 흐르는 **かわ**에서 낚시를 즐겼다.

**かわ**
강

**ふかい** 후카이

1 **ふかい** 한 바닷속에는 우리가 모르는 동물이 많아.

2 그 호수는 **ふかい** 해서 발이 닿지 않으니까 위험해.

**ふかい**
깊은

**4-1** 난 초콜릿 싫어해.

私は
食べなかった。

ひまり
わたし
私 の パン が ない。

だれ　た
誰 が 食べた!

すずき
わたし　た
私 は 食べ なかった。

わたし　　　　　　　　　　きら
私 は チョコレート が 嫌い だ。

ひまり
チョコレート?

チョコレート

예전에 우리나라가 한글과 한자를 혼용
해서 사용했던 것처럼 일본은 히라가나,
가타카나, 한문을 혼용해서 사용합니다.
이 중 가타카나는 외래어나 의성어,
의태어를 표기할 때 주로 쓰입니다.

**ひまり** : 내 빵이 없어.
　　　　누가 먹었어!
**すずき** : 나는 안 먹었어.
　　　　난 초콜릿 싫어해.
**ひまり** : 초콜릿?

 퀴즈로 외우는 단어

**ぱん** 팡

1 바게트는 '프랑스'하면
떠오르는 대표적인 **ぱん** 이다.

2 밥 말고 **ぱん** 을 주식으로
먹는 나라들도 많아요.

**ぱん**
빵

**うそ** 우소

1 저 친구가 하는 말은
새빨간 **うそ** 니까 믿지 마.

2 피노키오는 **うそ** 를 하면
코가 길어진다.

**うそ**
거짓

**おく** 오쿠

1 여기에 열쇠 **おく** 하고
갈 테니 꼭 챙기렴.

2 숙제를 걷어서 선생님
책상에 **おく** 하렴.

**おく**
두다

## 4-2 전 초콜릿 싫어해요.

ひまり
わたし
私 の パン が あり ません。

だれ　た
誰 が 食べ ました!

すずき
わたし　た
私 は 食べ ません でした。

わたし　　　　　　　　　　きら
私 は チョコレート が 嫌い です。

ひまり
チョコレート?

ひまり : 내 빵이 없어요.
　　　　누가 먹었어요!
すずき : 나는 안 먹었어요.
　　　　난 초콜릿은 싫어해요.
ひまり : 초콜릿?

◀

### TIP

食べませんでした。
ませんでし[마센데시타] 대신 なかった
です[나캇타데스]를 붙여도 같은 표현이
됩니다. 단, ませんでした[마센데시타]
문형이 보다 격식을 차린 표현으로
윗사람이나 공식 자리에서 주로 사용
됩니다.

私は
食べませんでした。

---

### きけん 키켕

1 きけん 하니까 차가 다니는
도로에서 놀면 안 돼.

2 きけん 하니까 모르는 사람
따라가면 안 돼.

きけん
위험

### かくす 카쿠스

1 언니가 찾지 못하게
인형을 몰래 かくす 했다.

2 내가 かくす 해 놓은
보물상자를 찾아보세요.

かくす
숨기다

### いっぱい 입파이

1 너무 많이 먹어서 배가
완전히 いっぱい 했어!

2 상자 안에 과일이
いっぱい 해서 엄청 무거워!

いっぱい
가득 찬

# 히라가나 연습

 아래 일본어를 읽을 수 있게 연습한 후 히라가나로 쓰세요.

**1**
私、魚は 食べ ない。
나, 　　　물고기는 　　　먹지 　　　 않다.

わたし、さかなは たべ ない。

**2**
じゃあ、肉は 食べる?
그럼, 　　　　고기는 　　　　먹다?

**3**
もう 寝るの?
벌써 　　자는 거야?

**4**
朝 何 時に 起き ますか?
아침 　몇 　시에 　　일어나기 　　합니까?

**5**
九時 くらいに 起き ます。
9시 　　　정도에 　　　일어나기 　합니다.

**6**
さっき 一階で 見た。
아까 　　　1층에서 　　　봤다.

1 わたし、さかなは たべ ない。　　　와타시, 사카나와 타베 나이.

2 じゃあ、にくは たべる?　　　　　　쟈아, 니쿠와 타베루?

3 もう ねるの?　　　　　　　　　　　모오 네루노?

4 あさ なん じに おき ますか?　　　아사 난 지니 오키 마스카?

5 くじ くらいに おき ます。　　　　쿠지 쿠라이니 오키 마스.

6 さっき いっかいで みた。　　　　　삭키 익카이데 미타.

# MEMO

# 05

# 1그룹 동사
## 기본 문형

**全然知らなかった。**
전혀 알지 못했다.

Let's start

한눈에 배운다!

# 1그룹 동사로 끝나는 문장

마지막 글자가 바뀐다!

따라 말하기

✏️ **1등 암기표**
학습포인트

| 1 | 2 | 3 | 4 | 5 | 6 |
|---|---|---|---|---|---|
| 명사+だ | い형용사 | な형용사 | 2그룹 동사 기본 | 1그룹 동사 기본 | 2그룹 동사 응용 |

| 12 | 11 | 10 | 9 | 8 | 7 |
|---|---|---|---|---|---|
| 주의 표현 | 접속조사 て 응용 | 접속조사 て 기본 | 가능 | 수식 | 1그룹 동사 응용 |

자, 이번에는 1그룹 동사를 변형하는 방법을 배워보도록 하겠습니다.
1그룹 동사를 활용할 때는 마지막 글자를 떼지 않고 변형시킵니다.

존대표현들은 어미를 い이단으로 바꾸고 뒤에 ます마스를 붙입니다.

노 무
↓
노 미 + 마스
어간 어미

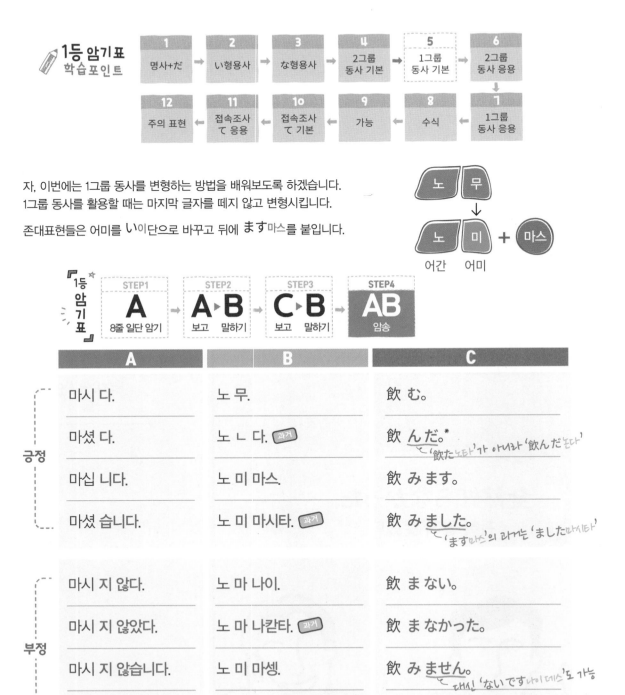

『1등 ☆ 암기표』

| STEP1 | STEP2 | STEP3 | STEP4 |
|---|---|---|---|
| **A** | **A▸B** | **C▸B** | **AB** |
| 8줄 일단 암기 | 보고 말하기 | 보고 말하기 | 암송 |

| | A | B | C |
|---|---|---|---|
| **긍정** | 마시 다. | 노 무. | 飲 む。 |
| | 마셨 다. | 노 ㄴ 다. 과거 | 飲 んだ。* '飲た노타'가 아니라 '飲んだ논다' |
| | 마십 니다. | 노 미 마스. | 飲 みます。 |
| | 마셨 습니다. | 노 미 마시타. 과거 | 飲 みました。 'ます마스'의 과거는 'ました마시타' |
| **부정** | 마시 지 않다. | 노 마 나이. | 飲 まない。 |
| | 마시 지 않았다. | 노 마 나칻타. 과거 | 飲 まなかった。 |
| | 마시 지 않습니다. | 노 미 마셍. | 飲 みません。 대신 'ないです나이데스'도 가능 |
| | 마시 지 않았습니다. | 노 미 마셴 데시타. 과거 | 飲 みません でした。 |

* 飲んだ : 이것을 '음편현상'이라 부르는데, 다음 단원에서 배울 예정입니다.

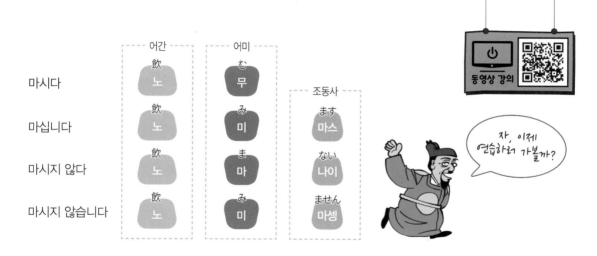

|  | 어간 | 어미 | 조동사 |
|---|---|---|---|
| 마시다 | 飲 노 | 飲 무 무 | |
| 마십니다 | 飲 노 | み 미 | ます 마스 |
| 마시지 않다 | 飲 노 | ま 마 | ない 나이 |
| 마시지 않습니다 | 飲 노 | み 미 | ません 마셍 |

자, 이제 연습하러 가볼까?

 **이 일본어 단어들은 대표적인 1그룹 동사입니다.**
**일상에서 흔히 사용하는 쉽고 간단한 기초 동사들입니다. 이 장에서 외우는 것이 좋습니다.**

| 가다 | 걷다 | 달리다 | 듣다 | 기다리다 |
|---|---|---|---|---|
| い 行く 이 쿠 | ある 歩く 아루 쿠 | はし 走る 하시 루 | き 聞く 키 쿠 | ま 待つ 마 츠 |

| 바라다 | 사다 | 팔다 | 알다 | 날다 |
|---|---|---|---|---|
| のぞ 望む 노조 무 | か 買う 카우 | う 売る 우루 | し 知る 시루 | と 飛ぶ 토부 |

| 돌아가다 | 들어오다, 들어가다 | 수영하다 | 마시다 | 만나다 |
|---|---|---|---|---|
| かえ 帰る 카에 루 | はい 入る 하이 루 | およ 泳ぐ 오요 구 | の 飲む 노 무 | あ 会う 아 우 |

| 말하다 | 이야기하다 | 노래하다 | 깨뜨리다 | 웃다 |
|---|---|---|---|---|
| い 言う 이우 | はな 話す 하나 스 | うた 歌う 우타 우 | こわ 壊す 코와 스 | わら 笑う 와라 우 |

ミッション
쓰면서 큰 소리로 읽어보기!

각 문제의 일본어는 1그룹 동사의 기본형입니다. 동사들을 활용해서 빈칸에 한글 발음을 적어 보세요.
1그룹 동사는 응용 방법에 따라 마지막 글자가 변합니다.

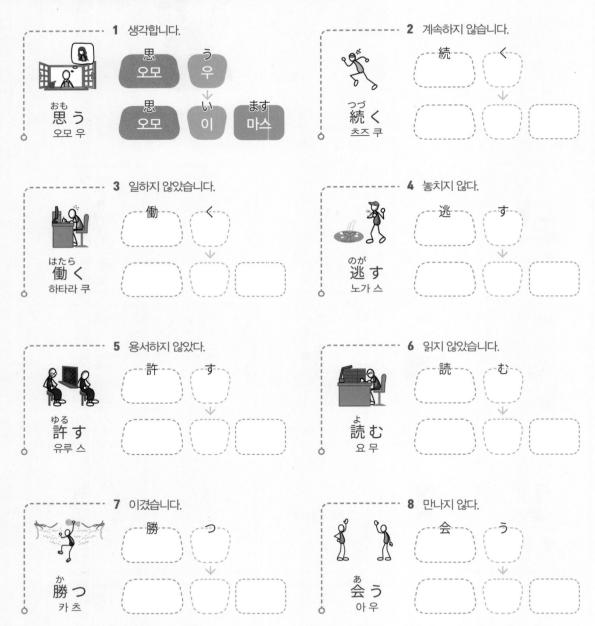

**1** 생각합니다.

思う
오모 우

思 오모 | う 우
思 오모 | い 이 → | ます 마스

**2** 계속하지 않습니다.

続く
츠즈 쿠

続 | く

**3** 일하지 않았습니다.

働く
하타라 쿠

働 | く

**4** 놓치지 않다.

逃す
노가 스

逃 | す

**5** 용서하지 않았다.

許す
유루 스

許 | す

**6** 읽지 않았습니다.

読む
요 무

読 | む

**7** 이겼습니다.

勝つ
카 츠

勝 | つ

**8** 만나지 않다.

会う
아 우

会 | う

정답입니다!

1 오모 이 마스. 2 츠즈 키 마셍. 3 하타라 키 마센데시타. 4 노가 사 나이.
5 유루 사 나캇타. 6 요 미 마센데시타. 7 카 치 마시타. 8 아 와 나이.

172

ミッション
쓰면서
큰 소리로
읽어보기!

# 行く <sub></sub> 이쿠 | 가다

| 가 다. | 行く。 | |
| 갔 다. 과거 | 行った。 | |
| 갑 니다. | 行きます。 | |
| 갔 습니다. 과거 | 行きました。 | |

| 가 지 않다. | 行かない。 | |
| 가 지 않았다. 과거 | 行かなかった。 | |
| 가 지 않습니다. | 行きません。 | |
| 가 지 않았습니다. 과거 | 行きませんでした。 | |

# 書く

| 쓰 다. | 書く。 | |
| 썼 다. 과거 | 書いた。 | |
| 씁 니다. | 書きます。 | |
| 썼 습니다. 과거 | 書きました。 | |

| 쓰 지 않다. | 書かない。 | |
| 쓰 지 않았다. 과거 | 書かなかった。 | |
| 쓰 지 않습니다. | 書きません。 | |
| 쓰 지 않았습니다. 과거 | 書きませんでした。 | |

## Practice
# 1그룹 동사로 끝나는 문장

 표에 있는 단어는 모두 명사입니다. 이 명사들을 1그룹 동사와 조합하여 문장을 만들어 보세요.
1그룹 동사는 활용하는 문형에 따라 마지막 글자가 변합니다.

| 공원 | 광장 | 길 | 옷 | 음악 | 친구 |
|---|---|---|---|---|---|
| こう えん<br>公園<br>코오 엥 | ひろ ば<br>広場<br>히로 바 | みち<br>道<br>미치 | ふく<br>服<br>후쿠 | おん がく<br>音楽<br>옹 가쿠 | とも だち<br>友達<br>토모 다치 |

**1** 공원에서 걷습니다.
公園で 歩きます。
こうえんで あるきます。

**2** 우리는 광장에 갑니다.
私たちは 広場に 行きます。
わたしたちは ひろばに いきます。

**3** 옷을 사지 않았습니다.
服を 買い ませんでした。
ふくを かい ませんでした。

**4** 길에서 옷을 팔지 않습니다.
道で 服を 売り ません。
みちで ふくを うり ません。

**5** 친구가 웃습니다.
友達が 笑います。
ともだちが わらいます。

**6** 음악을 들었습니다.
音楽を 聞きました。
おんがくを ききました。

**7** 음악은 듣지 않습니다.
音楽は 聞き ません。
おんがくは きき ません。

**8** 친구를 기다리다.
友達を 待つ。
ともだちを まつ。

**9** 나는 광장에서 기다리지 않았습니다.
私は 広場で 待ち ませんでした。
わたしは ひろばで まち ませんでした。

**10** 나는 길에서 기다렸습니다.
私は 道で 待ちました。
わたしは みちで まちました。

**11** 친구와 공원에 갑니다.
友達と 公園に 行きます。
ともだちと こうえんに いきます。

**12** 우리는 광장을 걸었습니다.
私たちは 広場を 歩きました。
わたしたちは ひろばを あるきました。

ミッション
23 12개의 문장을
23초 안에
말하기!

동영상 강의

무조건 '타'로 끝나는 것이 동사 과거형의 특징입니다.

현재형  타베 食べ / 루 る

과거형  타베 食べ / 타 た    * 2그룹 동사 예시

하지만 1그룹 동사의 과거형을 만드는 것은 조금 더 복잡합니다.
이것은 음편현상 때문입니다.

현재형  아 会 / 우 う

과거형  아 会 / つ ㄷ / 타 た    * 1그룹 동사 예시

## 음편현상이란?

1 음편현상은 발음을 간단하게 하기 위해 일어납니다.

2 음편현상은 오직 1그룹 동사에서만 일어납니다. 2그룹 동사를 활용할 때는 마지막 글자를 제거한다는 점이 1그룹 동사의 활용과 다르기 때문입니다.

3 음편현상은 1그룹 동사 뒤에 다음 표현을 붙여줄 때 일어납니다.

- た        타        과거형 (～했다)
- て/で     테/데     조사 (～하고) *중요
- たら      타라      조사 (～하면)
- たり      타리      조사 (～하거나)

4 음편현상으로 인해 발음이 어떻게 바뀔지는 1그룹 동사의 마지막 글자에 의해 결정됩니다.

음편현상은 오직 1그룹 동사에서만!

한눈에 배운다!
**음편현상**
발음을 편하게

음편현상은 1그룹 동사의 마지막 글자가 결정합니다.

현재형 ⟶ 과거형

↳ 마지막 글자에 따라   ↳ 음편의 형태가 결정된다

**5가지 음편현상**

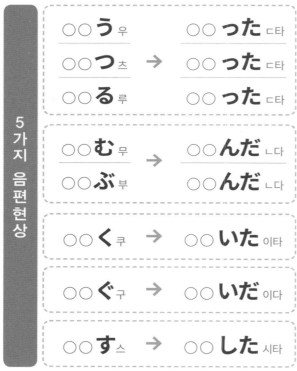

\* **す**ㅅ가 **した**시타로 변하는 것은
사실 음편현상이 아니라 정상적인 어미 변화입니다.
하지만 어차피 음편현상과 함께 외워야 합니다.

**TIP**

≪ 읽어보세요   **음편현상 활용 예**

| 현재형 | | 과거형 |
|---|---|---|
| **買う** 카우 사다 | → | **買った** 칸타 샀다 |
| **打つ** 우츠 때리다 | → | **打った** 욷타 때렸다 |
| **座る** 스와루 앉다 | → | **座った** 스왇타 앉았다 |
| **飲む** 노무 마시다 | → | **飲んだ** 논다 마셨다 |
| **遊ぶ** 아소부 놀다 | → | **遊んだ** 아손다 놀았다 |

\* ぬ로 끝나는 동사도 역시 **んだ**ㄴ다라고
합니다. 하지만, ぬ로 끝나는 동사는 **死ぬ**
시누ㅣ죽다 라는 단어 하나밖에 없습니다.
'죽었다'는 **死んだ**ㅣㄴ다 라고 합니다.

| **聞く** 키쿠 듣다 | → | **聞いた** 키이타 들었다 |
|---|---|---|
| **泳ぐ** 오요구 수영하다 | → | **泳いだ** 오요이다 수영했다 |
| **探す** 사가스 찾다 | → | **探した** 사가시타 찾았다 |

주어진 일본어는 1그룹 동사의 기본형입니다. 이 동사들을 과거형으로 만들어서, 한글 발음을 빈칸에
적어 보세요. 1그룹 동사는 과거형으로 변할 때, 마지막 글자에 따라 음편현상이 일어납니다.

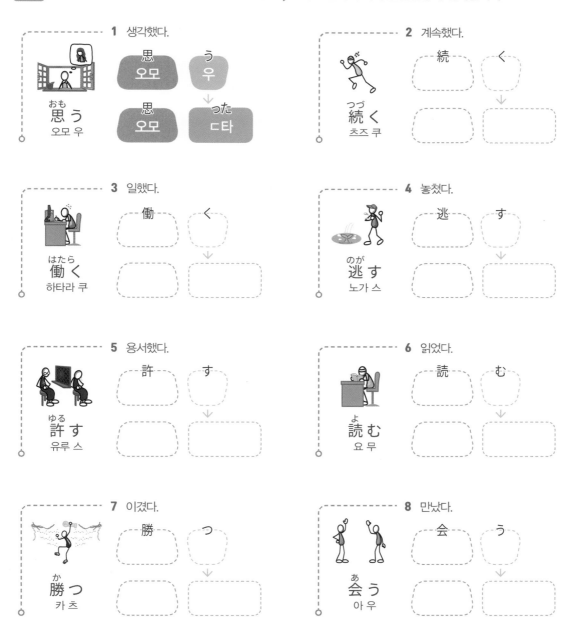

**1** 생각했다.

思う
오모 우

思 う
오모 → 우

思 った
오모 → ㄷ타

**2** 계속했다.

続く
츠즈 쿠

続 ／ く

**3** 일했다.

働く
하타라 쿠

働 ／ く

**4** 놓쳤다.

逃す
노가 스

逃 ／ す

**5** 용서했다.

許す
유루 스

許 ／ す

**6** 읽었다.

読む
요 무

読 ／ む

**7** 이겼다.

勝つ
카 츠

勝 ／ つ

**8** 만났다.

会う
아 우

会 ／ う

정답입니다! 1 오모 ㄷ타. 2 츠즈 이타. 3 하타라 이타. 4 노가 시타.
5 유루 시타. 6 요 ㄴ다. 7 카 ㄷ타. 8 아 ㄷ타.

ミッション
12개의 문장을
24초 안에
말하기!

## Practice
# 문장 속의 음편현상

표에 있는 단어는 명사입니다. 이 명사와 1그룹 동사를 조합해 음편현상이 일어나는 문장을 만들어 보세요.
음편현상은 과거형뿐만 아니라, '~하고'나 '~해서'라는 표현에서도 일어납니다.

| 벤치 | 강 | 바다 | 산 | 아메리카노 | 카페라테 |
|---|---|---|---|---|---|
| ベンチ<br>벤치 | かわ<br>川<br>카와 | うみ<br>海<br>우미 | やま<br>山<br>야마 | アメリカーノ<br>아메리카-노 | カフェラテ<br>카훼라테 |

**1** 아메리카노를 샀다.
アメリカーノを 買った。

アメリカーノを かった。

**2** 벤치에 앉았다.
ベンチに 座った。

ベンチに すわった。

**3** 산에서 놀았다.
山で 遊んだ。

やまで あそんだ。

**4** 바다에서 수영했다.
海で 泳いだ。

うみで およいだ。

**5** 카페라테를 사고
カフェラテを 買って

カフェラテを かって

**6** 질문을 듣고
質問を 聞いて
しつもん:질문

しつもんを きいて

**7** 강을 수영해서
川を 泳いで

かわを およいで

**8** 산을 올라서
山を 登って
登る:のぼる:높은 곳으로 올라가다

やまを のぼって

**9** 벤치에 앉아서 놀았다.
ベンチに 座って 遊んだ。

ベンチに すわって あそんだ。

**10** 강을 수영해서 왔다.
川を 泳いで きた。
왔다.(くる의 과거형)

かわを およいで きた。

**11** 강에서 수영하고 산을 올랐다.
川で 泳いで 山を 登った。

かわで およいで やまを のぼった。

**12** 아메리카노를 사서 벤치에 앉았다.
アメリカーノを 買って ベンチに
座った。　　アメリカーノを かって
　　　　　　ベンチに すわった。

178

| 1그룹 동사 | 2그룹 동사 | 3그룹 동사 | |
|---|---|---|---|
| **書く**<br>카쿠<br>쓰다 | **食べる**<br>타베루<br>먹다 | **する**<br>스루<br>하다 | **くる**<br>쿠루<br>오다 |
| **書かない**<br>카카나이<br>쓰지 않다 | **食べない**<br>타베나이<br>먹지 않다 | **しない**<br>시나이<br>하지 않다 | **こない**<br>코나이<br>오지 않다 |
| **書きます**<br>카키마스<br>씁니다 | **食べます**<br>타베마스<br>먹습니다 | **します**<br>시마스<br>합니다 | **きます**<br>키마스<br>옵니다 |
| **書きません**<br>카키마셍<br>쓰지 않습니다 | **食べません**<br>타베마셍<br>먹지 않습니다 | **しません**<br>시마셍<br>하지 않습니다 | **きません**<br>키마셍<br>오지 않습니다 |
| **書いた**<br>카이타<br>썼다 | **食べた**<br>타베타<br>먹었다 | **した**<br>시타<br>했다 | **きた**<br>키타<br>왔다 |
| **書かなかった**<br>카카나칸타<br>쓰지 않았다 | **食べなかった**<br>타베나칸타<br>먹지 않았다 | **しなかった**<br>시나칸타<br>하지 않았다 | **こなかった**<br>코나칸타<br>오지 않았다 |
| **書きました**<br>카키마시타<br>썼습니다 | **食べました**<br>타베마시타<br>먹었습니다 | **しました**<br>시마시타<br>했습니다 | **きました**<br>키마시타<br>왔습니다 |
| **書きませんでした**<br>카키마센데시타<br>쓰지 않았습니다 | **食べませんでした**<br>타베마센데시타<br>먹지 않았습니다 | **しませんでした**<br>시마센데시타<br>하지 않았습니다 | **きませんでした**<br>키마센데시타<br>오지 않았습니다 |

일본어 동사가 어떻게 변화하는지, 어떤 형태를 갖추고 있는지에 따라 1그룹 동사, 2그룹 동사로 구분할 수 있습니다.
3그룹 동사는 する스루 '하다'와 くる쿠루 '오다'뿐이죠.
3그룹 동사는 이렇게 2개뿐이고, 둘 다 불규칙하게 변화합니다.

**1-1** 좀 안 쉴래?

**すずき**

もう こんな 時間<sup>じかん</sup> だ。

ちょっと 休<sup>やす</sup>ま ない? ◀

**ゆい**

休<sup>やす</sup>む 時間<sup>じかん</sup> は ない。

私<sup>わたし</sup> は 早<sup>はや</sup>く 帰<sup>かえ</sup>り たい!

**すずき** : 벌써 이런 시간이다.
　　　　좀 안 쉴래?
**ゆい** : 쉴 시간 없어.
　　　난 빨리 집에 가고 싶어!

**休まない**
맨 마지막 글자가 む[무]로 끝나는
休む[야스무]는 부정형으로 만들 때는
む[무]를 ま[마]로 바꿔주어야 합니다.

私は早く帰りたい!

**1-2** 좀 안 쉴래요?

**すずき**

もう こんな 時間<sup>じかん</sup> です。

ちょっと 休<sup>やす</sup>み ませんか?

**ゆい**

休<sup>やす</sup>む 時間<sup>じかん</sup> は あり ません。

私<sup>わたし</sup> は 早<sup>はや</sup>く 帰<sup>かえ</sup>り たい です! ◀

**すずき** : 벌써 이런 시간이에요.
　　　　좀 안 쉴래요?
**ゆい** : 쉴 시간 없어요.
　　　난 빨리 집에 가고 싶어요!

**帰りたいです。**
たい[타이]는 '～하고 싶다'라는 뜻으로
희망을 나타내는 표현입니다. 동사의
ます[마스] 형태에서 ます[마스] 대신
붙여서 만들 수 있습니다.

## 2-1 나도 안 했어!

 あかり
しゅくだい
宿題 やった?

 ハナ
しゅくだい
宿題? 宿題 が あった?

ぜんぜん し
全然 知ら なかった。

 あかり
だいじょうぶ わたし
大丈夫。 私 も やって いない!

あかり : 숙제했어?
ハナ : 숙제? 숙제가 있었어?
전혀 몰랐어.
あかり : 괜찮아. 나도 안 했어!

## 2-2 저도 안 했어요!

 あかり
しゅくだい
宿題 やり ましたか?

 ハナ
しゅくだい
宿題? 宿題 が あり ましたか?

ぜんぜん し
全然 知り ません でした。

 あかり
だいじょうぶ わたし
大丈夫 です。 私 も やって いません!

あかり : 숙제했어요?
ハナ : 숙제? 숙제가 있었어요?
전혀 몰랐어요.
あかり : 괜찮아요. 나도 안 했어요!

TIP

大丈夫。
私もやっていない!

### やっていない

동사의 て[테]형에 いる[이루]라는 동사가 붙으면 진행을 뜻하는 표현이 됩니다. 즉, やって いない는 엄밀히 말해 '하고 있지 않아!'라는 뜻이 되는 것이지요. 이렇게 동사에 다른 표현을 연결하기 위해서는 て[테]형이라는 연결형을 만드는 것이 필요합니다. 이 내용은 뒤에서 좀 더 자세하게 다룰 예정입니다.

### 知りませんでした。

알다'라는 단어인 知る[시루]가 기본형인 표현입니다. 知る[시루]의 존대 표현인 知ります[시리마스]에서 부정형 知りません[시리마센]이 되고, 여기에 시제를 나타내는 でした[데시타]가 붙은 것이지요.

### 3-1  약 먹었어?

 ハナ 鈴木 さん、薬 は 飲んだ?

 すずき 飲んだ。

 ハナ じゃ、これ は 何 だ?

 すずき それ は 昨日 の 薬。

昨日 は 飲ま なかった。

ハナ : 스즈키 씨, 약 먹었어?
すずき : 먹었어.
ハナ : 그럼, 이건 뭐야?
すずき : 그건 어제 약.
　　　　어제는 안 먹었어.

 TIP

薬を飲む
飲む(노무)라는 단어는 '마시다'라는 뜻입니다. 일본에서는 약을 '먹는다'라고 하지 않고 '마신다'라는 표현을 사용합니다.

 昨日は飲まなかった。

---

 퀴즈로 외우는 단어

| くすり 쿠스리 | やっきょく 약쿄쿠 | びょういん 뵤오잉 |
|---|---|---|
| 1 배탈이 나서 **くすり** 를 먹었어. | 1 약을 사러 **やっきょく** 에 갔어요. | 1 아프면 **びょういん** 에 가야 합니다. |
| 2 감기 **くすり** 를 먹으니까 열이 내려갔다. | 2 감기약을 사야 하는데 **やっきょく** 가 어디에 있나요? | 2 **びょういん** 에 가서 의사 선생님을 만났다. |

 くすり 약

 やっきょく 약국

 びょういん 병원

## 3-2 약 먹었어요?

 ハナ
すずき
鈴木 さん、薬 は 飲み ましたか?

 すずき
の
飲み ました。

 ハナ
なん
じゃ、これ は 何 ですか?

 すずき
きのう　　くすり
それ は 昨日 の 薬 です。

きのう　　　の
昨日 は 飲み ません でした。

ハナ : 스즈키 씨, 약 먹었어요?
すずき : 먹었어요.
ハナ : 그럼, 이건 뭐예요?
すずき : 그건 어제 약이에요.
　　　　 어제는 안 먹었어요.

**TIP**

**じゃ**

じゃ[자]는 '그럼'이라는 뜻도 있습니다.
그래서 회화 중에서는 작별 인사를
대신하는 경우도 있습니다. 또한 앞서
언급했던 것처럼 では[데와]와 같은 의미
이기 때문에, じゃ[자] 대신 では[데와]를
사용할 수도 있습니다.

---

**いしゃ** 이샤

1 **いしゃ** 선생님이 청진기를
대고 진찰을 보기 시작했다.

2 병을 고치는 사람을
**いしゃ** 라고 한다.

**ちりょう** 치료오

1 이 병을 **ちりょう** 하려면
희귀한 약초가 필요해요.

2 감기를 **ちりょう** 하기
위해 병원에 갔다.

**いたい** 이타이

1 넘어지는 바람에 무릎에
상처가 나서 **いたい** 해.

2 자꾸 꼬집지 마!
**いたい** 하단 말야!

 **いしゃ**
의사

 **ちりょう**
치료

 **いたい**
아픈

따라 말하기

**4-1** 유이는 신문 같은 거 읽어?

 ゆい ちゃん は 新聞<sub>しんぶん</sub> とか 読<sub>よ</sub>む?

 あまり 読<sub>よ</sub>ま ない。

 桜井<sub>さくらい</sub> 君<sub>くん</sub> は?

 俺<sub>おれ</sub> は 毎日<sub>まいにち</sub> 読<sub>よ</sub>んで いる。

> ハナ : 유이는 신문 같은 거 읽어?
> ゆい : 아니, 별로 안 읽어.
> ハナ : 사쿠라이는?
> さくらい : 나는 매일 읽고 있어.

**TIP**

**ちゃん、君**
ちゃん[찬]이나 君[쿤]은 상대의 이름 뒤에 붙여서 사용하는 호칭으로, 비교적 가까운 사이에서 사용합니다. 처음 만나는 사람에게는 さん[산]을 붙이는 것이 무난합니다.

**4-2** 유이는 신문 같은 거 읽어요?

 ゆい ちゃん は 新聞<sub>しんぶん</sub> とか 読<sub>よ</sub>み ますか?

 あまり 読<sub>よ</sub>み ません。

 桜井<sub>さくらい</sub> 君<sub>くん</sub> は?

 僕<sub>ぼく</sub> は 毎日<sub>まいにち</sub> 読<sub>よ</sub>んで います。

> ハナ : 유이 씨는 신문 같은 거 읽어요?
> ゆい : 그다지 읽지 않아요.
> ハナ : 사쿠라이 씨는?
> さくらい : 저는 매일 읽고 있어요.

俺は
毎日読んでいる。

**俺、僕**
俺[오레]와 僕[보쿠]는 둘 다 '나'를 지칭하는 인칭대명사입니다. 남자가 주로 사용하며 여자는 私[와타시]를 사용하는 것이 일반적입니다. 하지만 공적인 자리에서는 남녀 모두 私[와타시]를 쓰는 것이 좋습니다.

# 히라가나 연습

 아래 일본어를 읽을 수 있게 연습한 후 히라가나로 쓰세요.

**1** 休む 時間は ありません。
쉬다　　시간은　　　　없습니다.
やすむ じかんは ありません。

**2** 私は 早く 帰り たい です!
나는　　빨리　돌아가기　~하고 싶다　입니다!

**3** 全然 知ら なかった。
전혀　　알지　　않았다.

**4** 大丈夫。私も やって いない!
괜찮음.　　나도　　하고　　있지 않다!

**5** 薬は 飲んだ?
약은　　마셨다?

**6** ゆいちゃんは 新聞 とか 読み ますか?
유이 쨩은　　　신문　던가　읽기　합니까?

# 06

## 2그룹 동사
### 응용 문형

覚えましょう。
기억합시다.

## 한눈에 배운다!
## 명령과 권유 – 2그룹 동사

る루 를 버리자!

일본어의 동사는 3개 그룹으로 나뉘고,
그에 따른 어미 변화로 문형을 구분한다는 사실을 배웠습니다.
앞에서 배운 2그룹 동사의 기본 문형을 잠시 복습해 보겠습니다.

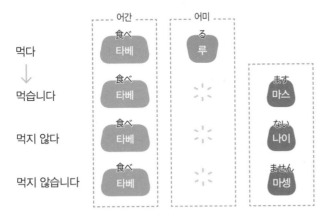

먹다 → 먹습니다 / 먹지 않다 / 먹지 않습니다

食べ 타베 / る 루 / ます 마스 / ない 나이 / ません 마셍

이번 단원에서 배울 표현 역시 동사를 변형하여 만드는 것입니다.
이번에도 る루를 떼고 어미를 바꿔서 다른 표현으로 만들어 주면 됩니다.

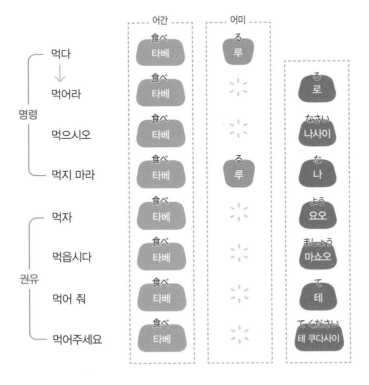

명령
- 먹다 → 먹어라
- 먹으시오
- 먹지 마라

권유
- 먹자
- 먹읍시다
- 먹어 줘
- 먹어주세요

食べ 타베 / る 루 / ろ 로 / なさい 나사이 / な 나 / よう 요오 / ましょう 마쇼오 / て 테 / てください 테 쿠다사이

따라 말하기

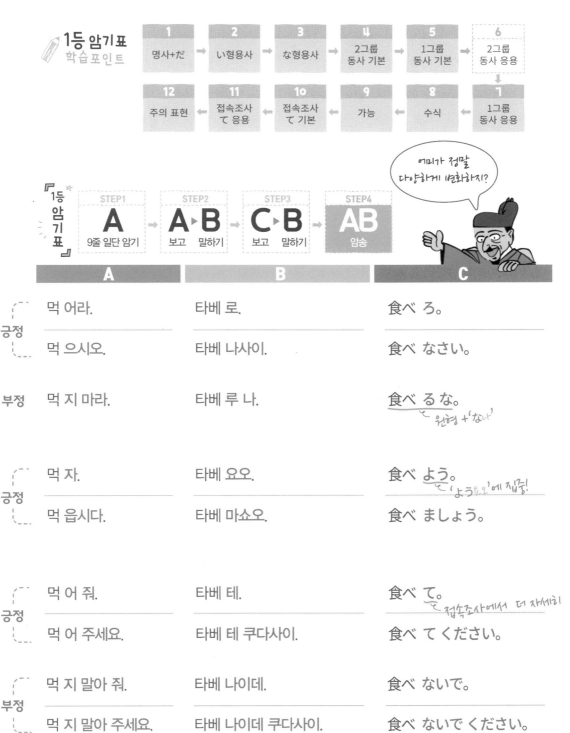

| | 1 | 2 | 3 | 4 | 5 | 6 |
|---|---|---|---|---|---|---|
| 1등 암기표 학습포인트 | 명사+だ | い형용사 | な형용사 | 2그룹 동사 기본 | 1그룹 동사 기본 | 2그룹 동사 응용 |

| | 12 | 11 | 10 | 9 | 8 | 7 |
|---|---|---|---|---|---|---|
| | 주의 표현 | 접속조사 て 응용 | 접속조사 て 기본 | 가능 | 수식 | 1그룹 동사 응용 |

어미가 정말 다양하게 변화하지?

『1등 암기표』

| STEP1 | STEP2 | STEP3 | STEP4 |
|---|---|---|---|
| **A** 9줄 일단 암기 | **A▶B** 보고 말하기 | **C▶B** 보고 말하기 | **AB** 암송 |

| A | B | C |
|---|---|---|
| 먹 어라. | 타베 로. | 食べ ろ。 |
| 먹 으시오. | 타베 나사이. | 食べ なさい。 |
| 먹 지 마라. | 타베 루 나. | 食べ るな。 ← 원형 + '나나' |
| 먹 자. | 타베 요오. | 食べ よう。 ← 'よう요오'에 집중! |
| 먹 읍시다. | 타베 마쇼오. | 食べ ましょう。 |
| 먹 어 줘. | 타베 테. | 食べ て。 ← 접속조사에서 더 자세히 |
| 먹 어 주세요. | 타베 테 쿠다사이. | 食べ て ください。 |
| 먹 지 말아 줘. | 타베 나이데. | 食べ ないで。 |
| 먹 지 말아 주세요. | 타베 나이데 쿠다사이. | 食べ ないで ください。 |

긍정 / 부정 / 긍정 / 긍정 / 부정

 표에 있는 **2그룹 동사들은 모두 기본형입니다. 이 동사들을 명령형과 권유형으로 활용해 보세요.**
**2그룹 동사의 명령형과 권유형을 만들 때는, 부정 명령형에 주의해야 합니다.**

| 기억하다 | 바꾸다 | 빌리다 | 나가다 | 입다 | 돕다 |
|---|---|---|---|---|---|
| おぼ<br>**覚える**<br>오보 에루 | か<br>**変える**<br>카 에루 | か<br>**借りる**<br>카 리루 | で<br>**出る**<br>데 루 | き<br>**着る**<br>키 루 | たす<br>**助ける**<br>타스 케루 |

**1** 기억하자.
覚えよう。
おぼえよう。

**2** 기억합시다.
覚えましょう。
おぼえましょう。

**3** 기억하세요.
覚えなさい。
おぼえなさい。

**4** 기억해라.
覚えろ。
おぼえろ。

**5** 기억하지 마라.
覚える な。
おぼえる な。

**6** 기억해 주세요.
覚えて ください。
おぼえて ください。

**7** 기억하지 말아 주세요.
覚え ないで ください。
おぼえ ないで ください。

**8** 바꾸자.
変えよう。
かえよう。

**9** 바꿉시다.
変えましょう。
かえましょう。

**10** 바꾸세요.
変えなさい。
かえなさい。

**11** 바꿔라.
変えろ。
かえろ。

**12** 바꾸지 마라.
変える な。
かえる な。

**13** 바꿔 주세요.
変えて ください。
かえて ください。

**14** 바꾸지 말아 주세요.
変え ないで ください。
かえ ないで ください。

**Practice**
## 명령과 권유

ミッション
12개의 문장을
19초 안에
말하기!

 표에 있는 명사와 부사를 2그룹 동사와 조합해서 활용해 보세요.
활용할 때는 부정 명령형에 주의하세요.

| 제복 | 입구 | 출구 | 종업원 | 혼자서 | 같이 |
|---|---|---|---|---|---|
| せい ふく<br>制 服<br>세에 후쿠 | いり ぐち<br>入 口<br>이리 구치 | で ぐち<br>出 口<br>데 구치 | てん いん<br>店 員<br>텡 잉 | ひとり<br>一人で<br>히토리 데 | いっしょ<br>一緒に<br>잇 쇼 니 |

**1** 종업원을 도와주세요.
店員を 助けて ください。
てんいんを たすけて ください。

**2** 제복을 빌리지 마라.
制服を 借りる な。
せいふくを かりる な。

**3** 같이 입으세요.
一緒に 着なさい。
いっしょに きなさい。

**4** 혼자 입지 말아 주세요.
一人で 着 ないて ください。
ひとりでき ないて ください。

**5** 입구로 나가지 마라.
入口で 出る な。
いりぐちで でる な。

**6** 출구로 나가세요.
出口で 出なさい。
でぐちで でなさい。

**7** 같이 도웁시다.
一緒に 助けましょう。
いっしょに たすけましょう。

**8** 제복을 입어라.
制服を 着ろ。
せいふくを きろ。

**9** 혼자 도와라.
一人で 助けろ。
ひとりで たすけろ。

**10** 종업원은 나가지 말아 주세요.
店員は 出 ないて ください。
てんいんは で ないて ください。

**11** 제복은 입지 마라.
制服は 着る な。
せいふくは きる な。

**12** 같이 나가자.
一緒に 出よう。
いっしょに でよう。

Chapter06 2그룹 동사 기본 문형　**191**

동사를 명사처럼 개조할 수 있습니다. 우리말로 예를 들자면, 가다라는 동사를 개조해 가기라는 명사로 만드는 것이죠. 이렇게 동사를 명사형으로 개조하는 방법을 배워보겠습니다. 동사들은 어떤 그룹에 속해 있느냐에 따라 각기 다른 개조 방법을 가지고 있습니다.

 **2그룹 동사** 마지막 글자 る루만 뺀다.

食べる 타베루 ～ 食べ 타베

 **1그룹 동사** 마지막 글자를 い이단으로 만든다.

作る 츠쿠루 ～ 作り 츠쿠리

 **3그룹 동사** 3그룹 동사는 다음과 같이 변화합니다.

する스루 → し시
くる쿠루 → き키

동사의 꼬리를 바꾸면 다양한 문형으로 변하는 일본어

 위에서 배운 내용을 통해 다음의 동사를 명사형으로 바꿔 보세요.

**1** 기억하다 → 기억
覚える
오보에루

**2** 생각하다 → 생각
考える
캉가에루

**3** 지다 → 지기
負ける
마케루

**4** 외치다 → 외치기
叫ぶ
사케부

**5** 수영하다 → 수영
泳ぐ
오요구

**6** 이기다 → 이기기
勝つ
카츠

## and

그리고 저도 갑니다.

**そして 私も 行きます。**

소시테 와타시모 이키마스.

# そして

## so

그래서 제가 갑니다.

**だから 私が 行きます。**

다카라 와타시가 이키마스.

# だから

앞서 언급한 일에 대한 생각을 말할 때 사용.

## but

그러나 저는 갑니다.

**でも 私は 行きます。**

데모 와타시와 이키마스.

# でも

구어체에서 사용.

그래서 제가 갑니다.

**それで 私が 行きます。**

소레데 와타시가 이키마스.

# それで

앞서 언급한 일에 대한 결과를 말할 때 사용.

그러나 저는 갑니다.

**しかし 私は 行きます。**

시카시 와타시와 이키마스.

# しかし

문어체에서 사용.

## if

만약 제가 간다면,

**もし 私が 行くなら、**

모시 와타시가 이쿠나라,

# もし

그러나 저는 갑니다.

**けれども 私は 行きます。**

케레도모 와타시와 이키마스.

# けれども

공손한 말씨.

## if so

그렇다면 제가 갑니다.

**それでは 私が 行きます。**

소레데와 와타시가 이키마스.

# それでは

윗사람과의 대화에서 쓰이는 공손한 말씨.

## if not

아니면 제가 갑니까?

**それとも 私が 行きますか?**

소레토모 와타시가 이키마스카?

# それとも

선택을 종용하는 의문문에서 사용.

그렇다면 제가 갑니다.

**それなら 私が 行きます。**

소레나라 와타시가 이키마스.

# それなら

편한 사이에서 쓰는 스스럼없는 말씨.

## moreover

게다가 저도 갑니다.

**それに 私も 行きます。**

소레니 와타시모 이키마스.

# それに

### 1-1 오늘은 내가 살게.

 あかり
何 食べようか?

 ハナ
おごって くれるの?

 あかり
うん、今日 は 私 が おごる。

 ハナ
じゃあ、高い もの を 食べよう。

あかり : 뭐 먹을까?
ハナ : 사주는 거야?
あかり : 응. 오늘은 내가 살게.
ハナ : 그럼, 비싼 거 먹자.

### 1-2 오늘은 제가 살게요.

 あかり
何 食べ ましょうか?

 ハナ
おごって くれる の ですか?

 あかり
はい、今日 は 私 が おごり ます。

 ハナ
じゃあ、高い もの を 食べ ましょう。

あかり : 뭐 먹을까요?
ハナ : 사주는 거예요?
あかり : 응. 오늘은 내가 살게요.
ハナ : 그럼, 비싼 거 먹어요.

**おごってくれる**

おごる[오고루]는 '한턱내다'라는 뜻의 표현입니다. '내가 살게'라는 표현은 私がおごる[와타시가오고루]라고 할 수 있지요.

今日は私がおごる。

高いものを食べよう。

**高い**

高い[타카이]는 '높다'라는 뜻 외에 '비싸다'라는 의미가 있습니다. 그래서 물건을 두고 高い[타카이]라고 하면 주로 가격이 비싸다는 의미가 됩니다.

## 2-1 에어컨을 켤까?

 そうた

おはよう。ちょっと 暑<sub>あつ</sub>いね。

エアコン を つけようか?

 さくらい

つける な。

窓<sub>まど</sub> を 開<sub>あ</sub>ければ いい。

> そうた : 안녕. 좀 덥네.
>           에어컨을 켤까?
> さくらい : 켜지 마.
>           창문을 열면 돼.

窓を
開ければいい。

**窓を開ければ**

동사의 가정형을 만드는 방법 중
う[우]단을 え[에]단으로 바꾸고 ば[바]를
붙여서 만드는 법이 있습니다. 이때
2그룹 동사는 모두 る[루]로 끝나기 때문에
る[루] 대신 れば[레바]를 붙이게 됩니다.

## 2-2 에어컨을 켤까요?

 そうた

おはようございます。ちょっと 暑<sub>あつ</sub>い ですね。

エアコン を つけ ましょうか?

 さくらい

つけ ないで ください。

窓<sub>まど</sub> を 開<sub>あ</sub>ければ いい です。

> そうた : 안녕하세요. 좀 덥네요.
>           에어컨을 켤까요?
> さくらい : 켜지 마세요.
>           창문을 열면 돼요.

**つけないでください。**

'~하지 말아주세요'라는 부탁의 표현을
할 때는 ないでください[나이데쿠다사이]를
사용합니다. 반대로 '~해 주세요'라고
할 때는 てください[테쿠다사이]를 쓸 수
있습니다.

エアコンを
つけてください。

### 3-1 일어나! 일어나!

 **ゆい**
お お
**起きろ! 起きろ!**

 **すずき**
いま なん じ
**今 何 時?**

じ
**まだ 7時 だろう!**

わたし
**私 を いじめる な。**

**ゆい :** 일어나! 일어나!
**すずき :** 지금 몇 시야?
아직 7시잖아!
나 좀 괴롭히지 마.

**起きろ**

2그룹 동사의 명령형은 る[루]대신 ろ[로]
를 붙이면 됩니다. 단, 상대를 배려하는
경향이 강한 일본어에서는 명령형을 사용
하면 지나치게 강한 뉘앙스를 줄 수 있기
때문에 주의해서 사용해야 합니다.

### 3-2 일어나요! 일어나요!

 **ゆい**
お お
**起き なさい! 起き なさい!**

 **すずき**
いま なん じ
**今 何 時 ですか?**

じ
**まだ 7時 でしょう!**

わたし
**私 を いじめ ないで ください。**

**ゆい :** 일어나요! 일어나요!
**すずき :** 지금 몇 시예요?
아직 7시잖아요!
나 좀 괴롭히지 마세요.

**起きなさい**

なさい[나사이]는 우리말로 하자면
'~하시오'라는 표현이 더 정확합니다.
그래서 존댓말처럼 보이지만 정말 존댓말
은 아니기 때문에 윗사람에게 사용해서는
안 됩니다. 주로 엄마가 아이에게 많이 사
용하는 표현입니다.

私を
いじめないでください。

**4-1**   이거 잘 모르겠어.

 きむら

これ が 分<sup>わ</sup>から ない。

もう 一回<sup>いっかい</sup> 説明<sup>せつめい</sup> して。

 そうた

これ で もう 10回<sup>じゅっかい</sup> だろう?

いい加減<sup>かげん</sup> に 覚<sup>おぼ</sup>えろ!

きむら : 이거 잘 모르겠어.
　　　　한 번만 더 설명해줘.
そうた : 이걸로 벌써 10번째잖아?
　　　　이제 좀 외워라!

◀

**だろう**

だろう[다로오]는 '~겠지'라는 추측을
나타내는 표현이지만, 동의를 구할 때
사용하기도 합니다.

 これが分からない。

**4-2**   이거 잘 모르겠어요.

 きむら

これ が 分<sup>わ</sup>かり ません。

もう 一回<sup>いっかい</sup> 説明<sup>せつめい</sup> して ください。

 そうた

これ で もう 10回<sup>じゅっかい</sup>め でしょう?

いい加減<sup>かげん</sup> に 覚<sup>おぼ</sup>え なさい!

きむら : 이거 잘 모르겠어요.
　　　　한 번만 더 설명해주세요.
そうた : 이걸로 벌써 10번째잖아요?
　　　　이제 좀 외우세요!

◀

**いい加減**

いい加減[이이카겐]은 '적당함, 알맞음'이
라는 뜻 입니다. 상대방에게 화를 내며
"적당히 해!" 라고 말하는 상황에서 자
주 들을 수 있는 표현입니다.

# 히라가나 연습

 아래 일본어를 읽을 수 있게 연습한 후 히라가나로 쓰세요.

**1** じゃあ、高い もの を 食べよう。
그럼, 비싸다 것을 먹자.

じゃあ、たかい もの を たべよう。

**2** エアコン を つけようか?
에어컨을 켤까?

**3** 窓 を 開ければ いい です。
창문을 열면 좋다 입니다.

**4** 起き なさい! 起き なさい!
일어나기 ~하시오! 일어나기 ~하시오!

**5** もう 一回 説明 して ください。
더 한 번 설명 해 주세요.

**6** いい加減に 覚えろ!
적당함으로 기억해라!

정답입니다!

1 じゃあ、たかい もの を たべよう。　　쟈아, 타카이 모노오 타베요오.

2 えあこん を つけようか?　　에아콩오 츠케요오카?

3 まど を あければ いい です。　　마도오 아케레바 이이 데스.

4 おき なさい! おき なさい!　　오키 나사이! 오키 나사이!

5 もう いっかい せつめい して ください。　　모오 익카이 세츠메에 시테 쿠다사이.

6 いいかげんに おぼえろ!　　이이카겐니 오보에로!

# MEMO

# 07

# 1그룹 동사
## 응용 문형

명령과 권유 – 1그룹 동사

를 = 오, 가, 니

히라가나 연습

友達に会いました。
친구를 만났습니다.

한눈에 배운다!

# 명령과 권유 –1그룹 동사

어간과 어미를 생각하며

따라 말하기

**1등 암기표** 학습포인트

| 1 | 2 | 3 | 4 | 5 | 6 |
|---|---|---|---|---|---|
| 명사+だ | い형용사 | な형용사 | 2그룹 동사 기본 | 1그룹 동사 기본 | 2그룹 동사 응용 |

| 12 | 11 | 10 | 9 | 8 | 7 |
|---|---|---|---|---|---|
| 주의 표현 | 접속조사 て 응용 | 접속조사 て 기본 | 가능 | 수식 | 1그룹 동사 응용 |

원형

書く.
카쿠.
쓰다.

**1등 암기표**

| STEP1 | STEP2 | STEP3 | STEP4 |
|---|---|---|---|
| **A** | **A▶B** | **C▶B** | **AB** |
| 9줄 일단 암기 | 보고 말하기 | 보고 말하기 | 암송 |

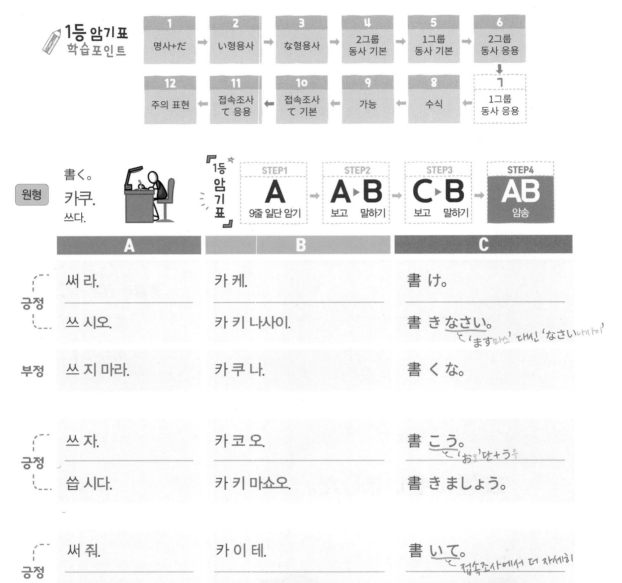

| | A | B | C |
|---|---|---|---|
| 긍정 | 써 라. | 카 케. | 書 け. |
| | 쓰 시오. | 카 키 나사이. | 書 きなさい。 ('ます마스' 대신 'なさい나사이') |
| 부정 | 쓰 지 마라. | 카 쿠 나. | 書 くな。 |
| 긍정 | 쓰 자. | 카 코 오. | 書 こう。 ('お오'단+う우) |
| | 씁 시다. | 카 키 마쇼오. | 書 きましょう。 |
| 긍정 | 써 줘. | 카 이 테. | 書 いて。 (접속조사에서 더 자세히) |
| | 써 주세요. | 카 이 테 쿠다사이. | 書 いて ください。 |
| 부정 | 쓰 지 말아 줘. | 카 카 나이데. | 書 かないで。 |
| | 쓰 지 말아 주세요. | 카 카 나이데 쿠다사이. | 書 かないで ください。 |

## 합쳐지면 살짝 바뀐다

 **飲む** 노무 | 마시다 는 1그룹 동사의 기본형입니다. 옆의 예문에 따라서 명령형과 권유형으로 활용해 보세요.
1그룹 동사는 활용에 따라 마지막 글자가 변합니다.

| 원형 | 飲む.<br>노무.<br>마시다. |

| | | | |
|---|---|---|---|
| 마셔라. | 노 무 + 에. | ⟶ | |
| 마시세요. | 노 무 + 나사이. | ⟶ | |
| 마시지 마라. | 노 무 + 나. | ⟶ | |
| 마시자. | 노 무 + 우. | ⟶ | |
| 마십시다. | 노 무 + 마쇼오. | ⟶ | |
| 마셔 줘. | 노 무 + 테. | ⟶ | |
| 마셔 주세요. | 노 무 + 테 쿠다사이. | ⟶ | |
| 마시지 말아 줘. | 노 무 + 나이 데. | ⟶ | |
| 마시지 말아 주세요. | 노 무 + 나이 데 쿠다사이. | → | |

**정답입니다!**

① 飲 め. 노 메. ② 飲 み 나사이. 노 미 나사이. ③ 飲 む な. 노 무 나. ④ 飲 も う. 노 모 오.
⑤ 飲 み ましょう. 노 미 마쇼오. ⑥ 飲 んで. 노 ㄴ데. ⑦ 飲 んで ください. 노 ㄴ데 쿠다사이.
⑧ 飲 ま ないで. 노 마 나이데. ⑨ 飲 ま ないで ください. 노 마 나이데 쿠다사이.

## Practice
## 명령과 권유

 표의 단어들은 1그룹 동사의 기본형입니다. 이 동사들을 명령형과 권유형으로 활용해 보세요.
1그룹 동사는 활용할 때, 마지막 글자가 변화합니다.

| 말하다 | 읽다 | 움직이다 | 사다 | 가다 | 기다리다 |
|---|---|---|---|---|---|
| 言う<br>이 우 | 読む<br>요 무 | 動く<br>우고 쿠 | 買う<br>카 우 | 行く<br>이 쿠 | 待つ<br>마 츠 |

**1** 말하자.
言おう。
いおう。

**2** 말합시다.
言いましょう。
いいましょう。

**3** 말하세요.
言いなさい。
いいなさい。

**4** 말해라.
言え。
いえ。

**5** 말하지 마라.
言う な。
いう な。

**6** 말해 주세요.
言って ください。
いって ください。

**7** 말하지 말아 주세요.
言わ ないで ください。
いわ ないで ください。

**8** 사자.
買おう。
かおう。

**9** 삽시다.
買いましょう。
かいましょう。

**10** 가세요.
行きなさい。
いきなさい。

**11** 사라.
買え。
かえ。

**12** 사지 마라.
買う な。
かう な。

**13** 사 주세요.
買って ください。
かって ください。

**14** 사지 말아 주세요.
買わ ないで ください。
かわないで ください。

 표 안의 단어는 명사입니다. 이 명사들을 1그룹 동사와 조합해서, 명령형과 권유형으로 만들어 보세요. 동사를 활용할 때는 마지막 글자에 주의하세요.

| 책 | 공부 | 쇼핑 | 이야기 | 손님 | 시장 |
|---|---|---|---|---|---|
| ほん<br>本<br>홍 | べん きょう<br>勉強<br>벵 쿄오 | か もの<br>買い物<br>카 이 모노 | はなし<br>話<br>하나시 | きゃくさま<br>お客様<br>오 캭 사마 | いち ば<br>市場<br>이치 바 |

**1** 책을 읽읍시다.
本を 読みましょう。
ほんを よみましょう。

**2** 손님을 기다립시다.
お客様を 待ちましょう。
おきゃくさまを まちましょう。

**3** 이 이야기는 말하지 말아 주세요.
この 話は 言わ ないで ください。
この はなしは いわ ないで ください。

**4** 시장에 갑시다.
市場に 行きましょう。
いちばに いきましょう。

**5** 책을 읽어라.
本を 読め。
ほんを よめ。

**6** 책을 사세요.
本を 買いなさい。
ほんを かいなさい。

**7** 쇼핑하러 가자.
買い物に 行こう。
かいものに いこう。

**8** 시장에 가라.
市場に 行け。
いちばに いけ。

**9** 손님을 기다려 주세요.
お客様を 待って ください。
おきゃくさまを まって ください。

**10** 이야기를 기다려라.
話を 待て。
はなしを まて。

**11** 손님, 움직이지 말아 주세요.
お客様、動か ないで ください。
おきゃくさま、うごか ないで ください。

**12** 움직이지 마라.
動く な。
うごく な。

동영상 강의

앞에서 배운 바와 같이 우리말의 조사 '~을 / 를'은 일본어로 を오입니다.

を 食べる。
~ 를 먹다. | ~ 오 타베루.

하지만 다음과 같은 예외가 있습니다.

が ほしい。
~ 를 원하다. | ~ 가 호시이.

が 好きだ。
~ 를 좋아하다. | ~ 가 스키다.

が 上手だ。
~ 를 잘하다. | ~ 가 죠오즈다.

が 下手だ。
~ 를 못하다. | ~ 가 헤타다.

が できる。
~ 를 할 수 있다. | ~ 가 데키루.

に 会う。
~ 를 만나다. | ~ 니 아우.

に 乗る。
~ 를 타다. | ~ 니 노루.

に 似る。
~ 를 닮다. | ~ 니 니루.

직접 읽으면서
자연스럽게 익혀보자!

---

TIP

조사 を오, が가, に니

조사 を오 が가 に니는 표현에 따라 결정
됩니다. 따라서 조사와 조사 뒤에 나오는
표현을 통째로 외워두세요.

が가는 대부분 이, 가

が가는 우리말의 조사 이, 가와 같은 표현
이며 발음도 유사합니다. 그렇다면 が가는
원래 어떻게 사용하는 표현일까요?
예시를 살펴봅시다.

| 오렌지가 | 크다. |
| オレンジが | 大きい。 |
| 오렌지가 | 오오키이. |

| 오렌지가 | 맛있다. |
| オレンジが | おいしい。 |
| 오렌지가 | 오이시이. |

조사 に니의 원래 역할

조사 に니는 원래 '~에, ~에게'라는
뜻입니다.

| 7시에 | 일어나다. |
| 7時に | 起きる。 |
| 시치지니 | 오키루. |

| 친구에게 | 편지를 쓰다. |
| 友達に | 手紙を書く。 |
| 토모다치니 | 테가미오카쿠. |

하지만 일부 표현의 앞에서는
다양한 의미로 사용됩니다.

┌ ~을/를
│  会う 아우 만나다
│  乗る 노루 타다
│  似る 니루 닮다
└ 가
   なる 나루 되다

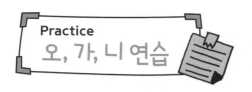

**Practice**
# 오, 가, 니 연습

ミッション
12개의 문장을
18초 안에
말하기!

 표의 단어들은 명사입니다. 이 명사들을 오, 가, 니 법칙에 해당하는 な형용사나 동사와 조합해 보세요.
오, 가, 니 법칙이 적용되면 우리말 예문과 다른 조사를 쓴다는 점에 유의해야 합니다.

| 운전 | 버스 | 택시 | 공부 | 수학 | 영어 |
|---|---|---|---|---|---|
| うん てん<br>**運転**<br>운 텡 | **バス**<br>바스 | **タクシー**<br>탁시― | べん きょう<br>**勉強**<br>벵 쿄오 | すう がく<br>**数学**<br>스으 가쿠 | えい ご<br>**英語**<br>에에 고 |

**1** 공부를 좋아했다.
勉強が 好きだった。

べんきょうが すきだった。

**2** 운전을 할 수 있습니까?
運転が でき ますか?

うんてんが でき ますか?

**3** 버스를 탔다.
バスに 乗った。

バスに のった。

**4** 택시를 타지 않았다.
タクシーに 乗ら なかった。

タクシーに のら なかった。

**5** 친구를 만났습니다.
友達に 会いました。

ともだちに あいました。

**6** 운전을 잘합니다.
運転が 上手です。

うんてんが じょうずです。

**7** 영어를 좋아합니다.
英語が 好きです。

えいごが すきです。

**8** 수학을 못하다.
数学が 下手だ。

すうがくが へただ。

**9** 영어를 할 수 있습니다.
英語が でき ます。

えいごが でき ます。

**10** 공부를 잘하다.
勉強が 上手だ。

べんきょうが じょうずだ。

**11** 운전을 못했습니다.
運転が 下手でした。

うんてんが へたでした。

**12** 전 남자친구를 만났습니다.
元カレに 会いました。
もとかれ：옛 남자친구

もとカレに あいました。

### 1-1 올 때까지 기다릴게.

ハナ
あした　こうえん　　あ
明日、公園 で 会おう。

く　　　　ま
来る まで 待つ。 ◀

ひまり
ま
待た ないで。

わたし　い
私 は 行か ない から。

> ハナ : 내일, 공원에서 만나자.
> 　　　올 때까지 기다릴게.
> ひまり : 기다리지 마.
> 　　　난 안 갈 거야.

### 1-2 올 때까지 기다릴게요.

ハナ
あした　こうえん　　あ
明日、公園 で 会い ましょう。

く　　　　ま
来る まで 待ち ます。 ◀

ひまり
ま
待た ないで ください。

わたし　い
私 は 行き ません から。

> ハナ : 내일, 공원에서 만나요.
> 　　　올 때까지 기다릴게요.
> ひまり : 기다리지 마세요.
> 　　　난 안 갈 거예요.

**TIP**

**待つ**
우리에게 익숙한 '촛또 맛테'에 나오는 '맛테'의 원형이 바로 이 待つ[마츠]라는 동사로 '기다리다'라는 뜻을 가지고 있습니다. 맨 뒤가 る[루]로 끝나지 않는 것만 봐도 알 수 있듯 待つ[마츠]는 1그룹 동사입니다.

来るまで待つ。

**まで**
まで[마데]는 '~까지'라는 뜻을 가진 조사입니다. '~부터'라는 뜻을 가진 から[카라]와 함께 외워두면 좋습니다.

待たないでください。

## 2-1 자기 것은 자기가 내.

 あかり
さいふ わす
財布 を 忘れて きた。

これ も 一緒に 払って。
いっしょ はら

 ハナ
なに
何 して いるの?

自分 の もの は 自分 で 払え。
じぶん じぶん はら

> **あかり** : 지갑을 안 가져왔다.
>   이것도 같이 내줘.
> **ハナ** : 뭐 하는 거야?
>   자기 것은 자기가 내.

## 2-2 자기 것은 자기가 내세요.

 あかり
さいふ わす
財布 を 忘れて きました。

これ も 一緒に 払って ください。
いっしょ はら

 ハナ
なに
何 して いる の ですか?

自分 の もの は 自分 で 払って ください。
じぶん じぶん はら

> **あかり** : 지갑을 안 가져왔어요.
>   이것도 같이 계산해줘요.
> **ハナ** : 뭐 하는 거예요?
>   자기 것은 자기가 내세요.

◀ **何しているの?**
반말에서 무엇을 하고 있는지에 대한
질문을 만드는 것은 何している[나니시테
이루]만 써도 충분합니다. 그런데 여기에
の[노]를 붙이게 되면 조금 더 강한
어조가 됩니다.

 これも一緒に
払ってください。

◀ **自分**
自分[지분]은 '자기 자신', '스스로'라는
뜻을 가진 명사입니다. 운동선수나 체육
관련 활동을 하는 남성들 사이에서는
'나'라는 1인칭 호칭으로 自分[지분]을
사용하는 경우도 종종 있습니다.

## 3-1 적당히 해!

さくらい
<ruby>休<rt>やす</rt></ruby>む な。

<ruby>早<rt>はや</rt></ruby>く <ruby>働<rt>はたら</rt></ruby>け。

きむら
いい<ruby>加減<rt>かげん</rt></ruby> に しろ!

さくらい
<ruby>怒<rt>おこ</rt></ruby>る な。 ◀

さくらい : 쉬지 마.
　　　　　 빨리 일해.
きむら : 적당히 해!
さくらい : 화내지 마.

## 3-2 적당히 하세요!

さくらい
<ruby>休<rt>やす</rt></ruby>ま ないで ください。

<ruby>早<rt>はや</rt></ruby>く <ruby>働<rt>はたら</rt></ruby>いて ください。

きむら
いい<ruby>加減<rt>かげん</rt></ruby> に して ください!

さくらい
<ruby>怒<rt>おこ</rt></ruby>ら ないで ください。

さくらい : 쉬지 마세요.
　　　　　 빨리 일해 주세요.
きむら : 적당히 하세요!
さくらい : 화내지 마세요.

怒るな。

**怒らないで**
위의 다른 세 문장과 다르게 명령형이
아닌 て[테]형이 사용되었습니다. ～ない
で[～나이데]는 상대에게 '～하지 말아줘'
라는 요청을 할 때 사용하는 표현으로
명령형보다 훨씬 부드러운 말투입니다.

いい加減に
してください。

**働いてください**
'～해 주세요'와 '～하지 말아주세요'는
모두 て[테]형을 활용한 문형입니다.
이때 한가지 주의할 점은 긍정형에는
て[테]를, 부정형에는 で[데]를 활용한다는
것입니다. (ぬ[누]、ぶ[부]、む[무]는 둘 다
で[데] 사용)

## 4-1 다이어트 해야지.

 そうた
**ダイエット しよう。**

やさい た
**野菜 だけ 食べよう。**

 ゆい
いっしょ にく た い
**一緒に 肉 食べ に 行こう。**

 そうた
はや い
**早く 行こう。**

> そうた : 다이어트 해야지.
> 야채만 먹어야지.
> ゆい : 같이 고기 먹으러 가자.
> そうた : 빨리 가자.

## TIP

**ダイエットしよう**

일본어의 청유형은 의지형이라고도
합니다. 경우에 따라 자신이 어떻게
하겠다는 의지를 나타낼 때도 사용할 수
있기 때문입니다. 그래서 이 표현은 다른
사람에게 다이어트를 하자고 권하는 것이
아니라 스스로 다짐한다는 의미로
사용되었습니다.

一緒に肉食べに
行きましょう。

## 4-2 다이어트 합시다.

 そうた
**ダイエット し ましょう。**

やさい た
**野菜 だけ 食べ ましょう。**

 ゆい
いっしょ にく た い
**一緒に 肉 食べ に 行き ましょう。**

 そうた
はや い
**早く 行き ましょう。**

> そうた : 다이어트 합시다.
> 야채만 먹읍시다.
> ゆい : 같이 고기 먹으러 가요.
> そうた : 빨리 가요.

**食べに行きましょう**

동사의 명사형에 조사 に[니]가 붙으면
'~하러'라는 목적을 나타내는 표현이
됩니다. ~に行く[~니이쿠]라고 하면
'~하러 가다', に来る[~니쿠루]라고 하면
'~하러 오다'라는 표현을 만들 수
있습니다.

# 히라가나 연습

 아래 일본어를 읽을 수 있게 연습한 후 히라가나로 쓰세요.

**1** 明日、公園で 会い ましょう。
내일,　　　공원에서　　　만나기　　　합시다.

あした、こうえんで あい ましょう。

**2** 来る まで 待ち ます。
오다　　까지　　기다리기　　합니다.

**3** 財布を 忘れて きた。
지갑을　　　잊고　　　왔다.

**4** 自分の ものは 自分で 払え。
자신의　　　것은　　　자신으로　　　내라.

**5** ダイエット し ましょう。
다이어트　　　하기　　　합시다.

**6** 一緒に 肉 食べに 行こう。
같이　　고기　　먹으러　　가자.

---

정답입니다!

1 あした、こうえんで あい ましょう。　　아시타, 코오엔데 아이 마쇼오.

2 くる まで まち ます。　　쿠루 마데 마치 마스.

3 さいふを わすれて きた。　　사이후오 와스레테 키타.

4 じぶんの ものは じぶんで はらえ。　　지분노 모노와 지분데 하라에.

5 だいえっと し ましょう。　　다이엔토 시 마쇼오.

6 いっしょに にく たべに いこう。　　잇쇼니 니쿠 타베니 이코오.

# MEMO

# 08

수식 표현

**面白い話**
재미있는 이야기

여기 상자가 하나 있습니다. 이 상자가 어떤 상자인지 상상해 보겠습니다.

어떤 색일까요? 검은색일까요?
어떤 크기일까요? 작은 크기일까요?
어디에 있을까요? 교실 한가운데 있을까요?

**형용사**

검정의
아름다운  **작은**
교실 한가운데 있는

이 질문들에 대한 답은 모두 형용사입니다.

왜 모두 형용사일까요?
그것은 상자가 명사이기 때문입니다.

* **명사를 설명하는 것 :** 형용사

상자 안에는 무언가 움직이고 있습니다.
그것이 무엇인지는 알 수 없지만 움직이고 있는 것은 분명합니다.
어떻게 움직이고 있는지 상상해 보겠습니다.

빠르게 움직일까요?
위아래로 움직일까요?
쉬지 않고 움직일까요?
시끄럽게 움직일까요? 왜 움직일까요?

**부사**

빠르게
위아래로  **바쁘게**
시끄럽게  매우

이 질문들에 대한 답은 모두 부사입니다.

왜 모두 부사일까요?
그것은 움직이다가 동사이기 때문입니다.

* **동사를 설명하는 것 :** 부사

부사는 동사와 어울리든, 형용사와 어울리든 형태가 변하지 않습니다.

| 부사 | 동사 | | |
|------|------|------|------|
| 少し | 驚く。 | 스코시 오도로쿠. | 조금 놀라다. |

| 부사 | 형용사 | | |
|------|--------|------|------|
| 少し | 大きい。 | 스코시 오오키이. | 조금 크다. |

한눈에 배운다!
# 수식은 2가지

형용사 표현
부사 표현

따라 말하기

수식이란 크게 나누어서 다음 2가지뿐입니다.

1. 명사를 꾸미는 모든 것은 형용사 표현이라 부른다.
2. 동사를 꾸미는 모든 것은 부사 표현이라 부른다.

1. 형용사 표현

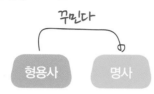

2. 부사 표현

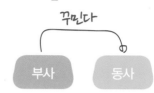

아래 내용은 모두 위 두 법칙에 관한 내용입니다.

수식은 2가지 뿐이라니, 정말 간단하지?

「1등 암기표」

| A | B | C |
| --- | --- | --- |

い형용사가 명사를 꾸민다.

| 추운 겨울 | 사무 이 후유 | 寒い冬 |
| --- | --- | --- |
| 춥지 않은 겨울 | 사무 쿠 나이 후유 | 寒くない冬 |

な형용사가 명사를 꾸민다.

| 편리한 연필 | 벤리 나 엠피츠 | 便利な鉛筆 |
| --- | --- | --- |
| 편리하지 않은 연필 | 벤리 데와 나이 엠피츠 | 便利ではない鉛筆 |

부사가 동사를 꾸민다. (い형용사 변형)

| 빠르게 달리다. | 하야 쿠 하시루. | 早く走る。 |
| --- | --- | --- |

부사처럼 동사를 꾸민다. (な형용사 변형)

| 편리하게 사용하다. | 벤리 니 츠카우. | 便利に使う。 |
| --- | --- | --- |

# TIP の노의 용법

の노의 주요 용법에는 다음 3가지가 있습니다.

1. **나의 가방**
2. **나의 것**
3. **선생님인 타나카 씨**

## 1 수식의 の노

| | |
|---|---|
| 私 の カバン | 나의 가방 |
| 와타시 노 카방 | |
| ソウル の 名所 | 서울의 명소 |
| 소오루 노 메에쇼 | |

| | |
|---|---|
| 日本語 の 先生 | 일본어 선생님 |
| 니홍고 노 센세에 | |
| 博士 の 学位 | 박사 학위 |
| 학시 노 가쿠이 | |

수식의 の노는 우리말의 의로 번역됩니다.
의를 붙이면 앞 단어가 뒤의 단어를 수식하게 됩니다.
우리말과 똑같이 말입니다.

하지만 우리말과 다를 때도 있습니다.
우리말에서는 의를 사용하지 않아도,
일본어에서는 の노를 사용합니다. 이 の노는 아무런
뜻이 없고 우리말로 번역하지도 않습니다.

## 2 소유대명사 の노

| | |
|---|---|
| それ は 私 の です。 | 그것은 내 것입니다. |
| 소레 와 와타시 노 데스. | |
| それ は 私 の カバン です。 | 그것은 나의 가방입니다. |
| 소레 와 와타시 노 카방 데스. | |

の노는 ~의 것이라는 의미로도 사용합니다. 따라서 私の와타시노라고 하면 2가지 의미입니다.

## 3 동격의 の노

| | |
|---|---|
| 先生 の 田中 さん | 선생님인 타나카 씨 |
| 센세에 노 타나카 상 | |
| 私の友達 の 桜井 さん | 내 친구인 사쿠라이 씨 |
| 와타시 노 토모다치 노 사쿠라이 상 | |

동격의 の노는 ~인으로 번역됩니다.
선생님과 타나카 씨는 같은 대상입니다. 선생님이 타나카 씨고, 타나카 씨가 선생님입니다. 두 번째 예문 역시 내
친구가 사쿠라이 씨고, 사쿠라이 씨가 내 친구라는 의미입니다. 이렇게 둘의 사이를 동격으로 잇는 것이 の노입니다.

**한눈에 배운다!**
# 문장으로 형용사 표현 만들기

그대로 꾸민다

일본어에서는 명사 앞에 문장을 두면, 그 문장은 저절로 형용사 표현이 되어 뒤에 있는 명사를 꾸밉니다.

일본어 :
料理 する 人
료오리 스루 히토
요리 하다 사람
(요리하는 사람)

医師 だった 人
이샤 닫타 히토
의사 였다 사람
(의사였던 사람)

우리말은 이런 경우에 문장을 살짝 개조해주어야 하지만, 일본어는 그럴 필요가 없어 편리합니다.

우리말 : 요리하다 사람 X 요리하는 사람 O

의사였다 사람 X 의사였던 사람 O

각세에닫타 카타
学生だった 方
학생이었다 분
학생이었던 분

카나 시쿠나이 하나시
悲しくない 話
슬프지 않다 이야기
슬프지 않은 이야기

하타라쿠 히토
働く 人
일하다 사람
일하는 사람

네루 네코
寝る 猫
잠자다 고양이
잠자는 고양이

명사 앞에 오는 문장이
저절로 형용사 표현이 된다!

ミッション
12개의 문장을
19초 안에
말하기!

 왼쪽 단어는 명사, 오른쪽 단어는 형용사입니다. 여기에 동사나 다른 형용사를 조합해서 수식 표현을
만들어 보세요. 형용사가 동사를 수식할 때 변하는 형태에 주의해서 빈칸을 채워 보세요.

| 작가 | 이야기 | 이유 |
|---|---|---|
| さっ か **作家** 삭 카 | はなし **話** 하나시 | り ゆう **理由** 리 유우 |

| 행복한 | 훌륭한 | 재미있는 |
|---|---|---|
| しあわ **幸せな** 시아와 세나 | す てき **素敵な** 스 테키 나 | おもしろ **面白い** 오모 시로 이 |

**1** 작가의 이야기
作家の 話
さっかの はなし

**2** 재미있는 이야기
面白い 話
おもしろい はなし

**3** 훌륭한 이유
素敵な 理由
すてきな りゆう

**4** 행복한 작가
幸せな 作家
しあわせな さっか

**5** 재미있지 않은 이야기
面白く ない 話
おもしろく ない はなし

**6** 행복하지 않은 이유
幸せじゃ ない 理由
しあわせじゃ ない りゆう

**7** 훌륭하지 않은 이야기
素敵じゃ ない 話
すてきじゃ ない はなし

**8** 이야기를 모으는 작가
話を 集める 作家
はなしを あつめる さっか

**9** 재미있는 이야기를 찾는 이유
面白い 話を 探す 理由
おもしろい はなしを さがす りゆう

**10** 달리는 작가
走る 作家
はしる さっか

**11** 재미있게 봤다.
面白く 見た。
おもしろく みた。

**12** 행복하게 수영하다.
幸せに 泳ぐ。
しあわせに およぐ。

Practice
꾸미기 연습

 표에 있는 동사에 다른 명사나 형용사를 조합해서 수식 표현을 만들어 보세요.
다양한 수식 표현이 등장합니다. 각 품사가 수식할 때 변화하는 형태에 주의해서 빈칸을 채워 보세요.

| 보다 | 모으다 | 찾다 | 걷다 | 달리다 | 수영하다 |
|---|---|---|---|---|---|
| 見る | 集める | 探す | 歩く | 走る | 泳ぐ |
| 미 루 | 아츠 메루 | 사가 스 | 아루 쿠 | 하시 루 | 오요 구 |

**1** 걷는 사람
歩く 人
あるく ひと

**2** 수영했던 사람
泳いだ 人
およいだ ひと

**3** 걷지 않았던 사람
歩か なかった 人
あるか なかった ひと

**4** 그가 찾는 것
彼が 探す もの
かれが さがす もの

**5** 그가 모았던 것
彼が 集めた もの
かれが あつめた もの

**6** 우리가 달리는 이유
私たちが 走る 理由
わたしたちが はしる りゆう

**7** 우리가 달리지 않았던 이유
私たちが 走ら なかった 理由
わたしたちが はしら なかった りゆう

**8** 그를 보지 않는 그녀
彼を 見 ない 彼女
かれを み ない かのじょ

**9** 그녀가 찾지 않았던 사람
彼女が 探さ なかった 人
かのじょが さがさ なかった ひと

**10** 행복하게 달렸던 사람
幸せに 走った 人
しあわせに はしった ひと

**11** 행복하게 찾고 모은 것
幸せに 探して 集めた もの
しあわせに さがして あつめた もの

**12** 수영해서 찾은 것
泳いで 探した もの
およいで さがした もの

우리는 앞에서 な나형용사에 대해서 배웠습니다. 그 내용 중에는 な나형용사가 생긴 이유에 관한 이야기도 있었죠.
な나형용사의 탄생 과정을 한 마디로 줄여 설명한다면
다음과 같은 동기 때문이었다고 할 수 있습니다.

명사를 형용사로
바꾸고 싶어.

그렇다면 당연히 반대의 생각도 있을 수 있겠죠.
다음과 같이 말입니다.

형용사를 명사로
바꾸고 싶어.

---

우리말에서 형용사를 명사로 만들 땐
어간에 'ㅁ'을 붙이면 되죠.

따뜻한 → 따뜻함
더운 → 더움 ⟵ 명사

이제 본격적으로 형용사를 명사로 바꾸는 방법에 대해 배워보려 합니다. 하지만 이 방법은 온전히 い이형용사에만
해당합니다. 그 이유는 な나형용사의 경우 똑같은 의미의 명사가 이미 있기 때문입니다.
그러니까 い이형용사를 명사로 바꾸는 방법만 알면 되겠죠?

い이형용사를 명사로 바꾸려면 い이를 さ사로 바꿔줍니다.

高い
높다 / 타카이
↓
高さ
높이 / 타카사

長い
길다 / 나가이
↓
長さ
길이 / 나가사

暑い
덥다 / 아츠이
↓
暑さ
더움 / 아츠사

寒い
춥다 / 사무이
↓
寒さ
추움 / 사무사

대부분 さ사를 사용하지만, 어떤 형용사들은 さ사를 사용해도 되고, み미 를 사용해도 됩니다. さ사와 み미는 서로
뉘앙스가 조금 다릅니다. さ사와 み미를 동시에 허용하는 형용사들은 주로 사람의 오감에 관한 것들입니다.

甘い
달다 / 아마이
↓
甘み
달음 / 아마미

辛い
맵다 / 카라이
↓
辛み
매움 / 카라미

うまい
맛있다 / 우마이
↓
うまみ
맛있음 / 우마미

臭い
냄새나다 / 쿠사이
↓
臭み
냄새 / 쿠사미

ミッション
쓰면서
큰 소리로
읽어보기!

## Practice
## 마지막 글자를 바꾸면 변한다

 분홍 박스에 들어있는 일본어는 い형용사의 기본형입니다. 이 い형용사를 명사화해서, 그 발음을 써 주세요.
い형용사가 명사로 변할 때는, 마지막 글자를 바꿔서 변화합니다.

1 사전의 두꺼움 　　　　　厚い

辞書 [지쇼] の

2 시간의 빠름 　　　　　速い

時 [토키] の

3 건물의 높이 　　　　　高い

建物 [타테모노] の

4 연애의 위험함 　　　　　危ない

恋愛 [렝아이] の

5 봄의 따뜻함 　　　　　暖かい

春 [하루] の

6 나사의 길이 　　　　　長い

ねじ [네지] の

7 여름의 더움 　　　　　暑い

夏 [나츠] の

8 어머니의 강함 　　　　　強い

母 [하하] の

9 광장의 넓음 　　　　　広い

広場 [히로바] の

10 겨울의 추움 　　　　　寒い

冬 [후유] の

11 산의 아름다움 　　　　　美しい

山 [야마] の

12 높이 10m 　　　　　高い

정답입니다! 　1 지쇼 노 아츠사 　2 토키 노 하야사 　3 타테모노 노 타카사
　4 렝아이 노 아부나사 　5 하루 노 아타타카사 　6 네지 노 나가사
　7 나츠 노 아츠사 　8 하하 노 츠요사 　9 히로바 노 히로사
　10 후유 노 사무사 　11 야마 노 우츠쿠시사 　12 타카사 10m

### 1  수학 선생님이에요.

つむぎ

あなた の 友達 は 先生 ですか?
ともだち　せんせい

ひまり

はい、この 学校 の 先生 です。
がっこう　せんせい

つむぎ

なんの 科目 の 先生 ですか?
かもく　せんせい

ひまり

数学 の 先生 です。
すうがく　せんせい

**つむぎ :** 당신의 친구는 선생님이에요?
**ひまり :** 네, 이 학교의 선생님이에요.
**つむぎ :** 무슨 과목의 선생님이에요?
**ひまり :** 수학 선생님이에요.

数学の先生です。

**数学の先生**

일본어에서는 명사가 명사를 꾸며줄 때는 그 안에 の[노]를 넣어 수식관계를 만들어줍니다. 数学の先生[스우가쿠노센세이]는 '수학의 선생님'이 아니라 の[노]에 뜻을 부여하지 않고 '수학 선생님'으로 해석하는 것이 자연스럽습니다.

### 2  단 케이크는 어떠세요?

あかり

デザート は 何 が いい ですか?
なに

すずき

私 は 甘い デザート が いい です。
わたし　あま

あかり

甘い ケーキ は どう ですか?
あま

すずき

大好き です!
だいす

**あかり :** 디저트는 뭐가 좋으세요?
**すずき :** 저는 단 디저트가 좋아요.
**あかり :** 단 케이크는 어떠세요?
**すずき :** 아주 좋아요!

**甘いデザート**

い[이]형용사의 명사 수식 표현은 원형 그대로를 앞에 써주면 됩니다. 그래서 달콤한 디저트는 '달다'라는 뜻을 가진 い[이]형용사 甘い[아마이]가 그대로 デザート를 수식하는 것입니다.

**3** 장미 축제로 유명해졌어요.

 ハナ
本当<sub></sub>に 賑<sub></sub>やかな 町<sub></sub> ですね。

 きむら
昔<sub></sub> は 静<sub></sub>かな 町<sub></sub> でした。

 ハナ
誰<sub></sub> か 有名<sub></sub>な 人<sub></sub> でも いますか?

 きむら
いいえ、バラ 祭<sub></sub>り で 有名<sub></sub> に なり ました。

　　ハナ：정말 활기 넘치는 마을이네요.
　きむら：예전에는 조용한 마을이었어요.
　　ハナ：유명한 사람이라도 있어요?
　きむら：아니요, 장미 축제로 유명해졌어요.

◀ TIP

**町**

町는 경우에 따라 まち[마치] 또는 ちょう[쵸오]로 읽습니다. まち[마치]로 읽을 때는 단독으로 쓰여 주로 마을이나 동네를 의미하며, ちょう[쵸오]로 읽을 때는 주로 지명 뒤에 붙여 행정 구획의 단위로 사용됩니다.

**4** 서프라이즈로 해주고 싶었어.

 あかり
来<sub></sub>る 時<sub></sub> に は 連絡<sub></sub> してよ!

 ハナ
サプライズ に し たかった。

誕生日<sub></sub> おめでとう。

 あかり
ありがとう。忘<sub></sub>れられ ない 誕生日<sub></sub> だね。

　あかり：올 때는 연락 좀 해!
　　ハナ：서프라이즈로 해주고 싶었어.
　　　　　생일 축하해.
　あかり：고마워. 잊을 수 없는 생일이네.

◀ **来る時**

동사의 명사 수식 역시 원형 그대로가 사용됩니다. 과거 표현인 '왔을 때'라고 할 때는 과거 시제의 원형인 来た[키타]를 사용해 来た時[키타토키]라고 하면 됩니다.

来る時には 連絡してよ!

### 5 빨리 일어나!

 つむぎ
はや お
早く 起き なさい!

いま お　　　　　ちこく
今 起き ない と 遅刻 するよ。 ◀

 ゆい
いまなん じ
今 何 時?

はや お
どう して もっと 早く 起こして くれ なかったの?

つむぎ : 빨리 일어나!
　　　지금 안 일어나면 지각한다.
ゆい : 지금 몇 시?
　　　왜 더 일찍 안 깨워 줬어?

**今起きないと遅刻するよ。**

여기에 나온 と[토]는 '~하면'이라는 뜻을 가지고 있는 조사입니다. '~하면 ~할 것이다'와 같이 어떤 일이 발생하면 그 다음 상황이 이어질 것이라는 가정을 만들 때 사용할 수 있습니다.

今起きないと
遅刻するよ。

### 6 벌써 끝났어요?

 そうた
お
もう 終わり ましたか?

 さくらい
かんたん
はい。簡単な こと でした。

 そうた
ほんとう
本当 ですか?

まじめ
真面目 に して ください。 ◀

そうた : 벌써 끝났어요?
さくらい : 네. 간단한 일이었어요.
そうた : 정말이에요?
　　　진지하게 해 주세요.

**真面目に**

な[나]형용사는 명사를 수식할 때 だ[다]가 な[나]가 되기 때문에 명칭도 な[나]형용사입니다. 그런데 이 な[나]형용사가 동사를 수식할 때는 だ[다]가 に[니]로 바뀌게 됩니다.

**7** 청소했어?

**ひまり** そうじ
掃除 した?

**ゆい** した。

**ひまり** きれい
綺麗 に した?

**ゆい** した。 いちいち うるさい。

ひまり : 청소했어?
ゆい : 했어.
ひまり : 깨끗하게 했어?
ゆい : 했어. 일일이 따지지 마.

**TIP**

奇麗 にした?

◁ **うるさい**

うるさい[우루사이]는 '시끄럽다' 뿐만 아니라 '번거롭다', '귀찮다'라는 뜻을 가지고 있습니다. 사람에게 이 표현을 쓸 경우 잔소리가 많거나 어떤 분야에 까다롭다는 뜻이 될 수도 있습니다.

**8** 재미있는 책이네요.

**きむら** あした　　　　　　　きょうしつ　い　ひ
明日 は ピアノ 教室 に 行く 日 じゃ ない。

かのじょ　わたし
彼女 が 私 に ウインク する こと は ない。

**すずき** おもしろ　ほん　　　　　　　　　　なに
面白い 本 ですね。タイトル は 何 ですか?

**きむら** にほんご　　かんこくご　　　　　　　　　　に
『日本語 と 韓国語 は あまりにも 似て いる』です。 ◁

きむら : 내일은 피아노 교실에 가는 날이 아니다.
　　　　 그녀가 나에게 윙크할 일은 없다.
すずき : 재미있는 책이네요. 제목이 뭐예요?
きむら : '일본어와 우리말은 지나치게 비슷하다' 예요.

**日本語と韓国語はあまりにも 似ている**

일본어와 우리말은 한자어를 기반으로 만들어진 단어를 사용한다는 공통점 때문에 발음이나 사용법이 유사한 경우가 많습니다.

 아래 일본어를 읽을 수 있게 연습한 후 히라가나로 쓰세요.

**1** なんの 科目の 先生 ですか?
어떤　과목의　선생님　입니까?

なんの かもくの せんせい ですか?

**2** 私は 甘い デザートが いい です。
나는　달다　디저트가　좋다　입니다.

**3** 本当に 賑やかな 町 ですね。
정말로　활기 넘치는　마을　이네요.

**4** ありがとう。忘れられない 誕生日 だね。
고맙다.　잊을 수 없다　생일　이네.

**5** はい。簡単な こと でした。
네.　간단한　일　이었습니다.

**6** 明日は ピアノ 教室に 行く 日じゃ ない。
내일은　피아노　교실에　가다　날이　아니다.

---

정답입니다!

1 なんの かもくの せんせい ですか?　　　　난노 카모쿠노 센세에 데스카?

2 わたしは あまい でざーとが いい です。　와타시와 아마이 데자ー토가 이이 데스.

3 ほんとうに にぎやかな まち ですね。　　　혼토오니 니기야카나 마치 데스네.

4 ありがとう。わすれられない たんじょうび だね。아리가토오. 와스레라레나이 탄죠오비 다네.

5 はい。かんたんな こと でした。　　　　　　하이. 칸탄나 코토 데시타.

6 あしたは ぴあの きょうしつに いく ひじゃ ない。아시타와 피아노 쿄오시츠니 이쿠 히쟈 나이.

# MEMO

# 09

가능 표현

동영상 강의

✏️ **1등 암기표**
학습포인트

| 1 | 2 | 3 | 4 | 5 | 6 |
|---|---|---|---|---|---|
| 명사+だ | い형용사 | な형용사 | 2그룹 동사 기본 | 1그룹 동사 기본 | 2그룹 동사 응용 |

| 12 | 11 | 10 | 9 | 8 | 7 |
|---|---|---|---|---|---|
| 주의 표현 | 접속조사 て 응용 | 접속조사 て 기본 | 가능 | 수식 | 1그룹 동사 응용 |

'~할 수 있다'라는 표현은
동사가 1그룹이냐 2그룹이냐에 따라 만드는 방법이 달라집니다.
**2그룹 동사**는 る루를 떼고,
그 자리에 **られる**라레루를 붙여서 만들 수 있습니다.

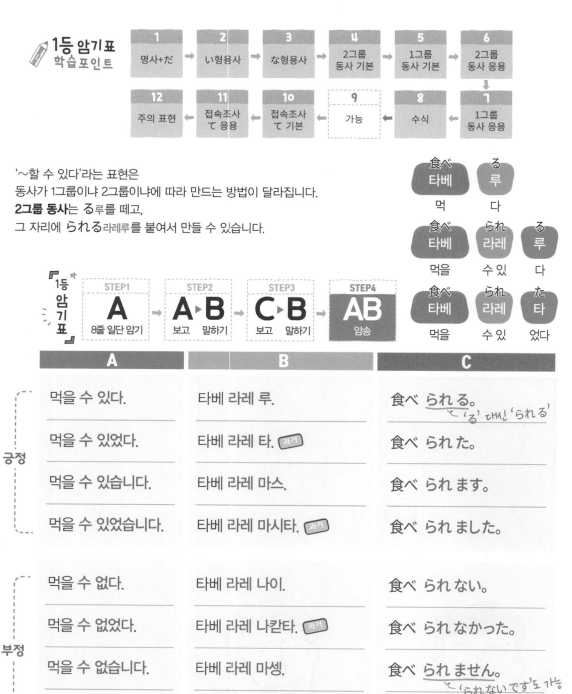

**1등 암기표**

| STEP1 | STEP2 | STEP3 | STEP4 |
|---|---|---|---|
| A | A▶B | C▶B | AB |
| 8줄 일단 암기 | 보고 말하기 | 보고 말하기 | 암송 |

食べ 타베 / る 루 / 먹 / 다
食べ 타베 / られ 라레 / る 루 / 먹을 / 수 있 / 다
食べ 타베 / られ 라레 / た 타 / 먹을 / 수 있 / 었다

| | A | B | C |
|---|---|---|---|
| 긍정 | 먹을 수 있다. | 타베 라레 루. | 食べ られる。 '<u>る</u>'대신'られ<u>る</u>' |
| | 먹을 수 있었다. | 타베 라레 타. 과거 | 食べ られた。 |
| | 먹을 수 있습니다. | 타베 라레 마스. | 食べ られます。 |
| | 먹을 수 있었습니다. | 타베 라레 마시타. 과거 | 食べ られました。 |
| 부정 | 먹을 수 없다. | 타베 라레 나이. | 食べ られない。 |
| | 먹을 수 없었다. | 타베 라레 나칻타. 과거 | 食べ られなかった。 |
| | 먹을 수 없습니다. | 타베 라레 마셍. | 食べ られません。 'られないです'로 가능 |
| | 먹을 수 없었습니다. | 타베 라레 마셍 데시타. 과거 | 食べ られませんでした。 |

**1그룹 동사**를 가능형으로 쓰려면,
마지막 글자를 え에단으로 바꾸고 る루를 붙여 줍니다.

| A | B | C |
|---|---|---|

**긍정**

| 쓸 수 있다. | 카 케 루. | 書 ける。 |
| | | ↳ '書け'는 변하지 않음 |
| 쓸 수 있었다. | 카 케 타. 과거 | 書 けた。 |
| 쓸 수 있습니다. | 카 케 마스. | 書 けます。 |
| 쓸 수 있었습니다. | 카 케 마시타. 과거 | 書 けました。 |

**부정**

| 쓸 수 없다. | 카 케 나이. | 書 けない。 |
| | | ↳ '書かない'는 '쓰지 않다' |
| 쓸 수 없었다. | 카 케 나칻타. 과거 | 書 けなかった。 |
| 쓸 수 없습니다. | 카 케 마셍. | 書 けません。 |
| 쓸 수 없었습니다. | 카 케 마셍 데시타. 과거 | 書 けませんでした。 |

**3그룹 동사**의 가능형을 살펴보겠습니다.
3그룹 동사는 불규칙하게 변화하므로,
가능형 표현도 그냥 외우는 수밖에 없습니다.
する스루 하다의 가능형인 できる데키루 할수있다는
회화에서 자주 사용됩니다.

| する 스루 | くる 쿠루 |
| 하다 | 오다 |
| ↓ | ↓ |
| できる 데키루 | こられる 코라레루 |
| 할수있다 | 올 수 있다 |

ミッション
쓰면서
큰 소리로
읽어보기!

 2그룹 동사의 기본형을 가능형으로 바꿔 보세요. 그리고 응용한 2그룹 동사의 가능 표현을 한글로 빈칸에 적어 주세요. 2그룹 동사의 가능형은 られ까지 어간으로 취급합니다.

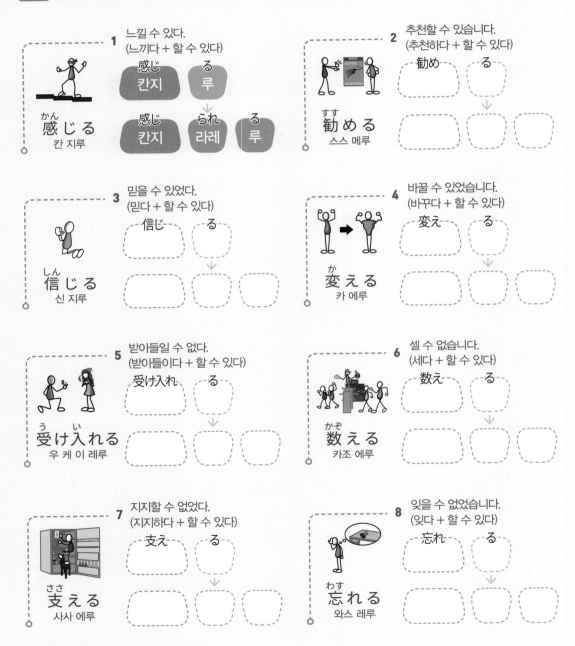

**1** 느낄 수 있다.
(느끼다 + 할 수 있다)

感じ 칸지 / る 루 → 感じ 칸지 / られ 라레 / る 루

感じる
かん
칸 지루

**2** 추천할 수 있습니다.
(추천하다 + 할 수 있다)
勧め / る

勧める
すす
스스 메루

**3** 믿을 수 있었다.
(믿다 + 할 수 있다)
信じ / る

信じる
しん
신 지루

**4** 바꿀 수 있었습니다.
(바꾸다 + 할 수 있다)
変え / る

変える
か
카 에루

**5** 받아들일 수 없다.
(받아들이다 + 할 수 있다)
受け入れ / る

受け入れる
う い
우 케 이 레루

**6** 셀 수 없습니다.
(세다 + 할 수 있다)
数え / る

数える
かぞ
카조 에루

**7** 지지할 수 없었다.
(지지하다 + 할 수 있다)
支え / る

支える
ささ
사사 에루

**8** 잊을 수 없었습니다.
(잊다 + 할 수 있다)
忘れ / る

忘れる
わす
와스 레루

**정답입니다!** ① 칸지 라레 루. ② 스스메 라레 마스. ③ 신지 라레 타. ④ 카에 라레 마시타. ⑤ 우케이레 라레 나이. ⑥ 카조에 라레 마셍. ⑦ 사사에 라레 나칻타. ⑧ 와스레 라레 마센데시타.

ミッション

쓰면서 큰 소리로 읽어보기!

## Practice
# え에단으로 바꾸고 る루를 붙여라

1그룹 동사의 기본형을 가능형으로 바꿔 보세요. 1그룹 동사의 가능형은 2그룹 동사와 같은 방법으로 활용됩니다. 빈칸에 한글로 발음을 적어 주세요.

**1** 생각할 수 있다.
(생각하다 + 할 수 있다)

思
오모 | う
우

思
오모 → え
에 + る
루

おも
思 う
오모 우

**2** 고칠 수 있습니다.
(고치다 + 할 수 있다)

直 | す

なお
直 す
나오 스

**3** 쉴 수 있었다.
(쉬다 + 할 수 있다)

休 | む

やす
休 む
야스 무

**4** 읽을 수 있었습니다.
(읽다 + 할 수 있다)

読 | む

よ
読 む
요 무

**5** 움직일 수 없다.
(움직이다 + 할 수 있다)

動 | く

うご
動 く
우고 쿠

**6** 탈 수 없습니다.
(타다 + 할 수 있다)

乗 | る

の
乗 る
노 루

**7** 서두를 수 없었다.
(서두르다 + 할 수 있다)

急 | ぐ

いそ
急 ぐ
이소 구

**8** 갈 수 없었습니다.
(가다 + 할 수 있다)

行 | く

い
行 く
이 쿠

정답입니다! ① 오모 에 루. ② 나오 세 마스. ③ 야스 메 타. ④ 요 메 마시타.
⑤ 우고 케 나이. ⑥ 노 레 마셍. ⑦ 이소 게 나칻타. ⑧ 이 케 마센데시타.

 표에 있는 2그룹 동사의 기본형을 가능형으로 바꿔 보세요. 명사나 대명사 등과 조합해서 문장을 만들어 보세요. 가능형으로 변한 2그룹 동사는 られ까지를 어간으로 봅니다.

| 보다 | 빌리다 | 잊다 |
|---|---|---|
| み<br>見る<br>미루 | か<br>借りる<br>카 리루 | わす<br>忘れる<br>와스 레루 |

| 영화 | 공연 | 비디오 |
|---|---|---|
| えい が<br>映画<br>에에 가 | こう えん<br>公演<br>코오 엥 | ビデオ<br>비데오 |

---

**1** 영화를 볼 수 있었다.
映画が 見られた。
えいがが みられた。

**2** 전부 먹을 수 있었다.
全部 食べられた。
ぜんぶ：전부
ぜんぶ たべられた。

**3** 영화는 볼 수 없었습니다.
映画は 見られ ませんでした。
えいがは みられ ませんでした。

**4** 비디오를 빌릴 수 있었습니다.
ビデオを 借りられ ました。
ビデオを かりられ ました。

**5** 전부 먹을 수 없었다.
全部 食べられ なかった。
ぜんぶ たべられ なかった。

**6** 너를 잊을 수 없었다.
君を 忘れられ なかった。
きみを わすれられ なかった。

**7** 비디오를 빌릴 수 없었다.
ビデオを 借りられ なかった。
ビデオを かりられ なかった。

**8** 공연을 볼 수 있었습니다.
公演を 見られ ました。
こうえんを みられ ました。

**9** 그 공연은 잊을 수 없다.
あの 公演は 忘れられ ない。
あの こうえんは わすれられ ない。

**10** 비디오를 빌릴 수 있습니까?
ビデオを 借りられ ますか?
ビデオを かりられ ますか?

**11** 잊을 수 없는 영화였다.
忘れられ ない 映画だった。
わすれられ ない えいがだった。

**12** 그것은 잊을 수 없습니다.
それは 忘れられ ません。
それは わすれられ ません。

표에 있는 일본어는 1그룹 동사의 기본형입니다.
가능형으로 변한 1그룹 동사는 2그룹 동사와 같은 방법으로 활용합니다.

| 만나다 | 쓰다 | 사다 | 가다 | 날다 | 읽다 |
|---|---|---|---|---|---|
| あ<br>会 う<br>아 우 | か<br>書 く<br>카 쿠 | か<br>買 う<br>카 우 | い<br>行 く<br>이 쿠 | と<br>飛 ぶ<br>토 부 | よ<br>読 む<br>요 무 |

**1** 친구와 만날 수 있다.
友達に 会える。
ともだちに あえる。

**2** 편지를 쓸 수 없었다.
手紙を 書け なかった。
てがみを かけ なかった。

**3** 미국에 갈 수 있습니다.
アメリカに 行け ます。
アメリカに いけ ます。

**4** 전부 살 수 없었습니다.
全部 買え ませんでした。
ぜんぶ かえ ませんでした。

**5** 하늘을 날 수 없다.
空を 飛べ ない。
そら:하늘
そらを とべ ない。

**6** 친구와 만날 수 있었습니다.
友達に 会え ました。
ともだちに あえ ました。

**7** 하늘을 날 수 있습니다.
空を 飛べ ます。
そらを とべ ます。

**8** 편지를 읽을 수 없었다.
手紙を 読め なかった。
てがみを よめ なかった。

**9** 걸어서 갈 수 있습니다.
歩いて 行け ます。
あるいて いけ ます。

**10** 비디오를 사러 갈 수 없었다.
ビデオを 買いに 行け なかった。
ビデオを かいに いけ なかった。

**11** 영화를 보러 갈 수 있습니까?
映画を 見に 行け ますか?
えいがを みに いけ ますか?

**12** 하늘을 날 수 있었습니까?
空を 飛べ ましたか?
そらを とべ ましたか?

**1** 그럼, 디저트 먹으러 가자.

あかり
つぎ なに た
次 は 何 食べようか?

ハナ
た
まだ 食べられる? ◁

わたし むり た
私 は 無理。もう 食べられない。

あかり
た い
じゃあ、デザート 食べ に 行こう。

**あかり** : 다음은 뭐 먹을까?
**ハナ** : 더 먹을 수 있어?
　　　　 나는 무리야. 더는 못 먹어.
**あかり** : 그럼, 디저트 먹으러 가자.

**まだ**
まだ[마다]는 '아직도', '그 외에도 더'라는 뜻을 가진 부사로 また[마타]와 다른 단어입니다. また[마타]는 '다시', '또'라는 뜻을 가지고 있습니다.

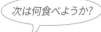
次は何食べようか?

**2** 이번 주는 못 만나요.

さくらい
しごと きょう あ
仕事 が あって 今日 は 会えません。 ◁

すずき
あした あ
そう ですか? では 明日 は 会えますか?

さくらい
あした しごと
いいえ、明日 も 仕事 が あり ます。

こんしゅう あ
今週 は 会えません。

**さくらい** : 일이 있어서 오늘은 못 만나요.
**すずき** : 그래요? 그러면 내일은 만날 수 있어요?
**さくらい** : 아니요, 내일도 일이 있어요.
　　　　　 이번 주는 못 만나요.

**今日와 明日**
今週[콘슈우]라는 단어는 각각의 한자를 こん[콘]과 しゅう[슈우]로 읽습니다. 하지만 今日[쿄오]나 明日[아시타]는 각각의 한자를 따로 읽는 것이 아니라 전체를 한 묶음으로 읽습니다. 이런 단어를 '숙자훈'이라고 합니다.

明日も
仕事があります。

**3** 새 핸드폰은 샀어?

 ハナ
あたら　　けいたい　　か
新しい 携帯 は 買った?

 ゆい
　　　　　　ひと　　おお　　　　　か
ううん、人 が 多すぎて 買えなかった。

 ハナ
ひと　　　　　　　　　　おお
人 が そんなに 多かった?

 ゆい
　　　　　　ある　　　　　　おお
ちゃんと 歩けない ほど 多かった。

ハナ : 새 핸드폰은 샀어?
ゆい : 아니, 사람이 많아서 못 샀어.
ハナ : 사람이 그렇게 많았어?
ゆい : 제대로 못 걸을 정도로 많았어.

**多すぎて**
い[이]형용사에 지나침을 나타내는
동사 過ぎる[스기루]가 붙을 때는 맨 뒤의
い[이]를 빼야 합니다. 過ぎる[스기루]의
て[테]형 대신 명사형 過ぎ[스기]를 쓰면
'너무 ~함'이라는 명사 표현을 만들 수
있습니다.

**4** 저 수영 못해요.

 ひまり
なつ　やす　　　　うみ　　　い
夏 休み に 海 へ 行き ませんか?

 つむぎ
わたし　　　　およ
私 は 泳げません。

 ひまり
だいじょうぶ　　　　　　わたし　　　おし
大丈夫 です。私 が 教えて あげ ます。

まな
すぐ 学べます。

ひまり : 여름 휴가 때 바다에 안 갈래요?
つむぎ : 저 수영 못해요.
ひまり : 괜찮아요. 제가 알려 줄게요.
　　　　금방 배워요.

**조사 へ**
조사 へ[헤]는 '헤'가 아닌 '에'로 발음합니
다. 주로 동작의 방향을 나타내는 데
사용되며, '~으로, ~에게'라는 뜻이
있습니다.

海へ行きませんか?
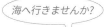

**5** 긴장해서 아무 말도 못 했어.

そうた
どう だった? 言<sup>い</sup>った?

すずき
ううん、全然<sup>ぜんぜん</sup> だめ だった。

緊張<sup>きんちょう</sup> して 何<sup>なに</sup> も 言<sup>い</sup>えなかった。

そうた
次<sup>つぎ</sup> は きっと 言<sup>い</sup>えるよ。

そうた : 어땠어? 말했어?
すずき : 아니, 완전히 망했어.
　　　　 긴장해서 아무 말도 못 했어.
そうた : 다음에는 분명 말할 수 있을 거야.

**だめ**

駄目[다메]는 상황이 나쁘거나 효과가 없음을 나타내는 명사입니다. 무언가를 금지할 때는 '안 돼'라는 의미로도 사용할 수 있습니다.

次は
きっと言えるよ。

**6** 평생 사랑할 수 있어?

ゆい
私<sup>わたし</sup> が どんな 人<sup>ひと</sup> でも 愛<sup>あい</sup>せる?

きむら
もちろん! あなた が 男<sup>おとこ</sup> でも 愛<sup>あい</sup>せる。

ゆい
一生<sup>いっしょう</sup> 愛<sup>あい</sup>せる?

きむら
一生<sup>いっしょう</sup> は 愛<sup>あい</sup>せない。

ゆい : 내가 어떤 사람이든지 사랑할 수 있어?
きむら : 물론이지! 네가 남자라고 해도 사랑할 수 있어.
ゆい : 평생 사랑할 수 있어?
きむら : 평생은 못해.

**もちろん**

우리말 '물론'과 같은 한자를 사용하는 표현으로 그 뜻 역시 동일합니다. '말할 것도 없이'라는 의미로 단정을 나타내는 말과 함께 사용됩니다.

一生は愛せない。

**7** 카페 가서 공부해야지.

すずき
カフェ に 行って 勉強 しよう。
い　　べんきょう

さくらい
カフェ で 勉強 できる?
べんきょう

私 は うるさくて 集中 できない。
わたし　　　　　　しゅうちゅう

すずき
バイト さん が 格好いい。
かっこ

すずき : 카페 가서 공부해야지.
さくらい : 카페에서 공부가 돼?
　　　　　 나는 시끄러워서 집중이 안 돼.
すずき : 아르바이트생이 잘생겼어.

**できる**
모양에서 유추하기는 어렵지만 できる [데키루]는 사실 する[스루]의 가능형입니다. 그래서 '공부하다'라는 뜻인 勉強する[벤쿄오스루]의 가능형이 勉強できる[벤쿄오데키루]가 되는 것이지요.

バイトさんが
格好いい。

**8** 이제 돌이킬 수 없다.

私とあなたは共犯だ。

そうた
新しい ケーキ を 買う こと は できなかった。
あたら　　　　　　　　か

妹 の ケーキ は 全部 食べて しまった。
いもうと　　　　　　　　ぜんぶ た

もう 戻る こと は できない。
もど

私 と あなた は 共犯 だ。
わたし　　　　　　きょうはん

そうた : 새 케이크를 사지 못했다.
　　　　　 여동생의 케이크는 전부 먹어 버렸다.
　　　　　 이제 돌이킬 수 없다.
　　　　　 당신과 나는 공범이다.

**ことはできない。**
직역하자면 '~하는 것은 가능하지 않다'라는 표현으로 긍정형은 ことができる [코토가데키루]입니다. 이때 こと[코토] 뒤에 오는 は[와]나 が[가]는 조사이기 때문에 상황에 따라 바뀌기도 합니다.

 아래 일본어를 읽을 수 있게 연습한 후 히라가나로 쓰세요.

**1** 今週は 会えません。
이번 주는　　만날 수 없습니다.

こんしゅうは あえません。

**2** 夏休みに 海へ 行き ませんか?
여름 휴가에　　바다에　　가기　　하지 않습니까?

**3** 緊張 して 何も 言えなかった。
긴장　　해서　　무엇도　　말할 수 없었다.

**4** 一生は 愛せない。
평생은　　사랑할 수 없다.

**5** 私は うるさくて 集中 できない。
나는　　시끄러워서　　집중　　할 수 없다.

**6** 新しい ケーキを 買う ことは できなかった。
새롭다　　케이크를　　사다　　것은　　할 수 없었다.

---

**정답입니다!**

1 こんしゅうは あえません。　　콘슈우와 아에마셍.

2 なつやすみに うみへ いき ませんか?　　나츠야스미니 우미에 이키 마셍카?

3 きんちょう して なにも いえなかった。　　킨쵸오 시테 나니모 이에나칻타.

4 いっしょうは あいせない。　　잇쇼오와 아이세나이.

5 わたしは うるさくて しゅうちゅう できない。　　와타시와 우루사쿠테 슈우츄우 데키나이.

6 あたらしい けーきを かう ことは できなかった。　　아타라시이 케ー키오 카우 코토와 데키나칻타.

MEMO

# 10

접속조사 ①

天気も晴れて気持ちもいい。
날씨도 맑고 기분도 좋다.

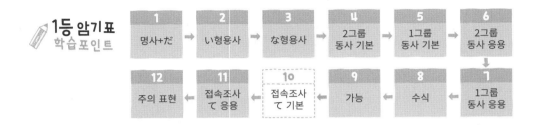

1등 암기표 학습포인트

| 1 | 2 | 3 | 4 | 5 | 6 |
|---|---|---|---|---|---|
| 명사+だ | い형용사 | な형용사 | 2그룹 동사 기본 | 1그룹 동사 기본 | 2그룹 동사 응용 |

| 12 | 11 | 10 | 9 | 8 | 7 |
|---|---|---|---|---|---|
| 주의 표현 | 접속조사 て 응용 | 접속조사 て 기본 | 가능 | 수식 | 1그룹 동사 응용 |

て 테는 두 표현을 연결하는 접속조사입니다.

이번 단원에서

~해서    ~하고

다음 단원에서

요청    진행

완료    경험

이번 단원에선 2가지 통법 먼저 배워보자!

## て의 주요 용법 2가지

て 테는 여러 가지 용도로 사용되는 매우 중요한 표현입니다.
그중 가장 기본이 되는 2가지 용법은 '~하고'와 '~해서'입니다.

| 동사와 함께 | な형용사와 함께 | い형용사와 함께 |
|---|---|---|
| ❶ 먹고<br>❷ 먹어서<br><br>食べて<br>타베 테 | ❶ 편리하고<br>❷ 편리해서<br><br>便利で<br>벤리 데 | ❶ 춥고<br>❷ 추워서<br><br>寒くて<br>사무쿠 테 |

**Practice**
て의 여러 의미

문제마다 주어진 2개의 일본어를 접속조사 て를 사용해서 연결해 보세요.
접속조사 て가 동사에 붙으면, '~하고', '~해서'라는 뜻이 됩니다.

| 지다 | 숨다 | 헤어지다 | 지치다 | 따뜻하게 하다 | 확인하다 |
|---|---|---|---|---|---|
| ま<br>負ける<br>마 케루 | かく<br>隠れる<br>카쿠 레루 | わか<br>別れる<br>와카 레루 | つか<br>疲れる<br>츠카 레루 | あたた<br>温める<br>아타타 메루 | たし<br>確かめる<br>타시 카메루 |

**1** 먹고 마시다.

食べる 타베　테　飲む 노무.

**2** 져서 울다.

負ける　　泣く

**3** 보고 오다.

見る　　くる

**4** 숨어서 먹다.

隠れる　　食べる

**5** 지쳐서 자다.

疲れる　　寝る

**6** 보고 놀라다.

見る　　驚く

**7** 숨어서 살다.

隠れる　　生きる

**8** 헤어져서 울다.

別れる　　泣く

**9** 잊어서 큰일이다.

忘れる　　大変だ

**10** 따뜻하게 해서 먹다.

温める　　食べる

**11** 기억해 주세요.

覚える　　ください

**12** 가르쳐 주세요.

教える　　ください

**1** 타베 테 노무. **2** 마케 테 나쿠. **3** 미 테 쿠루. **4** 카쿠레 테 타베루.
**5** 츠카레 테 네루. **6** 미 테 오도로쿠. **7** 카쿠레 테 이키루. **8** 와카레 테 나쿠.
**9** 와스레 테 타이헨다. **10** 아타타메 테 타베루. **11** 오보에 테 쿠다사이. **12** 오시에 테 쿠다사이.

## Practice
## て의 여러 의미

 문제마다 주어진 2개의 일본어를 접속조사 て를 이용해 연결해 보세요.
1그룹 동사는 동사의 て형으로 변할 때, 마지막 글자에 따라 음편현상이 일어납니다.

| 취하다 | 웃다 | 줄을 서다 | 계속하다 | 서두르다 | 떨어뜨리다 |
|---|---|---|---|---|---|
| よ<br>酔 う<br>요 우 | わら<br>笑 う<br>와라 우 | なら<br>並 ぶ<br>나라 부 | つづ<br>続 く<br>츠즈 쿠 | いそ<br>急 ぐ<br>이소 구 | お<br>落 とす<br>오 토스 |

**1** 이기고 기뻐하다.

 勝つ 카    ㄷ테    喜ぶ 요로코부.

**2** 계속해서 일하다.

続く    働く

**3** 서서 기다리다.

立つ    待つ

**4** 떨어뜨려서 잃어버리다.

落とす    無くす

**5** 서둘러서 달리다.

急ぐ    走る

**6** 골라서 사다.

選ぶ    買う

**7** 일해서 지치다.

働く    疲れる

**8** 웃고 울다.

笑う    泣く

**9** 만들어서 보내다.

作る    送る

**10** 이야기해서 즐겁다.

話す    楽しい

**11** 줄 서서 기다리다.

並ぶ    待つ

**12** 취해서 자다.

酔う    寝る

248

## Practice
### て의 여러 의미

ミッション
30
12개의 문장을 30초 안에 말하기!

 왼쪽 표의 일본어는 동사의 기본형이고, 오른쪽 표의 일본어는 명사입니다.
이 단어들을 조합해서 동사의 て형이 들어간 문장을 만들어 보세요.

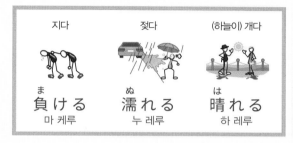

| 지다 | 젖다 | (하늘이) 개다 |
|---|---|---|
| ま<br>負ける<br>마 케루 | ぬ<br>濡れる<br>누 레루 | は<br>晴れる<br>하 레루 |

| 시합 | 신발 | 날씨 |
|---|---|---|
| し あい<br>試合<br>시 아이 | くつ<br>靴<br>쿠츠 | てん き<br>天気<br>텡 키 |

**1** 시합에 져서 슬프다.
試合に 負けて 悲しい。
かなしい:슬프다
しあいに まけて かなしい。

**2** 날씨가 맑아서 기분이 좋다.
天気が 晴れて 気持ちが いい。
きもち:기분
てんきが はれて きもちが いい。

**3** 신발이 젖어서 기분이 나쁘다.
靴が 濡れて 気持ちが 悪い。
くつが ぬれて きもちが わるい。

**4** 신발도 젖고 가방도 젖었다.
靴も 濡れて カバンも 濡れた。
くつも ぬれて カバンも ぬれた。

**5** 시합에도 지고 신발도 잃어버렸다.
試合にも 負けて 靴も なくした。
しあいにも まけて くつも なくした。

**6** 하늘은 맑고 바람도 없다.
空は 晴れて 風も ない。
そらは はれて かぜも ない。

**7** 날씨가 맑아서 신발을 말렸다.
天気が 晴れて 靴を 干した。
干す:ほす:말리다
てんきが はれて くつを ほした。

**8** 신발이 젖어서 시합에서 졌다.
靴が 濡れて 試合で 負けた。
くつが ぬれて しあいで まけた。

**9** 날이 맑아서 시합을 할 수 있었습니다.
天気が 晴れて 試合が でき ました。
てんきが はれて しあいが でき ました。

**10** 가방이 젖어서 그 안에 있던 신발도 젖었다.
カバンが 濡れて その 中に あった
靴も 濡れた。 カバンが ぬれて その
なかに あった くつも ぬれた。

**11** 날씨도 맑고 기분도 좋다.
天気も 晴れて 気持ちも いい。
てんきも はれて きもちも いい。

**12** 시합에서 지고 우는 것은 좋지 않다.
試合で 負けて 泣く のは よく ない。
なく:울다
しあいで まけて なく のは よく ない。

# 형용사 뒤에는 で 아니면 くて

 이 페이지에는 형용사의 기본형이 주어져 있습니다. 이 형용사에 접속조사 て를 연결해서 '~하고'라는 표현을 만들어 보세요. 형용사에 て가 연결될 때, 각 형용사의 변화에 주의하세요.

| 무례하다 | 강압적이다 | 친절하다 | 용감하다 | 현명하다 | 정직하다 |
|---|---|---|---|---|---|
| ぶ れい<br>無礼だ<br>부 레에 다 | きょう あつ てき<br>強圧的だ<br>쿄오 아츠 테키 다 | しん せつ<br>親切だ<br>신 세츠 다 | ゆう かん<br>勇敢だ<br>유우 칸 다 | けん めい<br>賢明だ<br>켐 메에 다 | しょう じき<br>正直だ<br>쇼오 지키 다 |

**1** 용감하고 현명하다.
勇敢で 賢明だ。
ゆうかんで けんめいだ。

**2** 친절하고 정직한 사람
親切で 正直な 人
しんせつで しょうじきな ひと

**3** 무례하고 강압적인 사람
無礼で 強圧的な 人
ぶれいで きょうあつてきな ひと

**4** 강압적이지 않고 친절하다.
強圧的では なくて 親切だ。
きょうあつてきでは なくて しんせつだ。

| 맛있다 | 달다 | 짜다 | 맵다 | 시다 | 쓰다 |
|---|---|---|---|---|---|
| お い<br>美味しい<br>오이 시이 | あま<br>甘い<br>아마 이 | しお から<br>塩辛い<br>시오 카라 이 | から<br>辛い<br>카라 이 | す<br>酸っぱい<br>습 파이 | にが<br>苦い<br>니가 이 |

**1** 맵고 짜다.
辛くて 塩辛い。
からくて しおからい。

**2** 쓰고 맵다.
苦くて 辛い。
にがくて からい。

**3** 달고 짜다.
甘くて 塩辛い。
あまくて しおからい。

**4** 시고 쓰다.
酸っぱくて 苦い。
すっぱくて にがい。

한눈에 배운다!
# 1그룹에서는 음편현상

**과거형과 똑같다**

1그룹 동사가 て테형으로 변화할 때도 음편현상이 발생합니다.
과거형 た타를 떠올리면서 살펴봅시다.

| 어미 | 기본형 | | て 테 형 |
|---|---|---|---|
| **1** **う** 우 | **買う** 카우 사다 | → | **買って** 캇테 사고, 사서 |
| **つ** 츠 | **打つ** 우츠 때리다 | → | **打って** 웃테 때리고, 때려서 |
| **る** 루 | **座る** 스와루 앉다 | → | **座って** 스왓테 앉고, 앉아서 |
| **2** **む** 무 | **飲む** 노무 마시다 | → | **飲んで** 논데 마시고, 마셔서 |
| **ぶ** 부 | **遊ぶ** 아소부 놀다 | → | **遊んで** 아손데 놀고, 놀아서 |
| **3** **く** 쿠 | **聞く** 키쿠 듣다 | → | **聞いて** 키이테 듣고, 들어서 |
| **4** **ぐ** 구 | **泳ぐ** 오요구 수영하다 | → | **泳いで** 오요이데 수영하고, 수영해서 |
| **5** **す** 스 | **探す** 사가스 찾다 | → | **探して** 사가시테 찾고, 찾아서 |

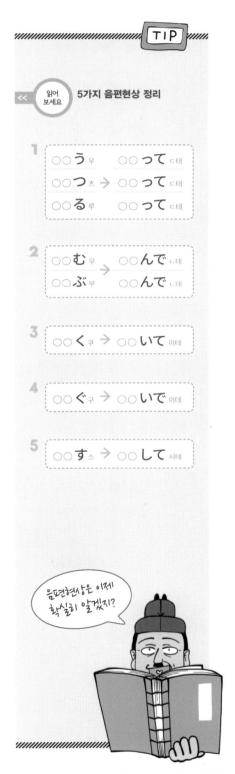

**TIP**

《 **읽어 보세요** **5가지 음편현상 정리**

**1**
○○ **う** 우 　○○ **って** ㄷ테
○○ **つ** 츠 → ○○ **って** ㄷ테
○○ **る** 루 　○○ **って** ㄷ테

**2**
○○ **む** 무 → ○○ **んで** ㄴ데
○○ **ぶ** 부 → ○○ **んで** ㄴ데

**3**
○○ **く** 쿠 → ○○ **いて** 이테

**4**
○○ **ぐ** 구 → ○○ **いで** 이데

**5**
○○ **す** 스 → ○○ **して** 시테

음편현상은 이제
확실히 알겠지?

 아래의 일본어 단어는 1그룹 동사의 기본형입니다. 이 동사들과 접속조사 て를 조합해서 '~하고', '~해서' 라는 표현을 만들어 보세요. 음편현상은 동사 기본형의 마지막 글자에 따라 달라집니다.

**1** 말하다

言う
이 우

말하고, 말해서

**2** 서다

立つ
타 츠

서고, 서서

**3** 타다

乗る
노 루

타고, 타서

**4** 피다

咲く
사 쿠

피고, 펴서

**5** 서두르다

急ぐ
이소 구

서두르고, 서둘러서

**6** 이야기하다

話す
하나 스

말하고, 말해서

**7** 죽다

死ぬ
시 누

죽고, 죽어서

**8** 날다

飛ぶ
토 부

날고, 날아서

**9** 살다

住む
스 무

살고, 살아서

정답입니다! **1** 言って 잇테 **2** 立って 탓테 **3** 乗って 놋테 **4** 咲いて 사이테 **5** 急いで 이소이데 **6** 話して 하나시테 **7** 死んで 신데 **8** 飛んで 톤데 **9** 住んで 슨데

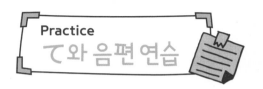

**Practice**
## て와 음편 연습

 아래의 일본어는 1그룹 동사의 기본형입니다. 이 동사들을 음편현상이 일어나도록 접속조사 て와 조합하세요. 1그룹 동사와 て가 연결되면, 마지막 글자에 따라 5종류의 음편현상이 일어납니다.

| 쥐다, 들다, 가지다 | 기다리다 | 줄을 서다 | 부탁하다 | 서두르다 | 반납하다 |
|---|---|---|---|---|---|
| も<br>持つ<br>모 츠 | ま<br>待つ<br>마 츠 | なら<br>並ぶ<br>나라 부 | たの<br>頼む<br>타노 무 | いそ<br>急ぐ<br>이소 구 | かえ<br>返す<br>카에 스 |

**1** 가방을 들고 기다리다.
カバンを 持って 待つ。
　　　　　　　　　カバンを もって まつ。

**2** 줄 서서 기다리다.
並んで 待つ。
　　　　　　　　　ならんで まつ。

**3** 비디오를 반납하고 돌아갔다.
ビデオを 返して 帰った。
　　　　　　　　　ビデオを かえして かえった。

**4** 서둘러서 줄을 섰다.
急いで 並んだ。
　　　　　　　　　いそいで ならんだ。

**5** 너에게 부탁해서 다행이다.
君に 頼んで よかった。
　　　　　　　　　きみに たのんで よかった。

**6** 저건 내가 가지고 가다.
あれは 私が 持って 行く。
　　　　　　　　　あれは わたしが もって いく。

**7** 이제 반납해 주세요.
もう 返して ください。
　　　　　　　　　もう かえして ください。

**8** 서둘러서 돌아가다.
急いで 帰る。
　　　　　　　　　いそいで かえる。

**9** 친구에게 부탁하고 돌아갔다.
友達に 頼んで 帰った。
　　　　　　　　　ともだちに たのんで かえった。

**10** 서둘러서 부탁했다.
急いで 頼んだ。
　　　　　　　　　いそいで たのんだ。

**11** 기다려 주세요.
待って ください。
　　　　　　　　　まって ください。

**12** 이건 내가 갖고, 저건 너에게 주다.
これは 私が 持って、あれは 君に
あげる。　　　これは わたしが もって、
　　　　　　　あれは きみに あげる。

## て의 부정 용법 2가지 | 이번에는 て테의 부정문에 대해 배워보겠습니다.

| 동사와 함께 | な 형용사와 함께 | い 형용사와 함께 |
|---|---|---|
| ❶ 먹지 않고<br>食べ **ないで**<br>타베 나이데<br><br>❷ 먹지 않아서<br>食べ **なくて**<br>타베 나쿠테 | ❶ 편리하지 않고<br>❷ 편리하지 않아서<br><br>便利では **なくて**<br>벤리 데와 나쿠테 | ❶ 춥지 않고<br>❷ 춥지 않아서<br><br>寒く **なくて**<br>사무 쿠 나쿠테 |

동사 + て테의 부정문은 의미에 따라 2가지 모양이 됩니다.

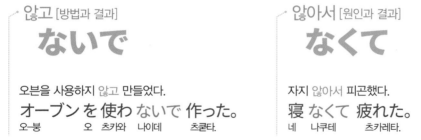

않고 [방법과 결과]
### ないで

오븐을 사용하지 않고 만들었다.
オーブンを 使わ ないで 作った。
오-붕　　　　오 츠카와 나이데　　츠쿳타.

않아서 [원인과 결과]
### なくて

자지 않아서 피곤했다.
寝 なくて 疲れた。
네　나쿠테　　츠카레타.

な나형용사와 い이형용사를 て테의 부정문으로 만드는 방법은 아래와 같습니다.

> な형용사 어간 + では 데와 + なくて 나쿠테
> い형용사 어간 + く ㅋ + なくて 나쿠테

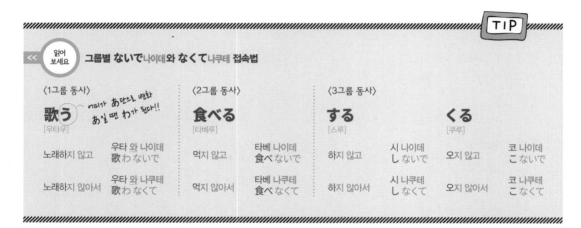

**TIP**

《 읽어
보세요 **그룹별 ないで**나이데**와 なくて**나쿠테 **접속법**

| 〈1그룹 동사〉 | | 〈2그룹 동사〉 | | 〈3그룹 동사〉 | | | |
|---|---|---|---|---|---|---|---|
| 歌う<br>[우타우] | 끼리가 아단으로 비뀐<br>아울 땐 와가 된다!! | 食べる<br>[타베루] | | する<br>[스루] | | くる<br>[쿠루] | |
| 노래하지 않고 | 우타 와 나이데<br>歌わ ないで | 먹지 않고 | 타베 나이데<br>食べ ないで | 하지 않고 | 시 나이데<br>し ないで | 오지 않고 | 코 나이데<br>こ ないで |
| 노래하지 않아서 | 우타 와 나쿠테<br>歌わ なくて | 먹지 않아서 | 타베 나쿠테<br>食べ なくて | 하지 않아서 | 시 나쿠테<br>し なくて | 오지 않아서 | 코 나쿠테<br>こ なくて |

 아래의 일본어는 동사의 기본형입니다. 이 동사의 기본형을 동사의 て형의 부정표현으로 만들어야
문제를 풀 수 있습니다. て의 부정 용법은 '않아서'와 '않고'를 구분합니다.

| 젖다 | 결정하다 | 부탁하다 | 쥐다, 들다, 가지다 | 돌아가다 | 끝나다 |
|---|---|---|---|---|---|
| ぬ<br>濡れる<br>누 레루 | き<br>決める<br>키 메루 | たの<br>頼む<br>타노 무 | も<br>持つ<br>모 츠 | かえ<br>*帰る<br>카에 루 | お<br>終わる<br>오 와루 |

**1** 그는 부탁하지 않고 돌아갔다.
彼は 頼ま ないで 帰った。

かれは たのま ないで かえった。

**2** 아무것도 결정하지 않고 끝났다.
何も 決め ないで 終わった。
なにも：아무것도

なにも きめ ないで おわった。

**3** 신발이 젖지 않아서 다행이다.
靴が 濡れ なくて よかった。

くつが ぬれ なくて よかった。

**4** 반납하지 않고 돌아갔다.
返さ ないで 帰った。

かえさ ないで かえった。

**5** 서두르지 않아서 지각했다.
急が なくて 遅刻した。
ちこく：지각

いそが なくて ちこくした。

**6** 반납하지 않아서 벌금을 냈다.
返さ なくて 罰金を 出した。
ばっきん：벌금
かえさ なくて ばっきんを だした。

**7** 서두르지 않고 결정했다.
急が ないで 決めた。

いそが ないで きめた。

**8** 그가 부탁하지 않아서 나는 돌아갔다.
彼が 頼ま なくて 私は 帰った。

かれが たのま なくて わたしは かえった。

**9** 아무것도 결정하지 않아서 끝났다.
何も 決め なくて 終わった。

なにも きめ なくて おわった。

**10** 집에 돌아가지 않고 놀았다.
家に 帰ら ないで 遊んだ。

いえに かえら ないで あそんだ。

* 帰る는 2그룹처럼 생겼지만 1그룹처럼 활용하는 예외 동사입니다.

## 1 저는 동그란 모양입니다.

ひまり

私 は 丸い 形 です。
わたし　まる　かたち

私 は 果物 で 野菜 では あり ません。 ◄
わたし　くだもの　やさい

私 は 赤色 で 黄色 では あり ません。
わたし　あかいろ　きいろ

私 は 何 でしょうか?
わたし　なん

ひまり : 저는 동그란 모양입니다.
　　　　저는 과일이고 채소는 아닙니다.
　　　　저는 빨간색이고 노란색은 아닙니다.
　　　　저는 무엇일까요?

일본어 과일 종류

リンゴ[린고] : 사과
イチゴ[이치고] : 딸기
スイカ[스이카] : 수박
ミカン[미칸] : 귤
桃[모모] : 복숭아

私は果物で
野菜ではありません。

## 2 좋은 사람이라고 생각해.

つむぎ

あの 人 は どう?
ひと

ハナ

すごく いい。

真面目 で 仕事 も できる。
まじめ　　しごと

本当に いい 人 だ と 思う。
ほんとう　　　ひと　　　おも

つむぎ : 그 사람은 어때?
　　ハナ : 엄청 좋아.
　　　　　성실하고 일도 잘해.
　　　　　정말 좋은 사람이라고 생각해.

すごくいい

すごくいい[스고쿠이이]는 '대단하다'라는
뜻의 すごい[스고이]와 '좋다'라는 의미의
いい[이이]가 합쳐져 만들어진 표현입니다.
い[이]형용사가 다른 단어와 결합할 때는
い[이]가 く[쿠]로 바뀌어 활용됩니다.

すごくいい。

## 3 혼자서 무섭지 않아?

 あかり
一人 で 怖く ない?

 きむら
怖く ない。

 あかり
確かに、怖くて も 仕様 が ないか。

 きむら
本当 は 怖くて 泣き たい。

> あかり : 혼자서 무섭지 않아?
> きむら : 무섭지 않아.
> あかり : 하긴, 무서워도 할 수 없지.
> きむら : 사실은 무서워서 울고 싶어.

**確かに**

確かだ[타시카다]는 '확실하다'라는 뜻의 な[나]형용사입니다. 말 서두에서 부사처럼 쓰일 때는 '하긴'과 같은 의미로 사용되기도 합니다.

## 4 우선은 빵을 먹을 거야.

 すずき
まず は パン を 食べる。

パン を 食べて ミルク も 飲む。

ミルク を 飲んで また パン を 食べる。

 ゆい
いつ まで 食べるの?

> すずき : 우선은 빵을 먹을 거야.
> 　　　　 빵을 먹고 우유도 마실 거야.
> 　　　　 우유를 마시고 다시 빵을 먹을 거야.
> 　ゆい : 언제까지 먹을 거야?

**まず**

'우선'이라는 뜻으로 여러 가지 일을 순차적으로 나열할 때 주로 사용되는 표현입니다. 일단 이 단어가 나오면 그다음에 여러 상황이 이어질 것임을 알 수 있겠죠.

まずは パンを食べる。

**5** 사과가 아니라 토마토야.

 ハナ　だから あれ は リンゴ だ!

 さくらい　違う。リンゴ じゃ なくて トマト だ。

 ハナ　トマト は 果物 では なく 野菜 だろう。

絶対 リンゴ だ、あれ は。

ハナ : 그러니까 저건 사과야!
さくらい : 아니야. 사과가 아니라 토마토야.
ハナ : 토마토는 과일이 아니라 채소잖아.
　　　　절대로 사과야 저건.

リンゴじゃ なくてトマトだ。

絶対リンゴだ。

**6** 잠깐 기다려.

 そうた　ちょっと 待って。

皆 が 来る まで 食べ ないで。

 ひまり　待た なくて も いい じゃ ない?

 そうた　だめ。皆 で 食べ なくて は いけない。

そうた : 잠깐 기다려.
　　　　다 올 때까지 먹지 마.
ひまり : 안 기다려도 되지 않아?
そうた : 안돼. 다 같이 먹어야 해.

**なくてはいけない**
なくてはいけない [나쿠테와이케나이]는 '〜하지 않으면 안 된다'는 의무를 나타내는 표현입니다. 반대로 てはいけない[테와이케나이]를 쓰게 되면 '〜하면 안 된다'는 의무를 나타내는 표현이 됩니다.

**7** 아버지는 청소를 하고 있습니다.

ゆい

お父さん は 掃除 を して います。

お母さん は 料理 を 作って います。

弟 も お母さん を 手伝って います。

私 は 何 も して いません。

ゆい : 아버지는 청소를 하고 있습니다.
　　어머니는 요리를 하고 있습니다.
　　동생은 어머니를 돕고 있습니다.
　　저는 아무것도 하지 않습니다.

**しています**
～ている[테이루]는 '～하고 있다'라는
진행형을 만드는 문형입니다. いる[이루]의
활용은 2그룹 동사의 활용과 동일합니다.

掃除を
しています。

---

**8** 그럼, 슈퍼 가서 사와.

すずき

マート に 行く なら 牛乳 を 買って きて。

つむぎ

マート じゃ なくて デパート に 行く つもり。

すずき

じゃあ、マート に 行って 買って。

つむぎ

自分 で 行って。

すずき : 마트에 가는 거면 우유 좀 사다 줘.
つむぎ : 마트 말고 백화점에 갈 거야.
すずき : 그럼, 마트 가서 사와.
つむぎ : 네가 가.

**行って買って**
앞의 て[테]는 수단을, 뒤의 て[테]는
요청을 나타내고 있습니다.

マートに
行って買って。

 아래 일본어를 읽을 수 있게 연습한 후 히라가나로 쓰세요.

**1** 私は 果物で 野菜では ありません。
나는　　과일이고　　채소는　　　아닙니다.

わたしは くだもので やさいでは ありません。

**2** 真面目で 仕事も できる。
성실하고　　　일도　　할 수 있다.

**3** 本当は 怖くて 泣き たい。
사실은　　무서워서　　울기　　～하고 싶다.

**4** ミルクを 飲んで また パンを 食べる。
우유를　　마시고　　다시　　빵을　　먹다.

**5** 弟も お母さんを 手伝って います。
남동생도　　어머니를　　돕고　　있습니다.

**6** じゃあ、スーパーに 行って 買って。
그럼,　　슈퍼에　　가서　　사.

---

**정답입니다!**

① わたしは くだもので やさいでは ありません。　　와타시와 쿠다모노데 야사이데와 아리마셍.

② まじめで しごとも できる。　　마지메데 시고토모 데키루.

③ ほんとうは こわくて なき たい。　　혼토오와 코와쿠테 나키 타이.

④ みるくを のんで また ぱんを たべる。　　미루쿠오 논데 마타 팡오 타베루.

⑤ おとうとも おかあさんを てつだって います。　　오토오토모 오카아상오 테츠닫테 이마스.

⑥ じゃあ、すーぱーに いって かって。　　쟈아, 스-파-니 읻테 칻테.

260

MEMO

# 11

# 접속조사 ②

ている (하고 있다)

てしまう (해버리다)

てみる (해 보다)

히라가나 연습

日本に行ってみました。
일본에 가 봤습니다.

한눈에 배운다!

**ている (하고 있다)**

て의 특별 표현①

따라 말하기

---

✏️ **1등 암기표** 학습포인트

| 1 | 2 | 3 | 4 | 5 | 6 |
|---|---|---|---|---|---|
| 명사+だ | い형용사 | な형용사 | 2그룹 동사 기본 | 1그룹 동사 기본 | 2그룹 동사 응용 |

| 12 | 11 | 10 | 9 | 8 | 7 |
|---|---|---|---|---|---|
| 주의 표현 | 접속조사 て 응용 | 접속조사 て 기본 | 가능 | 수식 | 1그룹 동사 응용 |

---

첫 번째 표현은 て테+いる이루입니다.
いる이루는 원래 '있다'라는 뜻으로, て테형과 함께 쓰이면
무언가를 하고 있는 중이라거나, 바로 그 상태임을 나타냅니다.
영어로 치면 ing의 역할로, 매우 자주 사용되는 표현입니다.
회화에서는 종종 い이를 생략하기도 합니다.
따라서 てる테루, てた테타처럼 い이를 생략하면서 연습해 보세요.

て와 いる가 만나면 진행형

『1등 암기표』

| STEP1 | STEP2 | STEP3 | STEP4 |
|---|---|---|---|
| **A** | **A▸B** | **C▸B** | **AB** |
| 8줄 일단 암기 | 보고 말하기 | 보고 말하기 | 암송 |

| | A | B | C |
|---|---|---|---|
| 긍정 | 먹고 있다. | 타베 테 이루. | 食べ ている。 ↳ 2그룹 동사 'いる'의 활용 |
| | 먹고 있었다. | 타베 테 이타. 과거 | 食べ ていた。 |
| | 먹고 있습니다. | 타베 테 이마스. | 食べ ています。 |
| | 먹고 있었습니다. | 타베 테 이마시타. 과거 | 食べ ていました。 |
| 부정 | 먹고 있지 않다. | 타베 테 이나이. | 食べ ていない。 ↳ 회화 상에선 '食べてない'라고도 함 |
| | 먹고 있지 않았다. | 타베 테 이나칻타. 과거 | 食べ ていなかった。 |
| | 먹고 있지 않습니다. | 타베 테 이마셍. | 食べ ていません。 ↳ 존댓는 'ません' |
| | 먹고 있지 않았습니다. | 타베 테 이마셍 데시타. 과거 | 食べ ていません でした。 |

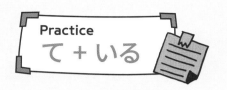

**Practice**
## て + いる

 표에 있는 일본어는 동사의 기본형입니다. 이 동사들을 て+いる 문형으로 바꿔 보세요.
いる는 2그룹 동사와 같은 활용을 합니다.

| 믿다 | 지다 | 자다 | 듣다 | 읽다 | 일하다 |
|---|---|---|---|---|---|
| しん<br>信じる<br>신 지루 | ま<br>負ける<br>마 케루 | ね<br>寝る<br>네 루 | き<br>聞く<br>키 쿠 | よ<br>読む<br>요 무 | はたら<br>働く<br>하타라 쿠 |

**1** 듣고 있다.
聞いて いる。

きいて いる。

**2** 읽고 있었다.
読んで いた。

よんで いた。

**3** 호텔에서 일하고 있습니다.
ホテルで 働いて います。
ほてる:호텔

ホテルで はたらいて います。

**4** 믿고 있었습니다.
信じて いました。

しんじて いました。

**5** 지고 있지 않다.
負けて い ない。

まけて い ない。

**6** 잠자고 있지 않았다.
寝て い なかった。

ねて い なかった。

**7** 듣고 있지 않습니다.
聞いて い ません。

きいて い ません。

**8** 읽고 있지 않았습니다.
読んで い ませんでした。

よんで い ませんでした。

**9** 듣고 있었다.
聞いて いた。

きいて いた。

**10** 믿고 있지 않았다.
信じて い なかった。

しんじて い なかった。

**11** 잠자고 있습니다.
寝て います。

ねて います。

**12** 지고 있지 않았습니다.
負けて い ませんでした。

まけて い ませんでした。

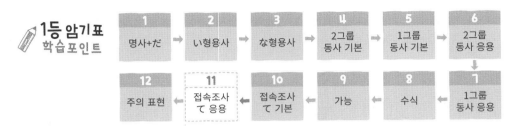

**1등 암기표**
**학습포인트**

| 1 | 2 | 3 | 4 | 5 | 6 |
|---|---|---|---|---|---|
| 명사+だ | い형용사 | な형용사 | 2그룹 동사 기본 | 1그룹 동사 기본 | 2그룹 동사 응용 |

| 12 | 11 | 10 | 9 | 8 | 7 |
|---|---|---|---|---|---|
| 주의 표현 | 접속조사 て 응용 | 접속조사 て 기본 | 가능 | 수식 | 1그룹 동사 응용 |

しまう시마우라는 동사의 원래 뜻은 '끝내다', '치우다'입니다.
그런데 て테+しまう시마우는 '〜을 해버리다'라는 의미입니다.
어떤 일이 이미 발생해 완료되었음을 강조하는 표현입니다.

ご飯を食べた。   밥을 먹었다. [그냥 과거]
고항  오 타베 타

ご飯を食べてしまう。   밥을 먹어버리다. [완료]
고항  오 타베 테 시마우

て와 しまう가 만나면 완료형

**1등 암기표**

| STEP1 | STEP2 | STEP3 | STEP4 |
|---|---|---|---|
| A | A▶B | C▶B | AB |
| 4줄 일단 암기 | 보고 말하기 | 보고 말하기 | 암송 |

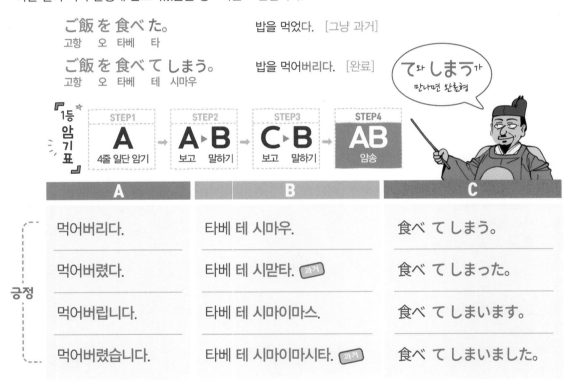

| A | B | C |
|---|---|---|
| 먹어버리다. | 타베 테 시마우. | 食べてしまう。 |
| 먹어버렸다. | 타베 테 시맏타. 과거 | 食べてしまった。 |
| 먹어버립니다. | 타베 테 시마이마스. | 食べてしまいます。 |
| 먹어버렸습니다. | 타베 테 시마이마시타. 과거 | 食べてしまいました。 |

(긍정)

て는 접속조사입니다. て의 앞뒤로 동사를 둘 수 있습니다.

동사 + て + 동사

앞에 나왔던 '〜하고 있다'나 위에서 설명한 '〜해버리다', 뒤에 나올 '〜해 보다' 등이 대표적 예시라고
할 수 있습니다. 이때, 문형은 원래 동사의 뜻과 비슷할 수도, 다를 수도 있습니다.
이때, 동사와 て가 결합한 형태를 **동사의 て형**이라고 합니다.

266

 표에 있는 동사의 기본형과 명사를 조합해 て+しまう 표현을 만들어 보세요.
しまう의 활용법은 1그룹 동사와 같습니다.

| 지다 | 믿다 | 듣다 |
|---|---|---|
| 負ける<br>마 케루 | 信じる<br>신 지루 | 聞く<br>키 쿠 |

| 방 | 박물관 | 미술관 |
|---|---|---|
| 部屋<br>헤 야 | 博物館<br>하쿠 부츠 캉 | 美術館<br>비 쥬츠 캉 |

1 져버리다.
負けてしまう。
まけてしまう。

2 읽어버리다.
読んでしまう。
よんでしまう。

3 잠들어버리다.
寝てしまう。
ねてしまう。

4 방에서 잠들어버렸습니다.
部屋で 寝てしまいました。
へやで ねてしまいました。

5 책을 전부 읽어버렸다.
本を 全部 読んでしまった。
ほんを ぜんぶ よんでしまった。

6 게임에서 져버렸다.
ゲームで 負けてしまった。
ゲームで まけてしまった。

7 거짓말을 믿어버렸습니다.
うそを 信じてしまいました。
うそを しんじてしまいました。

8 가지 않고 자버렸다.
行か ないで 寝てしまった。
いか ないで ねてしまった。

9 박물관에 가버렸다.
博物館に 行ってしまった。
はくぶつかんに いってしまった。

10 미술관에 가버렸습니다.
美術館に 行ってしまいました。
びじゅつかんに いってしまいました。

11 이야기를 들어버렸다.
話を 聞いてしまった。
はなしを きいてしまった。

12 간단히 믿어버리다.
簡単に 信じてしまう。
かんたんに しんじてしまう。

✏️ **1등 암기표**
학습포인트

| 1 | 2 | 3 | 4 | 5 | 6 |
|---|---|---|---|---|---|
| 명사+だ | い형용사 | な형용사 | 2그룹 동사 기본 | 1그룹 동사 기본 | 2그룹 동사 응용 |

| 12 | 11 | 10 | 9 | 8 | 7 |
|---|---|---|---|---|---|
| 주의 표현 | 접속조사 て 응용 | 접속조사 て 기본 | 가능 | 수식 | 1그룹 동사 응용 |

みる미루라는 동사의 원래 뜻은 '보다'입니다. 그런데 て테+みる미루는 '~해 보다'라는 경험의 의미입니다.
원래 みる미루는 한자로 표기합니다. 하지만 경험의 みる미루는 히라가나로만 표기합니다.
(일반적으로 의미를 담은 표현들에는 한자가 많고,
문법을 담은 표현들에는 히라가나가 많습니다.)

て와 みる가
만나면 경험의 의미

★ **1등 암기표**

| STEP1 | STEP2 | STEP3 | STEP4 |
|---|---|---|---|
| **A** | **A▶B** | **C▶B** | **AB** |
| 8줄 일단 암기 | 보고 말하기 | 보고 말하기 | 암송 |

| A | B | C |
|---|---|---|
| 먹어 보다. | 타베 테 미루. | 食べ て みる。 이때 'みる'는 무조건 히라가나 |
| 먹어 봤다. | 타베 테 미타. (과거) | 食べ て みた。 |
| 먹어 봅니다. | 타베 테 미마스. | 食べ て みます。 |
| 먹어 봤습니다. | 타베 테 미마시타. (과거) | 食べ て みました。 |
| 먹어 보지 않다. | 타베 테 미나이. | 食べ て みない。 'みる'는 2그룹 동사 |
| 먹어 보지 않았다. | 타베 테 미나캇타. (과거) | 食べ て みなかった。 |
| 먹어 보지 않습니다. | 타베 테 미마셍. | 食べ て みません。 |
| 먹어 보지 않았습니다. | 타베 테 미마셍 데시타. (과거) | 食べ て みませんでした。 |

긍정 / 부정

Practice
て + みる

ミッション
12개의 문장을
22초 안에
말하기!

 표에 있는 단어들은 명사입니다. 이 명사들에 동사와 て+みる 표현을 조합해 문장을 만들어 보세요.
みる는 2그룹 동사와 같은 방법으로 활용합니다.

| 한국 | 미국 | 일본 | 중국 | 안 | 밖 |
|------|------|------|------|-----|-----|
| かんこく<br>韓国<br>캉 코쿠 | アメリカ<br>아메리카 | に ほん<br>日本<br>니홍 | ちゅうごく<br>中国<br>츄우 고쿠 | なか<br>中<br>나카 | そと<br>外<br>소토 |

**1** 일본에 가 봤습니다.
日本に 行って みました。
にほんに いって みました。

**2** 미국에 가 보지 않았습니다.
アメリカに 行って み ませんでした。
アメリカに いって み ませんでした。

**3** 밖에 나가 봤다.
外に 出て みた。
そとに でて みた。

**4** 일본에 가 봤어?
日本に 行って みた?
にほんに いって みた?

**5** 중국에 가 봤습니다.
中国に 行って みました。
ちゅうごくに いって みました。

**6** 한국에 가 봤습니다.
韓国に 行って みました。
かんこくに いって みました。

**7** 안에 들어가 보지 않을래?
中に 入って み ない?
なかに はいって み ない?

**8** 안에 들어가 보지 않았습니다.
中に 入って み ませんでした。
なかに はいって み ませんでした。

**9** 밖에 나가 보지 않았습니다.
外に 出て み ませんでした。
そとに でて み ませんでした。

**10** 중국에 가 보지 않았다.
中国に 行って み なかった。
ちゅうごくに いって み なかった。

**11** 한국에 가 봤습니까?
韓国に 行って みましたか?
かんこくに いって みましたか?

**12** 미국에 가 보지 않겠습니까?
アメリカに 行って み ませんか?
アメリカに いって み ませんか?

**1** 진짜로 시험공부 하고 있어.

 あかり
なに
何 して いる?

 すずき
べんきょう
勉強 して いる。

 あかり
うそ
嘘。

 すずき
ほんとう　　しけん　べんきょう
本当に 試験 勉強 を して いる。

**あかり** : 뭐 하고 있어?
**すずき** : 공부하고 있어.
**あかり** : 거짓말.
**すずき** : 진짜 시험공부 하고 있어.

**勉強**
'공부'라는 말은 일본어로 勉強[벤쿄오]
라고 합니다. 試験[시켄](시험)이나 受験
[쥬켄](수험)과 자주 결합해 사용하는
표현입니다.

> 勉強している。

**2** 공부하는 거 아니었어?

 ゆい
げんき
お元気 ですか?

わたし　　げんき
私 は 元気 です。

 ひまり
なに
何 して いるの?

べんきょう
勉強 して いる の では なかった?

**ゆい** : 잘 지내세요?
　　　　저는 잘 지내요.
**ひまり** : 뭐하고 있는 거야?
　　　　공부하는 거 아니었어?

**お元気 ですか?**
영화 〈러브레터〉의 유명한 대사입니다.
이 표현은 매일 만나는 사람이 아니라
한동안 만나지 못한 상대의 안부를 물을
때 사용합니다.

> お元気ですか?

### 3 제 발 밟고 있어요.

そうた
私 の 足 を 踏んで いますよ。

ゆい
ごめん。本 を 読んで いて 気付か なかった。

そうた
大丈夫 です。

私 は あなた の カバン を 踏んで いる から。

> そうた : 제 발 밟고 있어요.
> ゆい : 미안. 책 보느라 몰랐어.
> そうた : 괜찮아요.
> 　　　　 저도 당신 가방 밟고 있거든요.

◀ **気付かなかった**

気付く[키즈쿠]는 '깨닫다, 눈치채다'라는
뜻의 동사입니다. 여기서는 과거의 부정형
으로 쓰였기 때문에 気付かなかった[키즈
카나캇타]가 되는 것입니다.

本を読んでいて
気付かなかった。

### 4 잘 조사하고 있어?

頑張っています。

つむぎ
ちゃんと 調べて いる?

さくらい
まだ やって います。

つむぎ
できる だけ 早く して。

さくらい
頑張って います。

> つむぎ : 잘 조사하고 있어?
> さくらい : 아직 하고 있어요.
> つむぎ : 가능한 한 빨리해줘.
> さくらい : 열심히 하고 있어요.

◀ **できるだけ**

'～만큼'이라는 뜻의 조사 だけ[다케]를
쓰면 정도나 한계를 나타내는 표현이
됩니다. 知っているだけ[싯테이루다케]라고
하면 '알고 있는 한'이라는 말이 되는 것이
지요.

### 5 또 쇼핑했어?

 ハナ

また 買い物 した?

 きむら

うん、また 買って しまった。

 ハナ

生活費 は 大丈夫?

 きむら

ううん、全部 使って しまった。

ハナ : 또 쇼핑했어?
きむら : 응, 또 사버렸어.
ハナ : 생활비는 괜찮아?
きむら : 아니, 다 써버렸어.

**TIP**

**買い物**

買い物[카이모노]는 물건을 사거나 산 물건을 뜻하는 표현입니다. 우리가 주로 사용하는 '쇼핑'이라는 단어와 사용법이 같기 때문에 '쇼핑'이라고 이해하셔도 좋습니다.

> また買い物した?

### 6 여동생 케이크를 먹어버렸어.

 ひまり

しまった!

 あかり

どう したの?

 ひまり

妹 の ケーキ を 食べて しまった。

全部 食べて しまおう!

ひまり : 큰일 났다!
あかり : 왜 그래?
ひまり : 여동생 케이크를 먹어버렸어.
다 먹어버리자!

**しまった**

しまった[시맛타]는 '~해버리다'라는 뜻인 しまう[시마우]의 과거형입니다. 단독으로 しまった[시맛타]만 쓰이면 해서는 안 되는 일을 '해버렸다'라는 어감으로, '큰일 났다'라는 뜻으로 사용되기도 합니다.

> しまった!

**7** 회사 그만둬버렸어요.

 すずき
今日 は 休み ですか?
きょう　やす

 つむぎ
いいえ、会社 を 辞めて しまい ました。
かいしゃ　や

ヨーロツパ 旅行 でも 行こう と 思って います。
りょこう　い　おも

 すずき
それ は すごい ですね。

**すずき** : 오늘은 쉬는 날이에요?
**つむぎ** : 아니요, 회사 그만둬버렸어요.
　　　　유럽 여행이라도 가려고 생각하고 있어요.
**すずき** : 대단하네요.

일본어 국가 이름

**韓国**[칸코쿠] : 한국
**中国**[츄우고쿠] : 중국
**アメリカ**[아메리카] : 미국
**カナダ**[카나다] : 캐나다
**フランス**[후란스] : 프랑스
**ドイツ**[도이츠] : 독일

**8** 무서운 영화는 좋아하세요?

 ゆい
怖い 映画 は 好き ですか?
こわ　えいが　す

 そうた
全然 だめ です。
ぜんぜん

すぐ 叫んで しまい ます。
さけ

 ゆい
私 は すぐ 泣いて しまい ますよ。
わたし　な

**ゆい** : 무서운 영화는 좋아하세요?
**そうた** : 절대 못 봐요.
　　　　바로 소리 질러버릴 걸요.
**ゆい** : 저는 바로 울어버릴 거예요.

すぐ叫んで
しまいます。

叫んで、泣いて
'소리치다'라는 일본어 표현은 叫ぶ[사케부]
이며 '울다'는 泣く[나쿠]입니다. 그래서
각각의 규칙을 따라 ぶ[부]는 んで[ㄴ데]
가 쓰이고 く[쿠]는 いて[이테]가 쓰인 것
입니다.

### 9 얼굴도 보고 싶지 않아.

きむら
彼(かれ) と 会(あ)って みた?

ひまり
いえ、顔(かお) も 見(み) たく ない。 ◀

きむら
私(わたし) と 一緒(いっしょ) に 会(あ)って みない?

ひまり
分(わ)かった。会(あ)って みる。

きむら : 남자친구랑 만나 봤어?
ひまり : 아니, 얼굴도 보고 싶지 않아.
きむら : 나랑 같이 안 만나 볼래?
ひまり : 알았어. 만나 볼게.

신체와 관련된 일본어
頭[아타마] : 머리
目[메] : 눈
鼻[하나] : 코
口[쿠치] : 입
唇[쿠치비루] : 입술
頬[호오] : 볼

> 顔も見たくない。

### 10 내가 만든 빵이에요.

すずき
これ、食(た)べて み ませんか?

つむぎ
これ は 何(なん) ですか?

すずき
私(わたし) が 作(つく)った パン です。

あなた の ため に 作(つく)って み ました。 ◀

すずき : 이거, 먹어 볼래요?
つむぎ : 이게 뭐예요?
すずき : 내가 만든 빵이에요.
　　　　당신을 위해서 만들어 봤어요.

> あなたのために
> 作ってみました。

**ため**
'~을 위해'라는 표현을 쓸 때는 ため[타메]
를 이용합니다. ため[타메] 만으로는 '위함'
이라는 명사이기 때문에 조사 に[니]를
붙여 사용합니다.

**11** 생일 축하해.

あかり
誕生日 おめでとう。
たんじょうび

開けて 見て。
あ　　　み

ハナ
うわ! ありがとう。

着て みて も いい?
き

あかり : 생일 축하해.
　　　　열어봐.
　ハナ : 우와! 고마워.
　　　　입어 봐도 돼?

TIP

**おめでとう**

축하한다는 의미의 おめでとう[오메데토
오]는 새해 인사에서도 사용합니다. 明け
ましておめでとう[아케마시테오메데토오]는
새해를 축하하는 인사로 우리의 '새해 복
많이 받으세요'와 같은 의미입니다.

開けてみて。

**12** 누가 쓴 책인데?

ゆい
ちょっと 見て 見て。
み　　　み

すごく ない?

さくらい
誰 が 書いた 本なの?
だれ　か　　　ほん

ゆい
私。暇 で 書いて みた。
わたし ひま　か

ゆい : 이것 좀 봐봐.
　　　대단하지 않아?
さくらい : 누가 쓴 책인데?
ゆい : 나. 심심해서 써봤어.

**暇で**

조사 で[데]는 장소나 시간을 나타낼 때
뿐만 아니라 원인을 나타낼 때도 사용할
수 있습니다. 그래서 暇で[히마데]라고
하면 '한가해서'라는 표현이 되는 것입니다.

## 13 미국에 가 본 적 있어요?

 **すずき**
アメリカ に 行った こと あり ますか?

 **そうた**
いいえ、あり ません。鈴木 さん は?

 **わたし / すずき**
私 は あり ます。

大学生 の 時 行った こと が あり ます。

**すずき** : 미국에 가 본 적 있어요?
**そうた** : 아니요, 없어요. 스즈키 씨는요?
**すずき** : 저는 있어요.
　　　　대학생 때 가봤어요.

**アメリカ**

일본은 외래어 사용이 많은 편으로 미국도 米国[베이코쿠]라는 말보다 アメリカ[아메리카]라는 말이 더 자주 사용됩니다. 하지만 미국 달러는 アメリカドル[아메리카도루]가 아닌 米ドル[베이도루]라고 합니다.

## 14 해외여행은 처음이에요?

 **ゆい**
海外 旅行 は 初めて ですか?

 **あかり**
はい。今 まで 行った こと あり ません でした。

 **ゆい**
国内 は 行った こと あり ますか?

 **あかり**
大阪 に 行った こと は あり ました。

**ゆい** : 해외여행은 처음이에요?
**あかり** : 네, 지금까지 가본 적 없어요.
**ゆい** : 국내 여행은 가본 적 있어요?
**あかり** : 오사카에 가본 적은 있어요.

**初めてですか**

初めて[하지메테]가 '처음으로'라는 뜻의 부사임을 아신다면 初めてです[하지메테 데스]라는 표현이 어색하게 느껴질 수도 있습니다. 하지만 일본어에서는 '처음이다'라는 의미를 '처음으로 합니다'라고 표현합니다.

> 海外旅行は
> 初めてですか?

## 15 그럼, 이 사람은?

きむら

この 人 知って いる?

さくらい

ううん、見た こと も ない。

きむら

じゃあ、この 人 は?

さくらい

あの 人 は 一回 会った こと が ある。

きむら : 이 사람 알아?
さくらい : 아니, 본 적도 없어.
きむら : 그럼, 이 사람은?
さくらい : 그 사람은 한 번 만난 적이 있어.

### 知っている

知る[시루]는 독특한 특성을 가지고 있는 단어입니다. "그거 알아?" 라는 표현을 만들 때는 '알다'가 아닌 '알고 있다'를 사용합니다.

この人知っている?

## 16 무리라고 생각해요.

そうた

これ は 考えた こと も ない 結論 ですね。

鈴木 さん 一人 で でき ますか?

ひまり

いいえ、無理 だ と 思い ます。

彼 も やった こと ない 仕事 です から。

そうた : 이건 생각도 못한 결론이네요.
　　　　스즈키 씨 혼자서 될까요?
ひまり : 아니요, 무리라고 생각해요.
　　　　그도 해본 적 없는 일이니까요.

### 考えたこともない

'~한 적 없다'라는 표현은 동사의 과거형에 ことない[코토나이]라는 문형을 붙여 만들어 줍니다. 그 의미를 강조하거나 어조를 바꾸기 위해서는 こと[코토] 다음에 조사를 넣어줄 수 있습니다.

これは考えたことも ない結論ですね。

 아래 일본어를 읽을 수 있게 연습한 후 히라가나로 쓰세요.

**1** 本当に 試験 勉強を して いる。
　　정말로　　시험　　공부를　　하고　　있다.

ほんとうに しけん べんきょうを して いる。

**2** 妹の ケーキを 食べて しまった。
　　여동생의　　케이크를　　먹어　　해버렸다.

**3** 会社を 辞めて しまい ました。
　　회사를　　그만둬　　해버리기　　했습니다.

**4** 私と 一緒に 会って み ない?
　　나와　　함께　　만나　　보지　　않다?

**5** アメリカに 行った こと ありますか?
　　미국에　　갔다　　일　　있습니까?

**6** これは 考えた ことも ない 結論 ですね。
　　이것은　　생각했다　　일도　　없다　　결론　　이네요.

정답입니다!

1 ほんとうに しけん べんきょうを して いる。　　혼토오니 시켐 벵쿄오오 시테 이루.

2 いもうとの けーきを たべて しまった。　　이모오토노 케-키오 타베테 시맏타.

3 かいしゃを やめて しまい ました。　　카이샤오 야메테 시마이 마시타.

4 わたしと いっしょに あって み ない?　　와타시토 잇쇼니 앋테 미 나이?

5 あめりかに いった こと ありますか?　　아메리카니 읻타 코토 아리마스카?

6 これは かんがえた ことも ない けつろん ですね。　　코레와 캉가에타 코토모 나이 케츠론 데스네.

# 12

# 주의 표현

麺が食べたいです。
국수를 먹기 원합니다.

한눈에 배운다!

# 나에게 줄 때, 남에게 줄 때

くれる와
あげる①

| 1 | 2 | 3 | 4 | 5 | 6 |
|---|---|---|---|---|---|
| 명사+だ | い형용사 | な형용사 | 2그룹 동사 기본 | 1그룹 동사 기본 | 2그룹 동사 응용 |

| 12 | 11 | 10 | 9 | 8 | 7 |
|---|---|---|---|---|---|
| 주의 표현 | 접속조사 て 응용 | 접속조사 て 기본 | 가능 | 수식 | 1그룹 동사 응용 |

우리말의 '주다'는 일본어로 **あげる**아게루입니다. 하지만 나에게 줄 때만은 별도로 **くれる**쿠레루를 사용해야 합니다. **あげる**아게루는 주로 또래 혹은 아랫사람에게 사용하는 표현입니다. 공적인 상황에서 잘못 사용하면 실례가 될 수 있으니 주의해야 합니다.

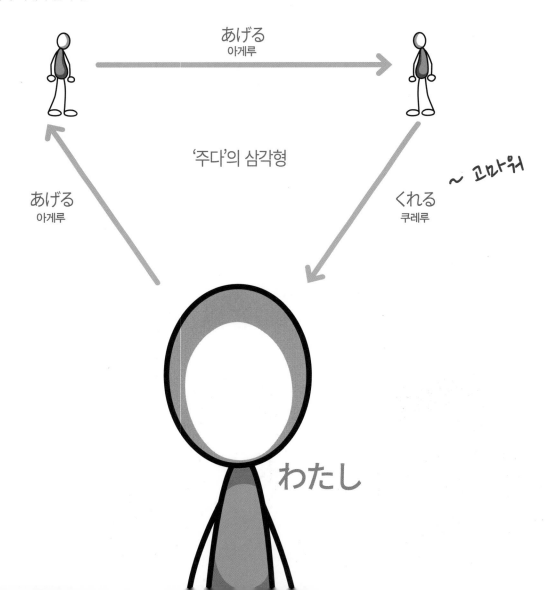

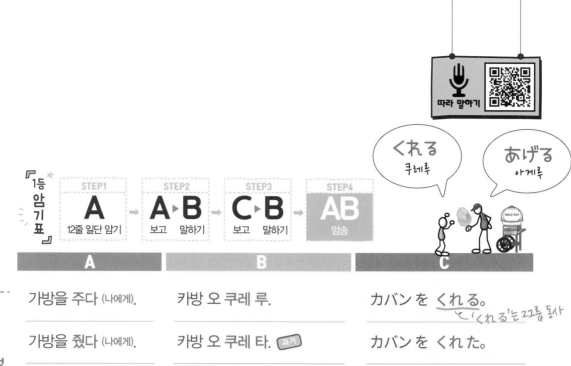

| | A | B | C |
|---|---|---|---|
| 긍정 | 가방을 주다 (나에게). | 카방 오 쿠레 루. | カバンを くれる。 ←'くれる'는 2그룹 동사 |
| | 가방을 줬다 (나에게). | 카방 오 쿠레 타. 과거 | カバンを くれた。 |
| | 가방을 줍니다 (나에게). | 카방 오 쿠레 마스. | カバンを くれます。 |
| | 가방을 줬습니다 (나에게). | 카방 오 쿠레 마시타. 과거 | カバンを くれました。 |
| 긍정 | 가방을 주다 (남에게). | 카방 오 아게 루. | カバンを あげる。 ←'あげる'는 2그룹 동사 |
| | 가방을 줬다 (남에게). | 카방 오 아게 타. 과거 | カバンを あげた。 |
| | 가방을 줍니다 (남에게). | 카방 오 아게 마스. | カバンを あげます。 |
| | 가방을 줬습니다 (남에게). | 카방 오 아게 마시타. 과거 | カバンを あげました。 |

'주다'와 달리 '받다'는 이런저런 구분 없이 그냥 もらう모라우 라고 합니다.

| | A | B | C |
|---|---|---|---|
| 긍정 | 가방을 받다. | 카방 오 모라 우. | カバンを もらう。 ←'もらう'는 1그룹 동사 |
| | 가방을 받았다. | 카방 오 모랃 타. 과거 | カバンを もらった。 |
| | 가방을 받습니다. | 카방 오 모라 이 마스. | カバンを もらいます。 |
| | 가방을 받았습니다. | 카방 오 모라 이 마시타. 과거 | カバンを もらいました。 |

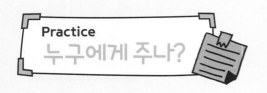

나에게 줄 때만 '쿠레루'입니다.
동사가 명사를 수식할 때는 동사의 변화된 형태 그대로에 명사를 연결합니다.

| 편지 | 엽서 | 전언 | 사탕 | 요리 | 선물 |
|---|---|---|---|---|---|
| て がみ<br>手紙<br>테 가미 | は がき<br>葉書<br>하 가키 | でん ごん<br>伝言<br>뎅 공 | アメ<br>아메 | りょう り<br>料理<br>료오 리 | プレゼント<br>푸레젠토 |

1 나는 여동생에게 사탕을 주었습니다.
私は 妹に アメを あげました。

わたしは いもうとに アメを あげました。

2 나는 그녀에게 가방을 주었습니다.
私は 彼女に カバンを あげました。

わたしは かのじょに カバンを あげました。

3 그에게는 사탕을 주지 않았습니다.
彼には アメを あげ ませんでした。

かれには アメを あげ ませんでした。

4 나는 여동생에게 사탕을 주지 않았다.
私は 妹に アメを あげ なかった。

わたしは いもうとに アメを あげ なかった。

5 그는 나에게 편지를 주었습니다.
彼は 私に 手紙を くれました。

かれは わたしに てがみを くれました。

6 그녀는 나에게 가방을 주었습니다.
彼女は 私に カバンを くれました。

かのじょは わたしに カバンを くれました。

7 그는 나에게 가방을 주지 않았다.
彼は 私に カバンを くれ なかった。

かれは わたしに カバンを くれ なかった。

8 그가 나에게 가방을 주었다.
彼が 私に カバンを くれた。

かれが わたしに カバンを くれた。

9 전언을 받지 않았다.
伝言を もらわ なかった。

でんごんを もらわ なかった。

10 친구는 요리를 받았다.
友達は 料理を もらった。

ともだちは りょうりを もらった。

11 엽서를 받지 않았습니다.
はがきを もらい ませんでした。
葉書[하가키]는 주로 히라가나로 쓴다
はがきを もらい ませんでした。

12 선물은 받지 않습니다.
プレゼントは もらい ません。

プレゼントは もらい ません。

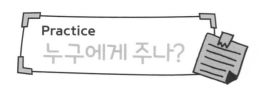

Practice
# 누구에게 주나?

 나에게 줄 때만 '쿠레루'입니다.
동사가 명사를 수식할 때는 동사의 변화된 형태 그대로에 명사를 연결합니다.

**1** 내가 준 편지
私が あげた 手紙

わたしが あげた てがみ

**2** 나에게 준 편지
私に くれた 手紙

わたしに くれた てがみ

**3** 내가 주었던 선물
私が あげた プレゼント

わたしが あげた プレゼント

**4** 네가 (나에게) 주었던 선물
君が くれた プレゼント

きみが くれた プレゼント

**5** 그가 (나에게) 선물을 주다.
彼が プレゼントを くれる。

かれが プレゼントを くれる。

**6** 그에게 선물을 주다.
彼に プレゼントを あげる。

かれに プレゼントを あげる。

**7** 나는 그에게 매일 편지를 주다.
私は 彼に 毎日 手紙を あげる。

わたしは かれに まいにち てがみを あげる。

**8** 그는 나에게 매일 편지를 주다.
彼は 私に 毎日 手紙を くれる。

かれは わたしに まいにち てがみを くれる。

**9** 나는 그에게 선물을 주지 않다.
私は 彼に プレゼントを あげ ない。

わたしは かれに プレゼントを あげ ない。

**10** 그는 나에게 선물을 주지 않다.
彼は 私に プレゼントを くれ ない。

かれは わたしに プレゼントを くれ ない。

**11** 그는 한 번도 나에게 선물을 주지 않았다.
彼は 一度も 私に プレゼントを くれ
なかった。

かれは いちども わたしに
プレゼントを くれ なかった。

**12** 나는 한 번도 그에게 선물을 주지 않았다.
私は 一度も 彼に プレゼントを あげ
なかった。

わたしは いちども かれに
プレゼントを あげ なかった。

## 한눈에 배운다!
# 행동을 해줄 때도 くれる, あげる

くれる와 あげる②

따라 말하기

1등 암기표
학습포인트

| 1 | 2 | 3 | 4 | 5 | 6 |
|---|---|---|---|---|---|
| 명사+だ → | い형용사 → | な형용사 → | 2그룹 동사 기본 → | 1그룹 동사 기본 → | 2그룹 동사 응용 |

| 12 | 11 | 10 | 9 | 8 | 7 |
|---|---|---|---|---|---|
| 주의 표현 | 접속조사 て 응용 ← | 접속조사 て 기본 ← | 가능 ← | 수식 ← | 1그룹 동사 응용 |

이번에는 물건을 주는 대신에, 어떤 행동을 해주는 경우를 말해보겠습니다.
수없이 많은 행동이 있겠지만, 그중에서 '가르쳐 주다'라고 말해보겠습니다.
역시 あげる 아게루, くれる 쿠레루를 이용합니다.

헷갈리기 쉬운 부분이니 잘 기억해두고 가자!

『1등 암기표』

| STEP1 | STEP2 | STEP3 | STEP4 |
|---|---|---|---|
| A | A▶B | C▶B | AB |
| 8줄 일단 암기 | 보고  말하기 | 보고  말하기 | 암송 |

| A | B | C |
|---|---|---|
| **긍정** | | |
| 가르쳐 주다 (남에게). | 오시에 테 아게루. | 教え て あげる。 |
| 가르쳐 줬다 (남에게). | 오시에 테 아게타. 과거 | 教え て あげた。 |
| 가르쳐 줍니다 (남에게). | 오시에 테 아게마스. | 教え て あげます。 |
| 가르쳐 줬습니다 (남에게). | 오시에 테 아게마시타. 과거 | 教え て あげました。 |
| **부정** | | |
| 가르쳐 주지 않다 (남에게). | 오시에 테 아게나이. | 教え て あげない。 |
| 가르쳐 주지 않았다 (남에게). | 오시에 테 아게나캇타. 과거 | 教え て あげなかった。 |
| 가르쳐 주지 않습니다 (남에게). | 오시에 테 아게마셍. | 教え て あげません。 |
| 가르쳐 주지 않았습니다 (남에게). | 오시에 테 아게마셍 데시타. 과거 | 教え て あげませんでした。 |

| STEP1 | STEP2 | STEP3 | STEP4 |
|---|---|---|---|
| **A** 12줄 일단 암기 | **A ▶ B** 보고 말하기 | **C ▶ B** 보고 말하기 | **AB** 암송 |

| A | B | C |
|---|---|---|
| 가르쳐 주다 (나에게). | 오시에 테 쿠레루. | 教え て くれる。 |
| 가르쳐 줬다 (나에게). | 오시에 테 쿠레타. 〔과거〕 | 教え て くれた。 |
| 가르쳐 줍니다 (나에게). | 오시에 테 쿠레마스. | 教え て くれます。 |
| 가르쳐 줬습니다 (나에게). | 오시에 테 쿠레마시타. 〔과거〕 | 教え て くれました。 |

**긍정**

| A | B | C |
|---|---|---|
| 가르쳐 주지 않다 (나에게). | 오시에 테 쿠레나이. | 教え て くれない。 |
| 가르쳐 주지 않았다 (나에게). | 오시에 테 쿠레나칻타. 〔과거〕 | 教え て くれなかった。 |
| 가르쳐 주지 않습니다 (나에게). | 오시에 테 쿠레마셍. | 教え て くれません。 |
| 가르쳐 주지 않았습니다 (나에게). | 오시에 테 쿠레마센 데시타. 〔과거〕 | 教え て くれませんでした。 |

**부정**

'행동을 해 주다'처럼 '행동을 해 받다'라는 표현도 만들 수 있습니다.
이것은 우리말과는 다른 일본어만의 특별한 표현법입니다.

| A | B | C |
|---|---|---|
| 가르쳐 받다. [가르쳐 주다] | 오시에 테 모라우. | 教え て もらう。 |
| 가르쳐 받았다. [가르쳐 줬다] | 오시에 테 모랃타. 〔과거〕 | 教え て もらった。 |
| 가르쳐 받습니다. [가르쳐 줍니다] | 오시에 테 모라이마스. | 教え て もらいます。 |
| 가르쳐 받았습니다. [가르쳐 줬습니다] | 오시에 테 모라이마시타. 〔과거〕 | 教え て もらいました。 |

**긍정**

ミッション

12개의 문장을 29초 안에 말하기!

 아래의 단어들은 명사입니다. 이 명사에 동사와 수수표현을 조합해 보세요. 수수표현은 문제 옆 괄호에 쓰여있는 표현을 사용하세요. 동사는 동사의 て형으로 변해서 수수표현과 연결됩니다.

| 편지 | 엽서 | 전언 | 사탕 | 요리 | 선물 |
|---|---|---|---|---|---|
| て がみ<br>**手紙**<br>테 가미 | は がき<br>**葉書**<br>하 가키 | でんごん<br>**伝言**<br>뎅공 | **アメ**<br>아메 | りょうり<br>**料理**<br>료오 리 | **プレゼント**<br>푸레젠토 |

**1** 형의 숙제를 해 주었다. (あげる)
お兄さんの 宿題を やって あげた。

おにいさんの しゅくだいを やって あげた。

**2** 형이 숙제를 해 주었다. (くれる)
お兄さんが 宿題を やって くれた。

おにいさんが しゅくだいを やって くれた。

**3** 형이 숙제를 해 주었다. (もらう)
お兄さんに 宿題を やって もらった。

おにいさんに しゅくだいを やって もらった。

**4** 친구에게 편지를 써 주었다. (あげる)
友達に 手紙を 書いて あげた。

ともだちに てがみを かいて あげた。

**5** 친구가 편지를 써 주었다. (くれる)
友達が 手紙を 書いて くれた。

ともだちが てがみを かいて くれた。

**6** 친구가 편지를 써 주었다. (もらう)
友達に 手紙を 書いて もらった。

ともだちに てがみを かいて もらった。

**7** 아빠에게 요리를 보내 주었다. (あげる)
お父さんに 料理を 送って あげた。

おとうさんに りょうりを おくって あげた。

**8** 아빠가 요리를 보내 주었다. (くれる)
お父さんが 料理を 送って くれた。

おとうさんが りょうりを おくって くれた。

**9** 아빠는 요리를 보내 주었다. (もらう)
お父さんに 料理を 送って もらった。

おとうさんに りょうりを おくって もらった。

**10** 친구에게 편지를 써 주지 않았다. (あげる)
友達に 手紙を 書いて あげ なかった。

ともだちに てがみを かいて あげ なかった。

**11** 친구가 편지를 써 주지 않았다. (くれる)
友達が 手紙を 書いて くれ なかった。

ともだちが てがみを かいて くれ なかった。

**12** 친구가 편지를 써 주지 않았다. (もらう)
友達に 手紙を 書いて もらわ なかった。

ともだちに てがみを かいて もらわ なかった。

**Practice**

## 누구에게 해 주나?

ミッション

12개의 문장을 26초 안에 말하기!

 아래는 일본어 동사의 기본형입니다. 이 동사들과 수수표현을 조합해야 문제를 풀 수 있습니다. 이때, 동사는 동사의 て형으로 변하고, 수수표현이 활용됩니다.

| 포장하다 | 전하다 | 받다 | 쓰다 | 보내다 | 만들다 |
|---|---|---|---|---|---|
| つつ<br>包む<br>츠츠 무 | つた<br>伝える<br>츠타 에루 | う<br>受ける<br>우 케루 | か<br>書く<br>카 쿠 | おく<br>送る<br>오쿠 루 | つく<br>作る<br>츠쿠 루 |

**1** 선물을 포장해 주었다. (くれる)

プレゼントを 包んで くれた。

プレゼントを つつんで くれた。

**2** 엽서를 전해 줍니다. (くれる)

はがきを 伝えて くれます。

はがきを つたえて くれます。

**3** 요리를 만들어 주지 않다. (くれる)

料理を 作って くれ ない。

りょうりを つくって くれ ない。

**4** 내가 대신 받아 줄게. (あげる)

私が 代わりに 受けて あげる。

かわり:대신

わたしが かわりに うけて あげる。

**5** 요리를 만들어 주었다. (くれる)

料理を 作って くれた。

りょうりを つくって くれた。

**6** 사탕을 포장해 주지 않았습니다. (あげる)

アメを 包んで あげ ませんでした。

アメを つつんで あげ ませんでした。

**7** 편지를 전해 받았습니다. (もらう)

手紙を 伝えて もらいました。

てがみを つたえて もらいました。

**8** 요리를 만들어 받지 않았습니다. (もらう)

料理を 作って もらい ませんでした。

りょうりを つくって もらい ませんでした。

**9** 엽서를 써 받았다. (もらう)

はがきを 書いて もらった。

はがきを かいて もらった。

**10** 나에게 전언을 전해 주었습니다. (くれる)

私に 伝言を 伝えて くれました。

わたしに でんごんを つたえて くれました。

**11** 내가 사탕을 전해 주었습니다. (あげる)

私が アメを 伝えて あげました。

わたしが アメを つたえて あげました。

**12** 내가 선물을 보내 주었다. (あげる)

私が プレゼントを 送って あげた。

わたしが プレゼントを おくって あげた。

동영상 강의

ほしい호시이는 조금 특이한 표현입니다.
일반적으로 '원하다'는 ほしい호시이입니다.
하지만 주어가 **3인칭**일 때는 ほしがる호시가루를 사용합니다.

| 나는 반지를 원하다. | 私は<br>와타시와 | 指輪が<br>유비와가 | ほしい。<br>호시이 |
| 그녀는 반지를 원하다. | 彼女は<br>카노죠와 | 指輪を<br>유비와오 | ほしがる。<br>호시가루 |

**1 나는 카메라를 원하다.**

 私は カメラ
와타시와 카메라

**2 그녀는 컴퓨터를 원하다.**

 彼女は パソコン
카노죠와 파소콩

**3 우리는 새 휴대폰을 원합니다.**

 私たちは 新しい 携帯
와타시타치와 아타라시이 케에타이

**4 내 친구는 휴가를 원했다.**

 私の 友達は 休み
와타시노 토모다치와 야스미

**5 그 아이는 장난감을 원했습니다.**

 あの 子供は おもちゃ
아노 코도모와 오모챠

---

TIP

《 읽어
보세요  **ほしい**호시이 **사용방법**

'원하다', '바라다'라는 뜻의 형용사인
**ほしい**호시이 가 명사와 결합하면, '내가
~를 가지고 싶다'라는 뜻이 됩니다. 이때
**ほしい**호시이는 앞에서 배운 '오가니' 법칙
이 적용되는 표현입니다.
그래서 '(내가) ~을 원해'라고 할 때 を오
가 아닌 が가를 사용합니다.
하지만 **ほしがる**호시가루 에는 예외 없이
を오를 사용합니다.

나
우리
너 ┐ ── **ほしい**호시이
너희

그
그들 ┐ ── **ほしがる**호시가루

정답입니다!

① が ほしい。
② を ほしがる。
③ が ほしいです。
④ を ほしがった。
⑤ を ほしがりました。

앞에서 배운 표현은 간단히 **사물(명사)**을 원한다는 내용입니다. 이때는 **ほしい**호시이와 **ほしがる**호시가루를 사용하면 쉽게 해결됩니다.

하지만 원하는 대상이 사물이 아니라 누군가의 행동일 수도 있습니다. 이렇게 되면 원하는 자와 행동하는 자, 이렇게 2명이 등장하게 됩니다.

따라서, 문장도 길어집니다. 이때는 **ほしい**호시이에 **て**테를 붙여서 사용합니다. 이것은 앞에서 배운 **て みる**테 미루|~해 보다 같은 동사의 **て**테 형의 응용 표현입니다. **みる**미루|보다가 **て みる**테 미루가 되어 '~해 보다'라는 경험의 표현이 된 것처럼 **ほしい**호시이가 **て**테를 만나 **て ほしい**테 호시이|~해주길 바라다라는 표현이 되는 것입니다.

| 나는 그가 프러포즈하기를 바라다. | 私は 와타시와 | 彼が 카레가 | プロポーズ 푸로포-즈 | して 시테 | ほしい。 호시이 |
|---|---|---|---|---|---|
| 그는 내가 프러포즈하기를 원하다. | 彼は 카레와 | 私が 와타시가 | プロポーズ 푸로포-즈 | して 시테 | ほしがる。 호시가루 |

그런데 만약 이 2명이 같은 사람이라면,

다시 말해, 자기 자신의 행동을 원한다면,

원하는 자   행동하는 자

이때는, **たい**타이와 **たがる**타가루라는 표현을 사용합니다.

| 나는 내가 프러포즈하기를 원하다. | 私は 와타시와 | 私が 와타시가 | プロポーズ 푸로포-즈 | し 시 | たい。 타이 |
|---|---|---|---|---|---|
| 그는 그가 프러포즈하기를 원하다. | 彼は 카레와 | 彼が 카레가 | プロポーズ 푸로포-즈 | し 시 | たがる。 타가루 |

TIP

 읽어 보세요

### **ほしい**호시이 VS **たい**타이

**ほしい**호시이와 **たい**타이, 이렇게 두 표현은 결국 같은 의미의 표현입니다. 위의 설명을 보면, **ほしい**에 대해 먼저 배우고, 그다음에 **たい**에 대해 배웠습니다. 따라서 **たい**는 매우 특별한 경우에 사용되는 표현처럼 느껴질 수도 있습니다. 하지만, 사실 **たい**는 매우 평범한 일상적 표현입니다.

이때, **たい**는 조동사입니다. 그러므로 항상 동사+**たい**(ex 食べ먹기+たい 원하다)로 사용되지요.
**たい**가 조동사로 사용될 때 앞에 명사+조사가 등장하면 이때도 '오가니' 법칙이 적용되어야 합니다.

비록, 위에서는 논리적 구분을 위해 긴 문장으로 배웠지만,

| 나는 내가 밥 먹기를 원하다. | 私は 와타시와 | 私が 와타시가 | ご飯が 고항가 | 食べ 타베 | たい。 타이 |
|---|---|---|---|---|---|

보통은 편하게 이렇게 말합니다.

| 나는 밥 먹기를 원하다. | 私は 와타시와 | ご飯が 고항가 | 食べ 타베 | たい。 타이 |
|---|---|---|---|

심지어는 이렇게 간단히도 말하죠.

| 밥 먹고 싶어. | ご飯が 고항가 | 食べ 타베 | たい。 타이 |
|---|---|---|---|

따라 말하기

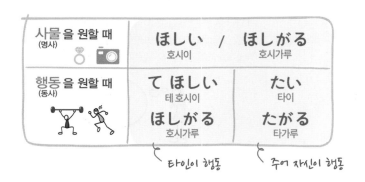

| 사물을 원할 때 (명사) | ほしい / ほしがる |  |
|---|---|---|
|  | 호시이     호시가루 |  |
| 행동을 원할 때 (동사) | て ほしい | たい |
|  | 테 호시이 | 타이 |
|  | ほしがる | たがる |
|  | 호시가루 | 타가루 |

타인의 행동     주어 자신의 행동

행동을 원할 때 **ほしい**호시이는 동사의 **て**테형과 함께 사용합니다.

1. 동사의 **て**테형 뒤에 **て ほしい**테 호시이를 붙입니다.
2. **て ほしい**테 호시이의 문형 변화는 형용사 변화입니다.

동사의 て형
**타베** + **て** + **ほしい** 호시이

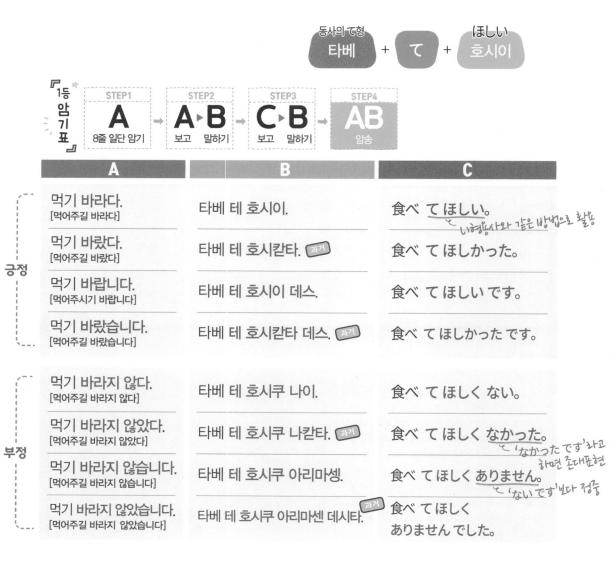

『1등 암기표』

STEP1 **A** 8줄 일단 암기 → STEP2 **A▸B** 보고 말하기 → STEP3 **C▸B** 보고 말하기 → STEP4 **AB** 암송

| A | B | C |
|---|---|---|
| **먹기 바라다.** [먹어주길 바라다] | 타베 테 호시이. | 食べ て ほしい。 |
| **먹기 바랐다.** [먹어주길 바랐다] | 타베 테 호시칻타. 〔과거〕 | 食べ て ほしかった。 |
| **먹기 바랍니다.** [먹어주시기 바랍니다] | 타베 테 호시이 데스. | 食べ て ほしい です。 |
| **먹기 바랐습니다.** [먹어주길 바랐습니다] | 타베 테 호시칻타 데스. 〔과거〕 | 食べ て ほしかった です。 |
| **먹기 바라지 않다.** [먹어주길 바라지 않다] | 타베 테 호시쿠 나이. | 食べ て ほしく ない。 |
| **먹기 바라지 않았다.** [먹어주길 바라지 않았다] | 타베 테 호시쿠 나칻타. 〔과거〕 | 食べ て ほしく なかった。 |
| **먹기 바라지 않습니다.** [먹어주길 바라지 않습니다] | 타베 테 호시쿠 아리마셍. | 食べ て ほしく ありません。 |
| **먹기 바라지 않았습니다.** [먹어주길 바라지 않았습니다] | 타베 테 호시쿠 아리마셍 데시타. 〔과거〕 | 食べ て ほしく ありません でした。 |

긍정

부정

(손글씨) い형용사와 같은 방법으로 활용

(손글씨) 'なかった です'라고 하면 존대표현

(손글씨) 'ない です'보다 정중

292

이번에는 たい타이를 사용해 보겠습니다. たい타이는 동사의 명사형에 붙여줍니다.

1. 동사를 명사형으로 바꿉니다.
2. 그 뒤에 たい타이를 붙입니다.
3. たい타이의 문형 변화는 い이형용사의 변화와 같습니다.

동사의 명사형
타베 + たい 타이

『1등 암기표』

| STEP1 | STEP2 | STEP3 | STEP4 |
|---|---|---|---|
| A | A▶B | C▶B | AB |
| 8줄 일단 암기 | 보고 말하기 | 보고 말하기 | 암송 |

| A | B | C |
|---|---|---|
| | | |

긍정

| A | B | C |
|---|---|---|
| 먹기 원하다. | 타베 타이. | 食べ たい。 |
| 먹기 원했다. | 타베 타칻타. 과거 | 食べ たかった。 |
| 먹기 원합니다. | 타베 타이 데스. | 食べ たい です。 |
| 먹기 원했습니다. | 타베 타칻타 데스. 과거 | 食べ たかった です。 |

ㄴ 'たい でした'는 없음

부정

| A | B | C |
|---|---|---|
| 먹기 원하지 않다. | 타베 타쿠 나이. | 食べ たく ない。 |
| 먹기 원하지 않았다. | 타베 타쿠 나칻타. 과거 | 食べ たく なかった。 |
| 먹기 원하지 않습니다. | 타베 타쿠 아리마셍. | 食べ たく ありません。 |
| 먹기 원하지 않았습니다. | 타베 타쿠 아리마셍 데시타. 과거 | 食べ たく ありません でした。 |

ㄴ 'ない です'는 가능

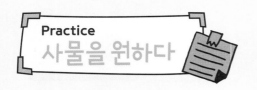

**Practice**
# 사물을 원하다

ミッション

22 12개의 문장을
22초 안에
말하기!

 아래의 단어들은 명사입니다. 이 명사와 ほしい를 조합해 보세요. ほしい를 응용해야 문제를 풀 수
있습니다. 이때, ほしい 앞의 조사에 주의해야 합니다. ほしい는 い형용사와 같은 방법으로 활용합니다.

| 치마 | 바지 | 양말 | 안경 | 시계 | 지갑 |
|---|---|---|---|---|---|
| スカート | ズボン | くつした 靴下 | め がね 眼鏡 | と けい 時計 | さい ふ 財布 |
| 스카-토 | 즈봉 | 쿠츠 시타 | 메 가네 | 토 케에 | 사이 후 |

**1** 안경을 원하지 않다.
眼鏡が ほしく ない。

めがねが ほしく ない。

**2** 지갑을 원했다.
財布が ほしかった。

さいふが ほしかった。

**3** 치마는 원하지 않습니다.
スカートは ほしく ありません。

スカートは ほしく ありません。

**4** 바지는 원하지 않았다.
ズボンは ほしく なかった。

ズボンは ほしく なかった。

**5** 시계를 원하다.
時計が ほしい。

とけいが ほしい。

**6** 양말은 원하지 않았습니다.
靴下は ほしく ありませんでした。

くつしたは ほしく ありませんでした。

**7** 새 지갑을 원합니다.
新しい 財布が ほしいです。
あたらしい :새롭다
　　　あたらしい さいふが ほしいです。

**8** 빨간색 바지는 원하지 않다.
赤色の ズボンは ほしく ない。
あかいろ :빨간색
　　　あかいろの ズボンは ほしく ない。

**9** 초록색 치마를 원했다.
緑色の スカートが ほしかった。
みどりいろ :초록색
　　　みどりいろの スカートが ほしかった。

**10** 편리한 시계를 원했습니다.
便利な 時計が ほしかったです。

べんりな とけいが ほしかったです。

**11** 낡은 지갑은 원하지 않다.
古い 財布は ほしく ない。
ふるい :오래되다
　　　ふるい さいふは ほしく ない。

**12** 예쁜 안경을 원합니다.
奇麗な 眼鏡が ほしいです。

きれいな めがねが ほしいです。

294

 아래 단어들은 동사의 기본형입니다. 이 동사들과 ほしい를 조합해 보세요.
조합할 때, 동사는 동사의 て형으로 형태가 변합니다. ほしい는 い형용사와 같은 방법으로 활용합니다.

| 나가다 | 결정하다 | 서두르다 | 기다리다 | 가다 | 고르다 |
|---|---|---|---|---|---|
| で<br>出る<br>데 루 | き<br>決める<br>키 메루 | いそ<br>急ぐ<br>이소 구 | ま<br>待つ<br>마 츠 | い<br>行く<br>이 쿠 | えら<br>選ぶ<br>에라 부 |

**1** 기다리기 바라다.
待って ほしい。

まって ほしい。

**2** 서두르기 바라다.
急いで ほしい。

いそいで ほしい。

**3** 이 중에서 고르기 바랍니다.
この 中で 選んで ほしいです。

この なかで えらんで ほしいです。

**4** 빨리 결정하기 바랍니다.
早く 決めて ほしいです。

はやく きめて ほしいです。

**5** 여기서 나가기 바랐습니다.
ここから 出て ほしかったです。

ここから でて ほしかったです。

**6** 같이 가기 바랐다.
一緒に 行って ほしかった。

いっしょに いって ほしかった。

**7** 서두르기 바라지 않다.
急いで ほしくない。

いそいで ほしく ない。

**8** 여기서 기다리기 바라지 않다.
ここで 待って ほしく ない。

ここで まって ほしく ない。

**9** 여기서 나가기 바라지 않았습니다.
ここから 出て ほしく なかったです。

ここから でて ほしく なかったです。

**10** 기다리기 바라지 않았다.
待って ほしく なかった。

まって ほしく なかった。

**11** 같이 가기 바라지 않습니다.
一緒に 行って ほしく ありません。

いっしょに いって ほしく ありません。

**12** 서둘러 결정하기 바라지 않았습니다.
急いで 決めて ほしく なかったです。

いそいで きめて ほしく なかったです。

## Practice
## ～하기 원하다 (내가)

ミッション
22
12개의 문장을
22초 안에
말하기!

 아래 단어들은 모두 음식을 나타내는 명사입니다. 이 명사들과 먹다, たい를 조합해 보겠습니다.
이때, たい는 い형용사와 같은 방법으로 활용합니다.

| 스테이크 | 면, 국수 | 과일 | 사과 | 바나나 | 멜론 |
|---|---|---|---|---|---|
| ステーキ | めん<br>麺 | くだもの<br>果物 | リンゴ | バナナ | メロン |
| 스테ー키 | 멩 | 쿠다 모노 | 링고 | 바나나 | 메롱 |

---

**1** 스테이크를 먹기 원하다.
ステーキが 食べ たい。

ステーキが たべ たい。

**2** 국수를 먹기 원합니다.
麺が 食べ たいです。

めんが たべ たいです。

**3** 스테이크를 먹기 원했다.
ステーキが 食べ たかった。

ステーキが たべ たかった。

**4** 멜론을 먹기 원했습니다.
メロンが 食べ たかったです。

メロンが たべ たかったです。

**5** 사과는 먹기 원하지 않다.
リンゴは 食べ たく ない。

リンゴは たべ たく ない。

**6** 바나나는 먹기 원하지 않습니다.
バナナは 食べ たく ありません。

バナナは たべ たく ありません。

**7** 그 멜론은 먹기 원하지 않았다.
その メロンは 食べ たく なかった。

その メロンは たべ たく なかった。

**8** 그 과일은 먹기 원하지 않았습니다.
その 果物は 食べ たく ありません
でした。　　　　その くだものは たべ たく
　　　　　　　　ありませんでした。

**9** 오늘은 국수를 먹기 원했습니다.
今日は 麺が 食べ たかったです。

きょうは めんが たべ たかったです。

**10** 그 사과를 먹기 원합니다.
その リンゴが 食べ たいです。

その リンゴが たべ たいです。

**11** 사과를 먹기 원했다.
リンゴが 食べ たかった。

リンゴが たべ たかった。

**12** 과일을 먹기 원하다.
果物が 食べ たい。

くだものが たべ たい。

ミッション
21
12개의 문장을
21초 안에
말하기!

## Practice
## ほしい냐? たい냐?

 아래 명사들을 동사, たい 혹은 ほしい와 조합해 보세요. たい와 ほしい를 활용합니다.
たい와 ほしい는 い형용사와 같은 방법으로 활용하는데, 동사와 조합할 때는 연결법에 주의해야 합니다.

| 편지 | 일기 | 커피 | 주스 | 우유 | 핫초코 |
|---|---|---|---|---|---|
| て がみ | にっ き | | | ぎゅう にゅう | |
| 手紙 | 日記 | コーヒー | ジュース | 牛乳 | ホットチョコ |
| 테 가미 | 닉 키 | 코-히- | 쥬-스 | 규우 뉴우 | 홋토쵸코 |

**1** (내가) 편지를 쓰기 원하다.
手紙が 書き たい。
てがみが かき たい。

**2** (내가) 일기를 쓰기 원합니다.
日記が 書き たいです。
にっきが かき たいです。

**3** (내가) 일기를 쓰기 원하지 않습니다.
日記を 書き たく ありません。
にっきを かき たく ありません。

**4** (내가) 편지를 쓰기 원하지 않았습니다.
手紙を 書き たく ありませんでした。
てがみを かき たく ありませんでした。

**5** (내가) 커피를 마시기 원하다.
コーヒーが 飲み たい。
コーヒーが のみ たい。

**6** (내가) 주스는 마시기 원하지 않다.
ジュースは 飲み たく ない。
ジュースは のみ たく ない。

**7** (타인이) 주스를 마시기 바라지 않다.
ジュースを 飲んで ほしく ない。
ジュースを のんで ほしく ない。

**8** (타인이) 핫초코를 마시기 바랐다.
ホットチョコを 飲んで ほしかった。
ホットチョコを のんで ほしかった。

**9** (타인이) 우유를 마시기 바라다.
牛乳を 飲んで ほしい。
ぎゅうにゅうを のんで ほしい。

**10** (타인이) 그가 커피를 마시기 바랐습니다.
彼が コーヒーを 飲んで ほしかった
です。
かれが コーヒーを
のんで ほしかったです。

**11** (타인이) 편지를 써주기 바라다.
手紙を 書いて ほしい。
てがみを かいて ほしい。

**12** (타인이) 우유는 마시기 바라지 않다.
牛乳は 飲んで ほしく ない。
ぎゅうにゅうは のんで ほしく ない。

따라 말하기

✏️ **1등 암기표**
학습포인트

| 1 | 2 | 3 | 4 | 5 | 6 |
|---|---|---|---|---|---|
| 명사+だ | い형용사 | な형용사 | 2그룹 동사 기본 | 1그룹 동사 기본 | 2그룹 동사 응용 |

| 12 | 11 | 10 | 9 | 8 | 7 |
|---|---|---|---|---|---|
| 주의 표현 | 접속조사 て 응용 | 접속조사 て 기본 | 가능 | 수식 | 1그룹 동사 응용 |

'너무 아프다'나 '너무 작다'와 같이 너무는 동사나 형용사의
앞에 옵니다. 하지만, 일본어에서는 동사를 명사형으로 바꾼 후,
그 뒤에 과하다, 지나치다라는 뜻의 동사 **すぎる**스기루를 연결해서
너무 ～하다는 표현을 만듭니다.

우리말: 너무 + 동사 마시다

일본어: 동사의 명사형 노미 + すぎる 스기루

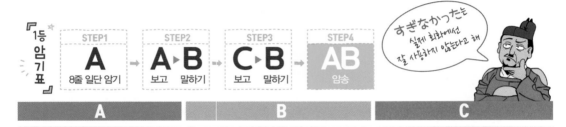

『1등 암기표』

| STEP1 | STEP2 | STEP3 | STEP4 |
|---|---|---|---|
| **A** 8줄 일단 암기 | **A▶B** 보고 말하기 | **C▶B** 보고 말하기 | **AB** 암송 |

すぎなかった는
실제 회화에선
잘 사용하지 않는다고 해

| | A | B | C |
|---|---|---|---|
| **긍정** | 마시기 지나치다. [너무 마시다] | 노미 스기 루. | 飲み すぎ る。 |
| | 마시기 지나쳤다. [너무 마셨다] | 노미 스기 타. (과거) | 飲み すぎ た。 |
| | 마시기 지나칩니다. [너무 마십니다] | 노미 스기 마스. | 飲み すぎ ます。 |
| | 마시기 지나쳤습니다. [너무 마셨습니다] | 노미 스기 마시타. (과거) | 飲み すぎ ました。 |
| **부정** | 마시기 지나치지 않다. [너무 마시지 않다] | 노미 스기 나이. | 飲み すぎ ない。 |
| | 마시기 지나치지 않았다. [너무 마시지 않았다] | 노미 스기 나캇타. (과거) | 飲み すぎ なかった。 |
| | 마시기 지나치지 않습니다. [너무 마시지 않습니다] | 노미 스기 마셍. | 飲み すぎ ません。 |
| | 마시기 지나치지 않았습니다. [너무 마시지 않았습니다] | 노미 스기 마셍 데시타. (과거) | 飲み すぎ ません でした。 |

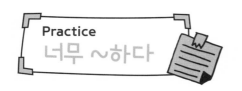

**Practice**

너무 ~하다

ミッション

12개의 문장을
15초 안에
말하기!

 표의 단어는 동사의 기본형입니다. 이 동사들에 すぎる를 조합해 보세요. すぎる는 2그룹 동사와 같은 활용을 합니다. すぎる가 연결되면, 동사는 동사의 명사형으로 변한다는 점에 주의하세요.

| 울다 | 웃다 | 먹다 | 마시다 | 보다 | 가다 |
|---|---|---|---|---|---|
| 泣<ruby>泣<rt>な</rt></ruby>く | <ruby>笑<rt>わら</rt></ruby>う | <ruby>食<rt>た</rt></ruby>べる | <ruby>飲<rt>の</rt></ruby>む | <ruby>見<rt>み</rt></ruby>る | <ruby>行<rt>い</rt></ruby>く |
| 나 쿠 | 와라 우 | 타 베루 | 노무 | 미 루 | 이 쿠 |

**1** 너무 울다.
泣き すぎる。
なき すぎる。

**2** 너무 봅니다.
見 すぎます。
み すぎます。

**3** 너무 웃었다.
笑い すぎた。
わらい すぎた。

**4** 너무 갔습니다.
行き すぎました。
いき すぎました。

**5** 너무 마셨습니다.
飲み すぎました。
のみ すぎました。

**6** 너무 먹었다.
食べ すぎた。
たべ すぎた。

**7** 너무 먹지 않았다.
食べ すぎ なかった。
たべ すぎ なかった。

**8** 너무 보지 않다.
見 すぎ ない。
み すぎ ない。

**9** 너무 가지 않았다.
行き すぎ なかった。
いき すぎ なかった。

**10** 너무 울지 않았다.
泣き すぎ なかった。
なき すぎ なかった。

**11** 너무 웃지 않았습니다.
笑い すぎ ませんでした。
わらい すぎ ませんでした。

**12** 너무 마시지 않았습니다.
飲み すぎ ませんでした。
のみ すぎ ませんでした。

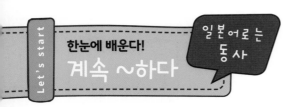

한눈에 배운다!
**계속 ~하다**

일본어로는
**동사**

따라 말하기

1등 암기표
학습포인트

| 1 | 2 | 3 | 4 | 5 | 6 |
|---|---|---|---|---|---|
| 명사+だ | い형용사 | な형용사 | 2그룹 동사 기본 | 1그룹 동사 기본 | 2그룹 동사 응용 |

| 12 | 11 | 10 | 9 | 8 | 7 |
|---|---|---|---|---|---|
| 주의 표현 | 접속조사 て 응용 | 접속조사 て 기본 | 가능 | 수식 | 1그룹 동사 응용 |

어떤 동작이나 행위를 계속 이어서 할 때, 계속 ~하다라고 합니다.
'너무 ~하다'는 동사의 명사형 뒤에 **すぎる**스기루라는 동사를
사용해서 만든다고 설명한 바 있습니다.
이 계속 ~하다 표현 역시, 동사의 명사형 뒤에
계속하다라는 뜻의 동사 **続ける**츠즈케루를 연결해서 만듭니다.

우리말:
계속 + 동사 **마시다**

동사의 명사형 + 続ける
**노미** **츠즈케루**

일본어:

1등
암기표

| STEP1 | STEP2 | STEP3 | STEP4 |
|---|---|---|---|
| **A** | **A▶B** | **C▶B** | **AB** |
| 8줄 일단 암기 | 보고 말하기 | 보고 말하기 | 암송 |

| A | B | C |
|---|---|---|
| 마시기 계속하다. <br> [계속 마시다] | 노미 츠즈케 루. | 飲み 続ける。 |
| 마시기 계속했다. <br> [계속 마셨다] | 노미 츠즈케 타. 과거 | 飲み 続けた。 |
| 마시기 계속합니다. <br> [계속 마십니다] | 노미 츠즈케 마스. | 飲み 続けます。 |
| 마시기 계속했습니다. <br> [계속 마셨습니다] | 노미 츠즈케 마시타. 과거 | 飲み 続けました。 |
| 마시기 계속하지 않다. <br> [계속 마시지 않다] | 노미 츠즈케 나이. | 飲み 続けない。 |
| 마시기 계속하지 않았다. <br> [계속 마시지 않았다] | 노미 츠즈케 나칸타. 과거 | 飲み 続けなかった。 |
| 마시기 계속하지 않습니다. <br> [계속 마시지 않습니다] | 노미 츠즈케 마셍. | 飲み 続けません。 |
| 마시기 계속하지 않았습니다. <br> [계속 마시지 않았습니다] | 노미 츠즈케 마셍 데시타. 과거 | 飲み 続けませんでした。 |

긍정

부정

ミッション
12개의 문장을
17초 안에
말하기!

 표에 있는 동사의 기본형에 続ける를 조합해 문장을 만들어 보세요. 일본어 문장에서는 우리말 예문과
달리 続ける를 활용합니다. 이때, 続ける는 2그룹 동사와 같은 방법으로 활용합니다.

| 울다 | 웃다 | 먹다 | 마시다 | 보다 | 가다 |
|---|---|---|---|---|---|
| な<br>泣く<br>나 쿠 | わら<br>笑う<br>와라 우 | た<br>食べる<br>타 베루 | の<br>飲む<br>노무 | み<br>見る<br>미 루 | い<br>行く<br>이 쿠 |

**1** 계속 울다.
泣き 続ける。
なき つづける。

**2** 계속 마셨습니다.
飲み 続けました。
のみ つづけました。

**3** 계속 갔다.
行き 続けた。
いき つづけた。

**4** 계속 웃었습니다.
笑い 続けました。
わらい つづけました。

**5** 계속 먹었다.
食べ 続けた。
たべ つづけた。

**6** 계속 봅니다.
見 続けます。
み つづけます。

**7** 계속 울지 않았습니다.
泣き 続け ませんでした。
なき つづけ ませんでした。

**8** 계속 보지 않았다.
見 続け なかった。
み つづけ なかった。

**9** 계속 마시지 않다.
飲み 続け ない。
のみ つづけ ない。

**10** 계속 가지 않았다.
行き 続け なかった。
いき つづけ なかった。

**11** 계속 웃지 않다.
笑い 続け ない。
わらい つづけ ない。

**12** 계속 먹지 않았습니다.
食べ 続け ませんでした。
たべ つづけ ませんでした。

따라 말하기

1등 암기표
학습포인트

| 1 | 2 | 3 | 4 | 5 | 6 |
|---|---|---|---|---|---|
| 명사+だ | い형용사 | な형용사 | 2그룹 동사 기본 | 1그룹 동사 기본 | 2그룹 동사 응용 |

| 12 | 11 | 10 | 9 | 8 | 7 |
|---|---|---|---|---|---|
| 주의 표현 | 접속조사 て 응용 | 접속조사 て 기본 | 가능 | 수식 | 1그룹 동사 응용 |

동사의 명사형에 やすい야스이를 붙이면 ~하기 쉽다,
にくい니쿠이가 붙으면 ~하기 어렵다라는 의미가 됩니다.
먼저 やすい야스이 부터 배워보도록 하겠습니다.

동사의 명사형
**노미** + やすい **야스이**

(い형용사 활동법을
떠올려 보자

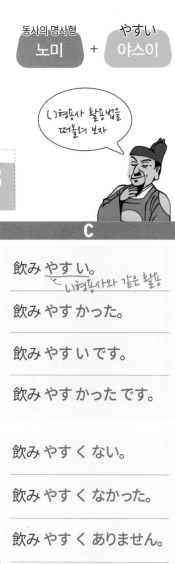

1등
암
기
표

| STEP1 | STEP2 | STEP3 | STEP4 |
|---|---|---|---|
| **A** 8줄 일단 암기 | **A▶B** 보고 말하기 | **C▶B** 보고 말하기 | **AB** 암송 |

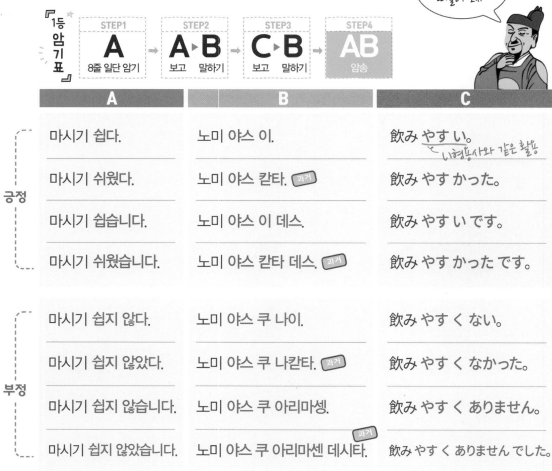

| | A | B | C |
|---|---|---|---|
| 긍정 | 마시기 쉽다. | 노미 야스 이. | 飲み やすい。 い형용사와 같은 활동 |
| | 마시기 쉬웠다. | 노미 야스 칻타. 과거 | 飲み やす かった。 |
| | 마시기 쉽습니다. | 노미 야스 이 데스. | 飲み やすい です。 |
| | 마시기 쉬웠습니다. | 노미 야스 칻타 데스. 과거 | 飲み やす かった です。 |
| 부정 | 마시기 쉽지 않다. | 노미 야스 쿠 나이. | 飲み やすく ない。 |
| | 마시기 쉽지 않았다. | 노미 야스 쿠 나칻타. 과거 | 飲み やす く なかった。 |
| | 마시기 쉽지 않습니다. | 노미 야스 쿠 아리마셍. | 飲み やすく ありません。 |
| | 마시기 쉽지 않았습니다. | 노미 야스 쿠 아리마셍 데시타. 과거 | 飲み やすく ありません でした。 |

Practice
~하기 쉽다

ミッション
17
12개의 문장을
17초 안에
말하기!

 아래 일본어 동사의 기본형과 やすい를 조합해 보세요. 이때, 동사와 やすい의 결합 형태에 주의하세요.
やすい의 활용법은 い형용사의 활용법과 같습니다.

| 기억하다 | 헤어지다 | 이야기하다 | 이기다 | 변하다, 바뀌다 | 읽다 |
|---|---|---|---|---|---|
| おぼ<br>覚える<br>오보 에루 | わか<br>別れる<br>와카 레루 | はな<br>話す<br>하나 스 | か<br>勝つ<br>카 츠 | か<br>変わる<br>카 와루 | よ<br>読む<br>요 무 |

**1** 기억하기 쉽다.
覚え やすい。

おぼえ やすい。

**2** 헤어지기 쉬웠다.
別れ やすかった。

わかれ やすかった。

**3** 이기기 쉬웠습니다.
勝ち やすかったです。

かち やすかったです。

**4** 변하기 쉽다.
変わり やすい。

かわり やすい。

**5** 이야기하기 쉬웠습니다.
話し やすかったです。

はなし やすかったです。

**6** 읽기 쉽습니다.
読み やすいです。

よみ やすいです。

**7** 이야기하기 쉽지 않다.
話し やすく ない。

はなし やすく ない。

**8** 이기기 쉽지 않았습니다.
勝ち やすく ありませんでした。

かち やすく ありませんでした。

**9** 변하기 쉽지 않다.
変わり やすく ない。

かわり やすく ない。

**10** 헤어지기 쉽지 않았다.
別れ やすく なかった。

わかれ やすく なかった。

**11** 읽기 쉽지 않았습니다.
読み やすく ありませんでした。

よみ やすく ありませんでした。

**12** 기억하기 쉽지 않다.
覚え やすく ない。

おぼえ やすく ない。

따라 말하기

| 1 | 2 | 3 | 4 | 5 | 6 |
|---|---|---|---|---|---|
| 명사+だ | い형용사 | な형용사 | 2그룹 동사 기본 | 1그룹 동사 기본 | 2그룹 동사 응용 |

| 12 | 11 | 10 | 9 | 8 | 7 |
|---|---|---|---|---|---|
| 주의 표현 | 접속조사 て 응용 | 접속조사 て 기본 | 가능 | 수식 | 1그룹 동사 응용 |

이번에는 にくい니쿠이입니다.
동사의 명사형에 붙어서 ~하기 어렵다라는 의미가 됩니다.
やすい야스이와 にくい니쿠이는
동사의 명사형에 붙어서 일종의 '문형'을 만들뿐,
단독으로는 잘 쓰이지 않습니다.

동사의 명사형 **노미** + にくい **니쿠이**

にくい도 い형용사와
활용법이 같아! 쉽지?

**1등 암기표**

| STEP1 | STEP2 | STEP3 | STEP4 |
|---|---|---|---|
| **A** 8줄 일단 암기 | **A▶B** 보고 말하기 | **C▶B** 보고 말하기 | **AB** 암송 |

| A | B | C |
|---|---|---|
| 마시기 어렵다. | 노미 니쿠 이. | 飲み にくい。 ← い형용사와 같은 활용 |
| 마시기 어려웠다. | 노미 니쿠 캇타. [과거] | 飲み にく かった。 |
| 마시기 어렵습니다. | 노미 니쿠 이 데스. | 飲み にく い です。 |
| 마시기 어려웠습니다. | 노미 니쿠 캇타 데스. [과거] | 飲み にく かった です。 |

긍정

| A | B | C |
|---|---|---|
| 마시기 어렵지 않다. | 노미 니쿠 쿠 나이. | 飲み にく く ない。 |
| 마시기 어렵지 않았다. | 노미 니쿠 쿠 나캇타. [과거] | 飲み にく く なかった。 |
| 마시기 어렵지 않습니다. | 노미 니쿠 쿠 아리마셍. | 飲み にく く ありません。 |
| 마시기 어렵지 않았습니다. | 노미 니쿠 쿠 아리마셍 데시타. [과거] | 飲み にく く ありません でした。 |

부정

Practice
~하기 어렵다

ミッション
12개의 문장을
19초 안에
말하기!

 아래의 일본어는 동사의 기본형입니다. 동사와 にくい를 연결해 활용해 보세요.
동사와 にくい가 연결될 때, 동사가 동사의 명사형으로 변한다는 점에 주의하세요.

| 기억하다 | 헤어지다 | 이야기하다 | 이기다 | 변하다, 바뀌다 | 읽다 |
|---|---|---|---|---|---|
| おぼ<br>覚える<br>오보 에루 | わか<br>別れる<br>와카 레루 | はな<br>話す<br>하나 스 | か<br>勝つ<br>카 츠 | か<br>変わる<br>카 와루 | よ<br>読む<br>요 무 |

1 헤어지기 어렵다.
別れ にくい。
わかれ にくい。

2 읽기 어렵습니다.
読み にくいです。
よみ にくいです。

3 이야기하기 어려웠다.
話し にくかった。
はなし にくかった。

4 이기기 어려웠습니다.
勝ち にくかったです。
かち にくかったです。

5 변하기 어려웠습니다.
変わり にくかったです。
かわり にくかったです。

6 기억하기 어려웠다.
覚え にくかった。
おぼえ にくかった。

7 기억하기 어렵지 않다.
覚え にくく ない。
おぼえ にくく ない。

8 이기기 어렵지 않았다.
勝ち にくく なかった。
かち にくく なかった。

9 헤어지기 어렵지 않았습니다.
別れ にくく ありませんでした。
わかれ にくく ありませんでした。

10 이야기하기 어렵지 않았다.
話し にくく なかった。
はなし にくく なかった。

11 읽기 어렵지 않다.
読み にくく ない。
よみ にくく ない。

12 변하기 어렵지 않았습니다.
変わり にくく ありませんでした。
かわり にくく ありませんでした。

## 1 이 편지를 받아 주지 않을래요?

 さくらい
今 時間 あり ますか?
いま じかん

 あかり
はい、なんの 用 ですか?
よう

 さくらい
この 手紙 を もらって くれませんか?
てがみ

 あかり
すみません。 もらえません。

さくらい : 지금 시간 있어요?
あかり : 네, 무슨 일이에요?
さくらい : 이 편지를 받아 주지 않을래요?
あかり : 미안해요. 받을 수 없어요.

すみません。
もらえません。

**もらってくれませんか**

일본어 표현에서 종종 들을 수 있는 ください[쿠다사이]는 くれる[쿠레루]의 정중한 표현입니다. ください[쿠다사이]는 '주시다', くれる[쿠레루]는 '주다'라는 뜻을 가지고 있습니다.

## 2 당근은 정말 맛없어.

 すずき
人参 は 本当に まずい。
にんじん ほんとう

 ハナ
そう? じゃあ、私 が 食べて あげる。
わたし た

 すずき
本当に 食べて くれるの?
ほんとう た

ありがとう。

すずき : 당근은 정말 맛없어.
ハナ : 그래? 그럼, 내가 먹어 줄게.
すずき : 진짜 먹어 주는 거야?
　　　 고마워.

**일본어 채소 표현**

ジャガイモ[쟈가이모] : 감자
サツマイモ[사츠마이모] : 고구마
ニンニク[닌니쿠] : 마늘
ネギ[네기] : 파
玉ねぎ[타마네기] : 양파

人参は本当にまずい。

### 3  아무것도 안 받았어.

 **ひまり**
ちょっと 来て くれる?

 **あかり**
どう した?

 **ひまり**
桜井 君 に 何か もらった?

 **あかり**
何 も もらって いない。

> ひまり : 잠깐 와 줄래?
> あかり : 왜?
> ひまり : 사쿠라이한테 뭔가 받았어?
> あかり : 아무것도 안 받았어.

何も
もらっていない。

◀ **もらっていない**

もらっていない[모랏테이나이]라고 하면
받지 않은 상태를 좀 더 강조하는 표현이
됩니다. もらわなかった[모라와나캇타]
(받지 않았다)라고 말해도 틀린 표현은
아닙니다.

### 4  급식에 당근이 나왔습니다.

 **すずき**
給食 に 人参 が 出 ました。

私 は 人参 が 嫌いで 大変 でした。

その 時 ハナ ちゃん が 代わりに 食べて くれました。

ハナ ちゃん は いつも 私 を 助けて くれます。

> すずき : 급식에 당근이 나왔습니다.
> 　　　　저는 당근이 싫어서 큰일이었습니다.
> 　　　　그때 하나가 대신 먹어 주었습니다.
> 　　　　하나는 항상 저를 도와줍니다.

◀ **人参が嫌い**

무언가를 싫어하는 것이나 싫어하는
사람을 ~嫌い[키라이]라고 합니다. 그래서
당근을 싫어하는 사람은 人参嫌い[닌진키
라이], 채소를 싫어한다면 野菜嫌い[야사이
키라이]라고 할 수 있습니다.

TIP

**5** 숙제했어?

ゆい
しゅくだい
宿題 やった?

きむら
やった。また やら なかった?

ゆい
ちょっと 見せて くれ ない?

きむら
いや
嫌 だ。見せて あげ ない。

ゆい : 숙제했어?
きむら : 했어. 또 안 했어?
ゆい : 좀 보여줄래?
きむら : 싫어. 안 보여줘.

見せてあげない。

**見せて**

見せる[미세루]는 '보이다', '남에게 보도록
하다'라는 뜻을 가지고 있습니다. 나를
'봐달라'고 말할 때는 '보다'라는 뜻의
見る[미루]를 활용해 見て[미테]라고 합니다.

**6** 저는 당근이 정말 싫어요.

つむぎ
すずき くん にんじん た
すごい、鈴木 君 人参 も 食べた?

すずき
じつ た
実 は ハナ ちゃん に 食べて もらい ました。

つむぎ
た
ハナ ちゃん が 食べて くれたの?

すずき
わたし にんじん だいきら
はい。私 は 人参 が 大嫌い です。

つむぎ : 대단해, 스즈키 당근도 먹었어?
すずき : 사실은 하나가 먹어줬어요.
つむぎ : 하나가 먹어 준 거야?
すずき : 네. 저는 당근이 정말 싫어요.

実はハナちゃんに
食べてもらいました。

**ハナちゃんに食べて
もらいました**

이 표현은 '하나에게 먹음을 받았다'라는
일종의 수동표현입니다. '하나가 먹어줬
다'라는 말로 바꿔도 동일한 뜻이 됩니다.
이 경우에는 ハナちゃんが食べてくれた
[하나찬가타베테쿠레타]라고 합니다.

## 7 지갑 놓고 왔다.

 あかり

さいふ わす
財布 忘れて きた。

かね か
お金 貸して くれ ない?

 ハナ

わ
分かった。

わたし か
私 が 貸して あげる。

あかり : 지갑 놓고 왔다.
　　　　돈 좀 빌려줄래?
ハナ : 알았어.
　　　　내가 빌려줄게.

私が
貸してあげる。

**貸してあげる**

우리 말로는 다 같은 '주다'라도 일본어
에서는 행위를 하는 사람이 누구인가에
따라 다른 표현을 사용합니다. 자칫하면
돈을 빌려야 하는데 빌려주게 될 수도
있으니 정확히 외우고 가는 것이
중요합니다.

## 8 나한테는 줘서 고마워.

 ハナ

ひとり た
これ、一人 で 食べて。

 ひまり

つく
ありがとう。ハナ ちゃん が 作ったの?

 ハナ

いっこ さくらい くん
うん。でも 一個 しか なくて 桜井 君 に は あげ なかった。

 ひまり

わたし
私 に は くれて ありがとう。

ハナ : 이거, 혼자 먹어.
ひまり : 고마워. 하나가 만든 거야?
ハナ : 응. 근데 하나밖에 없어서 사쿠라이한테는 안 줬어.
ひまり : 나한테는 줘서 고마워.

**しか**

しか[시카]는 '~밖에'라는 조사로 だけ
[다케]와 유사한 의미를 가지고 있습니다.
しか[시카]는 뒤에 부정을 뜻하는 표현이
오며 だけ[다케]는 긍정과 부정 모두 사용
할 수 있습니다.

**9** 차를 사고 싶어요.

さくらい
わたし くるま か
私、車 が 買い たい です。

そうた
くるま
車 が ほしい?

めんきょ
免許 は ある?

さくらい
いいえ、あれ も ほしい です。

さくらい : 나, 차가 사고 싶어요.
そうた : 차가 갖고 싶어?
　　　　면허는 있어?
さくらい : 아니요, 그것도 갖고 싶어요.

**車がほしい**

'~을 원하다'라는 표현을 만들 때는 조사
が가를 사용해 ~がほしい 라고 합니다.

車がほしい?

**10** 어느 영화가 보고 싶어?

さくらい
えいが み
どの 映画 が 見 たい?

ゆい
わたし
私 は なん でも いいよ。

さくらいくん み えいが
桜井 君 は 見 たい 映画 ある?

さくらい
わたし えいが み
私 は この 映画 が 見 たい。

さくらい : 어느 영화가 보고 싶어?
ゆい : 나는 아무거나 좋아.
　　　사쿠라이는 보고 싶은 영화 있어?
さくらい : 나는 이게 보고 싶어.

**どの映画**

위치를 나타내는 지시대명사와
마찬가지로 사물을 나타내는 지시대명사
역시 こそあど [코소아도] 법칙을 따릅니다.

どの
映画が見たい?

따라 말하기

**11** 돈 좀 빌려줬으면 좋겠어.

ハナ
はな
話し たい こと が ある。

ごかい　　　　　　　 き
誤解 し ないで 聞いて ほしい。

あかり
なに
何?

ハナ
かね　 か
お金 を 貸して ほしい。

> ハナ : 할 말이 있어.
> 　　　　오해하지 말고 들어 줬으면 좋겠어.
> あかり : 뭐야?
> ハナ : 돈 좀 빌려 줬으면 좋겠어.

**聞いてほしい**
たい(타이)와 ほしい(호시이)가 말하는 사람의 희망을 뜻한다면 てほしい(테호시이)는 듣는 사람이 이렇게 해주기를 원한다는 표현입니다.

**12** 보고 싶지 않았어요.

きむら
わたし　　 えいが　み
もしもし。私 の 映画 見 ました?

つむぎ
み
いいえ、見て いません。

きむら
なぜ
何故 ですか?

つむぎ
み
見 たく あり ません でした。

> きむら : 여보세요. 제 영화 봤어요?
> つむぎ : 아니요, 안 봤어요.
> きむら : 어째서요?
> つむぎ : 보고 싶지 않았어요.

見たく
ありませんでした。

**何故**
何故(나제)는 '어째서'라는 뜻의 부사입니다. 이와 비슷한 뜻을 가진 표현으로는 どうして(도오시테), なんで(난데) 등이 있습니다.

---

**13** 내일이 시험인데 공부하기 싫다.

すずき
あした　　しけん　　　　　べんきょう
明日 が 試験 なのに 勉強 し たく ない。

ひまり
きのう　　 い
昨日 も 言った、それ。

すずき
きのう
昨日 も し たく なかった。 ◀

たぶん あした
多分 明日 も し たく ない だろう。

**すずき** : 내일이 시험인데 공부하기 싫다.
**ひまり** : 어제도 그 말 했잖아.
**すずき** : 어제도 하고 싶지 않았어.
　　　　　아마 내일도 하고 싶지 않을 거야.

昨日も
したくなかった。

**したくなかった**
'하다'라는 동사 する[스루]의 명사형인
し[시]에 たい[타이]의 과거형 たくなか
った[타쿠나캇타]가 붙은 표현입니다.
존대 표현을 만들 경우에는 したくあり
ませんでした[시타쿠아리마센데시타]로
쓸 수 있습니다.

---

**14** 저는 그 사람 여동생이에요.

あかり
わたし かれ　　　　　　 す
私、彼のこと が 好き です。 ◀

かれ　　あ
だから もう 彼 と は 合わ ないで ほしい です。

ゆい
　　　　　むり
それ は 無理 です。

わたし　　　 ひと　 いもうと
私 は あの 人 の 妹 です。

**あかり** : 저, 그 사람이 좋아요.
　　　　　그러니까 더는 그 사람과 안 만났으면 좋겠어요.
**ゆい** : 그건 무리예요.
　　　　　저는 그 사람 여동생이에요.

**彼のこと**
彼のこと[카레노코토]는 직역하면
'그의 일'이라는 뜻이지만 여기서는
'그'라는 사람 자체를 가리키고 있습니다.
彼[카레]라는 표현을 좀 더 에둘러 말하는
개념으로 생각할 수 있습니다.

私、彼のことが好きです。

### 15 전화로도 말하기 싫어.

さくらい
かれ　　　　はな
彼 と は 話し たく ない。

つむぎ
わたし
私 も。

かれ
彼 は めんどくさい からね。

でんわ　　　　はな
電話 でも 話し たく ないよ。

さくらい : 그와는 만나고 싶지 않아.
　つむぎ : 나도.
　　　　　 그는 좀 귀찮으니까.
　　　　　 전화로도 말하기 싫어.

**TIP**

**めんどうくさい**

귀찮다는 표현은 めんどくさい[멘도쿠사이]
라고 합니다. 여기서 めんどう[멘도우]는
번잡하고 성가신 것을 뜻하는 명사이기도
합니다.

彼はめんど
くさいからね。

### 16 나는 화장실에 가고 싶어.

ハナ
い
行か ないで。

い
行か ないで ほしい。

い
あなた が 行って ほしく ない。

あかり
わたし　　　　　　　　い
私 は トイレ に 行き たい!

ハナ : 가지 마.
　　　　가지 않았으면 좋겠어.
　　　　네가 가는 걸 원하지 않아.
あかり : 나는 화장실이 가고 싶어!

**ほしくない vs ないでほしい**

위의 두 표현은 사실상 같은 의미를 가지고
있습니다. ~하는 것을 원하지 않거나
(ほしくない[호시쿠나이]), ~하지 않는 것을
원하는 것(ないでほしい[나이데호시이])이기
때문이지요.

## 주의 표현
# 히라가나 연습

 아래 일본어를 읽을 수 있게 연습한 후 히라가나로 쓰세요.

**1** この 手紙を もらって くれませんか?
이 편지를 받아 주지 않습니까?
この てがみを もらって くれませんか?

**2** ハナちゃんは いつも 私を 助けて くれます。
하나 쨩은 항상 나를 도와 줍니다.

**3** 宿題 やった?
숙제 했다?

**4** 私は あの 人の 妹 です。
나는 그 사람의 여동생 입니다.

**5** 彼とは 話し たく ない。
그와는 이야기하기 ~하고 싶지 않다.

**6** 電話でも 話し たく ないよ。
전화로도 이야기하기 ~하고 싶지 않다.

**정답입니다!**

1. この てがみを もらって くれませんか?  코노 테가미오 모랃테 쿠레마셍카?
2. はなちゃんは いつも わたしを たすけて くれます。  하나쨩와 이츠모 와타시오 타스케테 쿠레마스.
3. しゅくだい やった?  슈쿠다이 얃타?
4. わたしは あの ひとの いもうと です。  와타시와 아노 히토노 이모오토 데스.
5. かれとは はなし たく ない。  카레토와 하나시 타쿠 나이.
6. でんわでも はなし たく ないよ。  뎅와데모 하나시 타쿠 나이요.

| 명사 | | 명사 | |
|---|---|---|---|

**は** 와 ~은

私は 先生 です。
와타시 와 센세에 데스.
저는 선생님입니다.

**を** 오 ~을

私を 呼んで ください。
와타시 오 욘데 쿠다사이.
저를 불러 주세요.

**が** 가 ~이

私が 先生 です。
와타시 가 센세에 데스.
제가 선생님입니다.

**の** 노 ~의

私の 先生 です。
와타시 노 센세에 데스.
저의 선생님입니다.

**と** 토 ~와

私と 先生 です。
와타시 토 센세에 데스.
저와 선생님입니다.

**も** 모 ~도

私も 先生 です。
와타시 모 센세에 데스.
저도 선생님입니다.

**や** 야 ~랑

アメや チョコレート
아메 야 쵸코레ー토
사탕이랑 초콜릿

**~や ~など** ~야 ~나도 ~랑 ~등

アメや チョコレート など
아메 야 쵸코레ー토 나도
사탕이랑 초콜릿 등

---

### と토와 や야 구분하기

と토와 や야는 우리말로 ~와(과) 혹은 ~(이)랑이라는 의미입니다. と토는 기초 조사에서 먼저 배웠습니다.
と토와 や야는 둘 다 여러 개의 명사를 나열할 때 사용합니다. 둘의 차이점은 아래와 같습니다.

パンと お菓子 が あります。　　　빵과 과자가 있습니다.
팡 토 오카시 가 아리 마스.
⋯▸ 오직 빵과 과자'만' 있다는 뉘앙스

と토 : 언급된 것이 전부
や야 : 언급되지 않은 것이 있음

パンや お菓子 が あります。　　　빵과 과자가 있습니다.
팡 야 오카시 가 아리 마스.
⋯▸ 빵과 과자 외에도 사탕이나 초콜릿 등이 더 있다는 뉘앙스

---

**に** 니 ~에(장소)

学校に 行く。
각코오 니 이쿠.
학교에 가다.

**に** 니 ~에게(대상)

私に ください。
와타시 니 쿠다사이.
저에게 주세요.

**へ** 에 ~으로(방향)

学校へ 行く。
각코오 에 이쿠.
학교로 가다.

**ずつ** 즈츠 씩

アメ一個ずつ
아메 익코 즈츠
사탕 하나씩

**にも** 니모 ~에게도

私にも ください。
와타시 니모 쿠다사이.
저에게도 주세요.

| 명사 | 동사 | 형용사 |
|---|---|---|

**から**
카라
~이니까(원인)

| | 行く から 待って。 | 寒い から 帰る。 |
|---|---|---|
| | 이쿠 카라 맛테. | 사무이 카라 카에루. |
| | 갈 테니까 기다려. | 추우니까 돌아가다. |

**から**
카라
~부터(방향)

| 学校 から 家 は 近い。 | | |
|---|---|---|
| 각코오 카라 이에 와 치카이. | | |
| 학교에서 집은 가깝다. | | |

**まで**
마데
~까지

| 学校 まで 行って ください。 | 行く まで 待って。 | |
|---|---|---|
| 각코오 마데 잇테 쿠다사이. | 이쿠 마데 맛테. | |
| 학교까지 가 주세요. | 갈 때까지 기다려. | |

**から**카라와 **まで**마데

~から카라와 …まで마데는 '〜'와 '…'에 장소나 시간을 나타내는 말을 넣어
두 구간의 시작점과 끝점을 정확히 명시할 때 사용합니다.

**ここ から 駅 まで 何分 かかり ますか?**
코코 카라 에키 마데 남 붕 카카리 마스카?

여기서부터 역까지 몇 분 걸리나요?

**4月 から 8月 まで 日本 に います。**
시가츠 카라 하치가츠 마데 니혼 니 이 마스.

4월부터 8월까지 일본에 있습니다.

**て**
테
~해서

| | 走って 行く。 | 寒くて 帰る。 |
|---|---|---|
| | 하싯 테 이쿠. | 사무쿠 테 카에루. |
| | 달려서 가다. | 추워서 돌아가다. |

**て(で)**
테(데)
~하고

| 私は先生で、君は学生だ。 | 飲んで食べて | 寒くて暗くて |
|---|---|---|
| 와타시 와 센세에 데, 키미 와 각세에 다. | 논 데 타베 테 | 사무쿠 테 쿠라쿠 테 |
| 나는 선생이고, 너는 학생이다. | 마시고 먹고 | 춥고 어둡고 |

**ても**
**(でも)**
테모(데모)
~라도

| 私でもできる。 | 食べてもいい。 | 寒くても歩く。 |
|---|---|---|
| 와타시 데모 데키루. | 타베 테모 이이. | 사무쿠 테모 아루쿠. |
| 나라도 할 수 있다. | 먹어도 좋다. | 추워도 걷다. |

| 명사 | 동사 | 형용사 |
|---|---|---|

**か**
카
~인지

アメ か チョコレート か
아메 카 쵸코레―토 카
사탕인지 초콜릿인지

行く か どうか
이쿠 카 도오 카
갈지 어쩔지

寒い か 暑い か
사무이 카 아츠이 카
추운지 더운지

**とか**
토카
~라든가

アメ とか チョコレート とか
아메 토카 쵸코레―토 토카
사탕이라든지 초콜릿이라든지

行く とか 行かない とか
이쿠 토카 이카나이 토카
가든지 안 가든지

寒い とか 暑い とか 言うな。
사무이 토카 아츠이 토카 이우나.
춥다든지 덥다든지 말하지 마라.

---

**か카 혹은 か?카?**

か카는 존대표현의 의문문을 만들 때 썼던 か카와 같은 글자입니다.
하지만, 이 단원에서는 다른 용법으로 사용됐습니다. 여기에서의 か카는 ~인지라는 의미입니다.

パン か お菓子 か
팡 카 오카시 카

빵인지 과자인지

ジュース か コーヒー か
쥬―스 카 코―히- 카

주스인지 커피인지

---

**ほど**
호도
~정도

私 ほど できる 人
와타시 호도 데키루 히토
나 정도 할 수 있는 사람

走って 行く ほど
하싯테 이쿠 호도
뛰어서 갈 정도

寒い ほど、暑い ほど
사무이 호도, 아츠이 호도
추운 정도, 더운 정도

**くらい**
쿠라이
~정도

私 くらい できる 人
와타시 쿠라이 데키루 히토
나 정도 할 수 있는 사람

走って 行く くらい
하싯테 이쿠 쿠라이
뛰어서 갈 정도

寒い くらい、暑い くらい
사무이 쿠라이, 아츠이 쿠라이
추운 정도, 더운 정도

---

**ほど호도와 くらい쿠라이 구분하기**

ほど호도와 くらい쿠라이는 모두 ~정도, ~만큼이라는 의미의 조사입니다. 이 둘은 우리말 의미도 같고,
일본어에서도 용법이 명확히 구분되지 않습니다. 정확한 구분 없이 사용할 때도 많습니다.

運動場 に 10人 ほど いる。
운도오죠오 니 쥬우닌 호도 이루.

운동장에 10명 정도 있다.

運動場 に 10人 ぐらい いる。
운도오죠오 니 쥬우닝 구라이 이루.

운동장에 10명 정도 있다.

하지만, 공식적인 자리나 어른과 대화할 때 같이 예의를 갖춰야 할 때는
くらい쿠라이 보다 ほど호도를 쓰는 게 좋습니다.

**TIP** | 일본어의 조사

|  | 명사 | 동사 | 형용사 |
|---|---|---|---|
| **が**<br>가<br>~지만 |  | 聞いたが答えなかった。<br>키이타 가 코타에나칻타.<br>물었지만 대답하지 않았다. | 寒いが歩く。<br>사무이 가 아루쿠.<br>춥지만 걷다. |
| **けれ<br>ども**<br>케레도모<br>~지만 |  | 聞いたけれども答えなかった。<br>키이타 케레도모 코타에나칻타.<br>물었지만 대답하지 않았다. | 寒いけれども歩く。<br>사무이 케레도모 아루쿠.<br>춥지만 걷다. |

**けれども**케레도모

けれども케레도모는 ~지만 과 같은 표현입니다. 앞의 내용과 상반된 사실이 일어났을 때 사용하는 표현입니다.

好きだけれども買わない。
스키다 케레도모 카와나이.　　　　　　　좋아하지만 사지 않다.

買ったけれどもなくした。
칻타 케레도모 나쿠시타.　　　　　　　샀지만 잃어버렸다.

대화에서는 けれども케레도모 대신 けれど케레도 혹은 けど케도로 줄여서 사용하기도 합니다.

|  | 명사 | 동사 | 형용사 |
|---|---|---|---|
| **しか**<br>시카<br>~밖에 | アメが一個しかない。<br>아메 가 익코 시카 나이.<br>사탕이 하나밖에 없다. | 行くしかない。<br>이쿠 시카 나이.<br>갈 수밖에 없다. |  |
| **だけ**<br>다케<br>~만, ~뿐 | アメが一個だけある。<br>아메 가 익코 다케 아루.<br>사탕이 하나만 있다. | 学校に行くだけだ。<br>각코오 니 이쿠 다케 다.<br>학교에 갈 뿐이다. | 寒いだけだ。<br>사무이 다케 다.<br>추울 뿐이다. |
| **ばかり**<br>바카리<br>~만, ~뿐 | アメばかりある。<br>아메 바카리 아루.<br>사탕만 있다. | 夏休みは寝てばかりでした。<br>나츠야스미 와 네테 바카리 데시타.<br>여름 방학 때 자기만 했습니다. |  |

**だけ**다케**와 ばかり**바카리 **구분하기**

だけ다케와 ばかり바카리는 둘 다 ~만, ~뿐이라는 의미의 조사입니다. 이 둘은 의미는 같지만, 둘 사이에는 분명한 뉘앙스 차이가 있습니다. だけ다케는 사실 그대로를 말할 때, ばかり바카리는 약간 과장해서 말할 때 사용합니다. 아래 예문을 통해 설명해 보겠습니다.

教室に男子学生だけいる。　　　　교실에 남학생만 있다.
쿄오시츠 니 단시각세에 다케 이루.
⋯➤ 남학생만 있고, 여학생이나 선생님 등 다른 사람은 전혀 없다는 뉘앙스

遊園地に男子学生ばかりいる。　　유원지에 남학생만 있다.
유우엔치 니 단시각세에 바카리 이루.
⋯➤ 남학생이 생각보다 많다는 뉘앙스. 남학생이 주로 보이고, 다른 사람들은 잘 보이지 않는다는 느낌.

| 명사 | 동사 | 형용사 |
| --- | --- | --- |

## ながら
나가라
~면서

| | 食べながら寝る。 | |
| --- | --- | --- |
| | 타베 나가라 네루. | |
| | 먹으면서 자다. | |

**ながら**나가라**를 쓸 때 주의할 점**

ながら나가라 는 2가지 동작이 동시에 발생할 때 사용하는 표현입니다.
이때 사용되는 동사는 반드시 동사의 명사형이어야 합니다.

遊ぶ。　　　　　　　　　　놀다.
아소부.

遊びながら話す。　　　　　놀면서 이야기하다.
아소비 나가라 하나스.

## たら
타라
~하면

| | 見たらわかる。 | 寒かったら帰れ。 |
| --- | --- | --- |
| | 미 타라 와카루. | 사무캇 타라 카에레. |
| | 보면 안다. | 추우면 돌아가. |

## なら
나라
~하면

| 私ならできる。 | 行くなら連絡して。 | 寒いなら帰れ。 |
| --- | --- | --- |
| 와타시 나라 데키루. | 이쿠 나라 렌라쿠 시테. | 사무이 나라 카에레. |
| 나 라면 할 수 있다. | 갈 거면 연락해 줘. | 추우면 돌아가. |

## と
토
~하면

| | 食べると太る。 | 寒いと眠い。 |
| --- | --- | --- |
| | 타베루 토 후토루. | 사무이 토 네무이. |
| | 먹으면 살이 찐다. | 추우면 졸리다. |

## ば
바
~하면

| | 見ればわかる。 | 寒ければ帰れ。 |
| --- | --- | --- |
| | 미레 바 와카루. | 사무 케레바 카에레. |
| | 보면 안다. | 추우면 돌아가. |

## たり
타리
~거나(~다가)

| | 行ったり来たりするな。 | 寒かったり暑かったりする。 |
| --- | --- | --- |
| | 잇 타리 키 타리 스루 나. | 사무캇 타리 아츠캇 타리 스루. |
| | 왔다가 갔다가 하지 마라. | 추웠다가 더웠다가 한다. |

**たり**타리 **혹은 だり**다리

たり타리는 ~거나라는 의미의 조사로, 어떤 표현 뒤에서는 だり다리 가 됩니다. 두 표현의 의미는 같습니다.

歩いたり座ったり　　　　　걷거나 앉거나
아루이타리 스왓타리

遊んだり飲んだり　　　　　놀거나 마시거나
아손다리 논다리

# 1등 일본어

**1판 1쇄** 2022년 8월 1일

저  자  Mr. Sun 어학연구소
펴 낸 곳  OLD STAIRS
출판 등록  2008년1월10일 제313-2010-284호
이 메 일  oldstairs@daum.net

가격은 뒷면 표지 참조

**ISBN** 979-11-91156-64-5